国家社会科学规划办资助项目

"农民专业合作社信用合作研究"（项目编号：11BJY084）

农民专业合作社
信用合作研究

潘淑娟　潘婷 ◎ 著

中国财经出版传媒集团

经济科学出版社

Economic Science Press

图书在版编目（CIP）数据

农民专业合作社信用合作研究/潘淑娟，潘婷著 . —北京：经济科学出版社，2019.1

ISBN 978 - 7 - 5218 - 0220 - 7

Ⅰ . ①农… Ⅱ . ①潘…②潘… Ⅲ . ①农业合作社 – 专业合作社 – 信用制度 – 研究 – 中国 Ⅳ . ①F321.42②F832.4

中国版本图书馆 CIP 数据核字（2019）第 023839 号

责任编辑：周国强
责任校对：刘　昕
责任印制：邱　天

农民专业合作社信用合作研究

潘淑娟　潘　婷　著

经济科学出版社出版、发行　新华书店经销

社址：北京市海淀区阜成路甲 28 号　邮编：100142

总编部电话：010 - 88191217　发行部电话：010 - 88191522

网址：www. esp. com. cn

电子邮件：esp@ esp. com. cn

天猫网店：经济科学出版社旗舰店

网址：http://jjkxcbs. tmall. com

固安华明印业有限公司印装

710 × 1000　16 开　14.75 印张　230000 字

2019 年 1 月第 1 版　2019 年 1 月第 1 次印刷

ISBN 978 - 7 - 5218 - 0220 - 7　定价：68.00 元

（图书出现印装问题，本社负责调换。电话：010 - 88191510）

（版权所有　侵权必究　打击盗版　举报热线：010 - 88191661

QQ：2242791300　营销中心电话：010 - 88191537

电子邮箱：dbts@ esp. com. cn）

前　言

一、选题背景

当前，中国正处于由传统农业向集约化、专业化、组织化和社会化为特征的现代农业转型发展的伟大时期。其间，农民专业合作社是最重要的现代农业经济组织形式之一。大量的研究表明，尽管农民专业合作社在发展中得到多方面政策优惠和支持，但由于农村金融体系中存在着制度性的"金融供求错配"，"融资难"一直是制约农民合作社成长发展的瓶颈。如何稳妥开展农民合作社内部资金互助，积极探索农民专业合作社信用合作发展中的运行机制、风险管理、可持续发展的自生动力，以及相关的政策支持体系等问题，对于拓展合作社融资渠道，促进普惠金融发展，深化农村金融体制改革，实现"多元化、多层次、广覆盖、可持续"农村金融体系改革目标，具有十分重要的现实意义。

二、本书的主要内容

本书在系统梳理国内外农民合作社信用合作的相关文献和研究成果的基础上，进行了以下几方面的内容的讨论：农民专业合作社信用机制理论分析、信用合作的功能定位与自生动力、信用合作风险管理及其制度设计、信用合作的社际合作与联合社制度、信用合作公共政策支持等内容。主要观点和结论有：

第一，农民专业合作社作为新型农业经营组织融资难问题，是在国家高度重视农民专业合作社，积极推进农村金融体制改革，并且农村金融服务发展取得了不菲成绩的条件下存在的普遍现象。农村地区金融机构大量存在的

"存差"现象，是农村金融市场中"有效供给不足与有效需求不足并存"的具体表现。这一悖论现象背后的逻辑是：对金融机构而言，合作社及小生产者信用等级低下，是"不合格的借款人"，因而他们的资金需求是"非有效需求"；对于合作社及小生产者而言，尽管金融机构资金丰裕，却难以获得，金融机构的供给是"非有效供给"。我们认为，农民合作社融资难问题是制度性的，通过支持农民专业合作社开展信用合作，可以在一定程度上"补"农村金融体系"短板"，是深化农村金融体系改革不可或缺的内容。

第二，合作金融有特定的信用机制，其信用机制建立在合作社的信息结构和信息机制基础上。在学界丰硕成果的基础上，本书重点从制度经济学、微观经济学和社会学等角度深入探究了农民合作社的信用机制，提出"合作金融社区"这一创新概念。

在既定的宏观制度安排下，金融体系的金融交易结构和金融创新，取决于交易各方的信息结构与风险偏好组合的匹配程度，及其由此决定的交易费用水平。农民专业合作社信用合作的功能定位是由其拥有的信息结构和风险承受力决定的。

通过分析实践中合作社开展的"货币信用"和"商业信用"的两大类信用合作模式，我们认为农民合作社开展的商业信用是嵌入到社员与合作社、社员与社员之间的经济交易中的。在这样的信息结构中，资金用途、信用额度的合理性，还款来源、还款时间等私有信息能及时和便捷地被运用到交易决策中，交易双方信息的不透明、不对称降到了最低点。这使交易中的条件设计趋于最合理、信息成本趋于最低，信用合作中的道德风险趋于降到最低点。因此，合作社在商业信用合作中有着突出的信息成本优势。

对于集生产者与消费者为一身的合作社社员而言，货币信用合作更有利于提高金融资源配置效率。但是一般意义上，合作社内部，货币信用合作比商业信用合作的信息成本要高些。如果合作社规模较大的话，货币信用合作需要有较严密的贷款申请、批复、风控、违约救济等流程。同时要求社员有一定的金融风险理念、风险控制知识等。所以货币信用合作是比商业信用合作高一个层级的信用合作。合作社在选择货币信用与商业信用合作模式时，要充分考虑合作社特定信息资源的分布、传递、反馈等信息结构。因此本研究提出，在开展信用合作的初期，合作社可以从商业信用合作开始，通过

"干中学"，促进合作社社员学习信用合作知识，形成金融风险意识，养成诚信守法行为习惯。在此基础上，不断完善合作社信用合作规则、流程，形成激励约束相容的机制，逐步开展货币信用，最终实现货币信用合作和商业信用合作两种模式并存。

第三，关于合作金融社区。农民专业合作社信用合作是基于非标准化的、"软信息"的资金跨期配置，资金互助的合作金融社区应为最小单位的社区——村庄或者农民专业合作社。当前中国农村社会正在发生着有史以来最深刻的变化，村庄社区正面临着"空心化"、流动性和村庄重组并存格局，基于血缘、乡缘的乡土经济社会与文化共同体村庄信任机制环境正发生着蜕变。农民专业合作社信用关系是在传统乡土社会信用机制基础上，嵌入业缘关系（经济关系）而拓展出新的信用关系，而这一信用关系既有建立在乡土经济社会与文化共同体基础上的村庄信任机制，又有产生于经济交易中的信息机制，它"挤掉"了转型中传统村庄"共同体"的"空心"效应，所以我们认为，安全的合作社"合作金融社区"应该界定在农民合作社社内而不是村庄内。本研究通过对合作基金会的历史教训的深入分析，总结了两类"封闭圈"的不同金融风险状况。

第四，关于农民专业合作社信用合作的自生动力。通过理论分析和案例解构，我们研究发现，在血缘、地缘、业缘等多重关系交织下，农民专业合作社与社员的关系具有"多"维度和"短"长度特征。合作社及社员之间获取信息全面、快捷，具有明显的信息成本优势；社员既是借钱人，又是投资人和规则制定参与人，交易公平，信贷可得性高，贷款对生产经营的支持效应可见度高，金融创新具有自主性、灵活性和多样性特点，能较好地适应合作社特定的信用文化条件。因此，合作社信用合作自生动力，一是来自合作社信息结构优势；二是来自信用合作的公平交易；三是来自信贷可得性对社员市场竞争力提升的示范效应；四是来自于灵活多样的增信和创新机制等。

第五，合作社信用合作的可持续发展需要社际合作支持。由信息结构支持的合作社内部信用合作存在着"规模悖论"，即：在单一专业合作社内的可用信用资金往往较少，且资金盈缺往往在时空分布上呈同构性，很难满足社员有效资金融通需求；而单一合作社可通过扩大合作社提高信用合作规模，但是一旦超出信息结构优势边界，将很难实现信贷资金的"安全性、流动性和收益性"的均衡。国际经验充分展示了，在政府配套监管政策支持下，按照合作社原则构建的联合社，通过联合社实现社际信用合作可有效破解"规模悖论"效应，较好地满足合作社资金融通需求问题。

第六，有效的信用风险防范要基本具备以下条件。一是合作社要坚持"3C要素"办信用合作，即参加者要具备：共同意愿（common will）、共同需要（common need）和共同关系（common bond）。二是良好的治理机制，即良好的信用合作管理架构、信用合作文化理念、管理者专业水平和利益分配模式。三是有效的风险管理方法。理论和实践均表明，合作社信用风险管理要前移，并要贯穿生产经营环节全过程。因为，在封闭性条件下，合作社信用合作没有利率错配风险和期限错配风险，信用风险是主要风险。信用风险主要源于：一是由产品市场风险引发的借款人违约风险，二是由自然灾害引发的违约风险，三是由借款人"道德风险"所致的违约风险，四是借款人经营失误或经营能力低下所致的违约风险。前两大风险对于单一合作社风险管理而言几乎可以看作是"不可抗力"，因此要通过建立由政府、保险和风险管理基金、合作社联合社等参与的风险管控支持体系。借款人的道德风险需要完善包括"3C"在内的信用合作治理机制。第四大风险是基层合作社风险管控的重点环节。借款人经营失误或经营能力低下，可能发生包括项目选择失误，错误判断市场时机，甚至不当使用农药、化肥、生物激素等导致的产品质量低下等问题。因此，信用合作风险管理要根据风险性质分别制定风险管理制度及流程，将信用风险控制环节前移至生产项目选择环节，并根据借款人经营管理能力的实际，在生产经营环节的全过程给予帮助和指导。从流程上看，合作社的信用风险管理的贷前调查、贷时审查和贷后检查操作规程，与金融机构大体一致，但在具体操作层面上却应将相应的环节与特定的生产经营环节结合，即贷前调查与提供咨询服务统一、贷时审查与技术指导统一、贷后检查与善后服务统一。此外，合作社要建立支持性基础设施如：风险损失金或呆账准备金制度、借款人参加保险制度和合作社社际资金融通制度等。

第七，制定公共政策支持农民合作社开展内部信用合作。本书从公共政策视角讨论了促进新型农村合作金融组织创新发展政策目标、价值导向和长期效应，在分析、比较、总结美、日、德三国支持农民合作金融发展的公共政策基本精神、主要做法及其特点的基础上，提出推进农民专业合作社开展信用合作的综合政策框架。并特别分析了进行信用合作价值构建，使利益相关者形成对信用合作的价值共识所具有的重要意义。提出在农民合作社信用合作公共政策的全过程，都要大力推进合作社信用合作的培训，帮助利益相关者建立和形成对合作社信用合作的"价值共识"，帮助社员学习与信用合作有关的知识与理念、法律法规，不断提高包括专业生产技术和市场营销管理在内的信用风险管理能力。

三、我们的期望

本书是国家社会科学规划办资助项目"农民专业合作社信用合作研究"（项目编号：11BJY084）的研究成果。综观整个课题，我们坚持理论与实际相结合，较全面地揭示了当前我国农民专业合作社信用合作机制、信用合作功能定位，初步构建了一个关于农民合作社信用合作管理分析框架，分析了合作社信用风险管理关键环节和流程，并以信息经济学和制度经济学理论为分析工具，研究了农民合作信用合作中联合社的功能和相关的公共政策。我们希望，我们的努力能够为我国农民专业合作内部信用合作的进一步发展，为多层次农村金融体系的深化改革提供理论帮助。期望本书的研究结论和政策建议可以为促进农民专业合作信用合作组织健康发展，推进农民专业合作社信用合作体系构建提供有益的借鉴。

本书的主要执笔人为潘淑娟和潘婷，但为本研究做出重要贡献的是本课题团队的所有成员，以及参与调研和为调研提供大力支持的农民专业合作社。对此，我们表示最衷心的感谢。由于多种原因，书中存在许多遗憾和不足，所有存在的问题均应有笔者负责，并敬请读者指正。

目 录
CONTENTS

i

| 第一章 |

导　论

第一节　研究背景与意义

一、农业现代化目标中的农民合作社①地位

农业具有自然再生产过程与经济再生产过程有机统一的特点，这一特点使得农业生产者面临自然风险和市场风险两大风险。

长期以来，我国以农户家庭为基本生产单位的农业经济具有"三高三低"特点，即：一是自然风险程度高，抵御灾害能力低。我国幅员辽阔，气候多变，各地区地理环境差异较大，自然灾害种类较多、发生频繁，生产者对农业的生产条件和农业生产过程控制能力较低。据国家统计局公布的数据测算，2013～2017 年我国农作物受灾面积占播种面积比平均约为 14.8%，年均遭受各种自然灾害的农田面积约 2.45 亿亩②。二是农产品市场风险高，市场需求弹性较低。农产品市场需求弹性较低是由其自然属性所致，但产品市

①　根据近年来的研究成果，本书中的"农民专业合作社"与农民合作社当作同一概念使用，并在最宽泛的意义上使用"农民合作社"这一概念，即在农业产业链角度上，农民合作社包括农民生产合作社、运销合作社、种养殖技术合作社（协会）、土地合作社等。在产权结构上，农民合作社包括经典的同质性合作社和产权"漂移"的异质性合作社。

②　根据国家统计局网站 2013～2017 年数据测算。

场需求弹性低会助推市场风险的发生。在小生产条件下，一方面，生产者缺乏承担信息搜寻成本的能力，由简单预期或适应性预期进行生产决策，难以避免生产周期的震荡带来的损失；另一方面，小生产者完全没有市场议价能力，这使得没有组织起来的农户生产者完全暴露在市场价格风险中。三是农业投入需求高，农民积累能力低。在生产者极度分散的条件下，生产者信息搜寻成本高，由自然条件决定的生产周期同步，生产者调整投资可能会延误农时，增加沉淀成本；因分散的、小规模的经营缺乏营销渠道、缺乏市场宣传能力、缺乏谈判能力，只能是市场价格的接受者。综上，在缺乏有效金融、保险体系条件下，小农业生产者难以摆脱不利地位。同时，在市场约束和自然条件双重约束下，外部资金因缺乏稳定的预期收益，怯于进入农业领域，导致农业缺乏稳定的资金来源，致使农业生产者陷入了"缺乏资金—低效益—缺乏资金"的恶性循环之中，无法通过自我积累走出"弱势"。

由农业产业的弱势、小农生产者的弱势和农村资金匮乏等因素所形成的"三农"问题，是个综合性问题，突出表现为农民收入问题和农业现代化转型问题。

党和国家一直高度重视"三农"问题的协同发展。改革开放以来，中国农民主要通过两条路径实现了经济收入的提升：一是通过"打工"参与工业化建设获取非农收入。在改革开放的几十年中，许多农民通过"离乡不离土"和"离乡离土"方式参与国家工业化过程。分享改革开放的红利。在这一过程中，农业生产者由内生动力推动发生着重大的历史性演化，在经历了从"纯农民"（职业＋身份）为主，到兼业农民为主，再到今天形成了"职业农民＋兼业农民＋留守农民"和少数的农业企业并存的格局。二是党和国家的"惠农政策"的实施逐步缓解了"三农"问题。改革开放以来，党和国家一直不间断地执行惠农政策，来推进农业现代化、提高农民收入、加强新农村建设。特别是2004年以来，中共中央、国务院曾连续十几年发布中央一号文件都是直接针对"三农"问题的。2006年国家全面取消农业税，采取从种田直补到良种、农机、农产品保护价及各种补助等多种措施，加大农民收入。

但是在经济发展新常态下，第一种"打工"收入增长路径逐步弱化。根据陈锡文近几年的研究，以补贴为特征的第二种收入增长也行进到"难以为继"的状态。因为，从国家财政支持角度看，"黄箱政策"空间几乎用尽。目前仅从粮食生产角度看，中国农业已经走到一个怪圈，其直接表现是：一是粮食生产持续"12年连增"、国家粮库持续增长、进口粮食持续增长、国内外粮价持续背离、农业生产成本持续增长（陈锡文，2016）。进口作物所需土地已经达到6亿~7亿亩（陈锡文，2016），中国的农业明显缺乏国际竞争力。如何提高国家的粮食安全和粮食安全的持续性、如何提高粮食生产的市场竞争力和农民收入，是深化农村经济体制改革面临的新挑战。

在这个意义上，"三农"问题的解决必须有效应对当前发展面临的重大现实问题。第一，必须破解在资源环境约束趋紧背景下，加快转变农业发展方式，确保粮食等重要农产品有效供给、农产品供给体系的质量和效率显著提高，实现绿色发展和资源永续利用的这一现实难题。第二，必须统筹利用国际和国内两个市场、两种资源，有效保障国家粮食安全和重要农产品供给，提升我国农业竞争力，赢得国际市场竞争主动权这一重大挑战。第三，必须促进农民收入稳定较快增长，加快缩小城乡差距，解决区域性整体贫困，确保如期实现全面小康的历史任务。第四，必须使农民素质和农村社会文明程度显著提高，社会主义新农村建设水平进一步提升；农村基本经济制度、农村社会治理制度、城乡发展一体化体制机制进一步完善。

上述问题的破解和历史任务的完成必须夯实现代农业基础，例如，大规模推进高标准农田建设和农田水利建设，优化现代农业科技创新推广体系，加快推进现代种业发展等。这些基础性建设的推进，迫切需要推进农业生产的集约化、组织化、专业化和社会化，即要大力鼓励发展适度规模的现代农业生产经营组织。农民专业合作社无疑是现代农业组织经营模式中最重要的经济组织形式之一。

根据科斯（Coase，1960）的交易成本理论，市场和企业都是执行配置资源职能的，并是可以相互替代的两种机制。但在激烈的市场竞争中，缺乏资本实力的个体生产经营者，只能在汹涌、激烈的市场竞争大潮中颠沛沉浮。合作经济组织就是小生产者为了提高竞争力、降低风险被创造出来的。经典的合作经济组织是市场弱势者为了互助共济组织起来的，实施"进出自由、民主管理、一人一票"等基本原则的经济联合体。合作社既有合伙企业和公司制企业以出资额风险共担、利益共享等特点，又有为参与人提供了可规避风险的"熔断"机制。合作经济治理结构特征，使得合作社作为一种企业组织制度，适合小生产经营者之间的要素连接，并特别适合农业领域里小生产经营者之间的要素连接。实践中，农民合作社是在一个世界范围内广泛存在，有组织规范的农业生产经营组织。在发达国家，农业合作社的发展和演变始终伴随着农业现代化的进程。

在党和国家的大力支持下，中国农民专业合作社发展取得了引人瞩目的成绩。王曙光（2010）认为农民合作组织，第一，提升了小农抗击农业风险的能力；第二，阻遏了农业部门边际收益递减效应；第三，提高了农业生产者的规模效应和农产品市场竞争力；第四，推动了农业的适度产业化发展；第五，加速了农村各类生产要素的流动与整合，优化了农业生产要素配置的效率。新型农民合作组织的发展"是对传统农村经济运行模式和经营体制的'否定之否定'"。苑鹏（2013）认为，农民合作社在现代农业科技应用，农业基础设施完善，建设保护高标准农田，实施藏粮于地、藏粮于技的发展战略中，在发挥农业组织化、集约化、专业化和社会化方面有明显的优势。首先，农民专业合作组织的成员构成具有相对较强的同质性、从事的产业相同、生产地域集中等特点。成员的生产区域相对集中，通常以村庄、乡镇范围为半径。可以低成本地开展农业社会化服务，实现规模经济。其次，农民专业合作组织的目标是为成员服务，以成员为导向，成员集所有者、惠顾者、推广者于一身。根据农业推广理论，如果推广者与惠顾者的经济利益是完全一致的，那么技术将产生非常显著的推广效果（苑鹏，2013）。从农民专业合作组织的实践看，合作组织在推进农业现代化进程中发挥的作用逐步增强。自2004年以来的十几年里，党和政府高度重视"三农"问题，每年的中央一号文件均结合当前"三农"问题实践中最重要的问题，明确每年的大政方针。2017年中央一号文件指出：在推进农业转型升级背景下，农产品供求结构失衡、要素配置不合理、资源环境压力大、农民收入持续增长乏力等问题仍很突出。并明确将农民收入问题的提高嵌入到推进农业现代化的进程中。围绕增加农民收入问题，文件从加大惠农政策力度、优先保证农业农村投入、提高农业补贴政策效能、完善农产品价格形成机制、强化农业社会化服务、推进农村一二三产业融合发展、拓宽农村外部增收渠道和大力推进农村扶贫开发等八大方面阐述了政策内涵。并就加快构建新型农业经营体系和坚持农民家庭经营主体地位问题指出了明确的方向和发展路径："坚持和完善农村基本经营制度，坚持农民家庭经营主体地位，引导土地经营权规范有序流转，创新土地流转和规模经营方式，积极发展多种形式的适度规模经营，提高农民组织化程度。鼓励发展规模适度的农户家庭农场，完善对粮食生产规模经营主体的支持服务体系。引导农民专业合作社拓宽服务领域，促进规范发展，实行年度报告公示制度，深入推进示范社创建行动。推进农业产业化示范基地建设和龙头企业转型升级。引导农民以土地经营权入股合作社和龙头企业。鼓励工商资本发展适合企业化经营的现代种养业、农产品加工流通和农业社会化服务。"

综上所述，可以认为在实现农业现代化目标中，发展农民专业合作社是最重要的具体目标之一。

二、农民专业合作社发展中融资问题

中国的合作社运动肇始于"西学东渐"年代。几经沉浮重新进入社会生活是在 20 世纪 80 年代中后期。近十几年来，随着国家支持力度的不断加大，农民专业合作社在全国范围内蓬勃发展。据《农民日报》统计，截至 2017 年 9 月底，农民专业合作社达 196.9 万家，是 2007 年底的 76 倍，平均每个行政村有 3 家合作社，全国近一半农户成为合作社成员；近 8000 家合作社被评定为国家农民合作社示范社；全国县级以上示范社有 18 万家。农民合作社产业分布广泛；有 17 万家合作社实施标准化生产、拥有注册商标；有 4.3 万家合作社通过"三品一标"质量认证；全国超过一半的合作社提供"产加销"一体服务，服务总值 11044 亿元[①]。农民专业合作社组织发展大体经历了三个阶段：第一阶段（20 世纪 80 年代）合作社组织可以称为"松散的服务型合作机构"，主要以江浙地区创立的以技术合作和交流为主的"专业技术协会"为代表。第二阶段（20 世纪 90 年代）合作社组织主要以联合起来共同购买生产资料、共同销售农产品为特征。第三阶段（21 世纪以来）的农民合作社逐渐转变为一个类似于现代西方国家的合作社：合作经济实体。农

① 数说 2017 农民专业合作社［EB/OL］. 中国农业新闻网，http：//www. farmer. com. cn/xwpd/jjsn/201712/t20171226_1346151. htm，2017 - 12 - 26.

民合作经济组织成员通过共同投资，兴办从事农产品生产、加工，生产资料购销，技术服务以及资金互助等。

在走向农业现代化道路的进程中，由于历史留给中西方遗产的不同，使得中西方农业现代化的发展"场景"有很大不同。西方国家诸如美国、加拿大等国以大农场为主，其土地经营规模平均在 200 公顷以上。而法国、英国尽管是以中小型家庭农场为主，但其平均土地经营规模也在 50 公顷以上。通过长期发展，这些国家已经建立了与农民合作社资金供求相匹配的合作金融体系。中国由于人口众多，人均土地极少，在全国范围内农业生产经营主要以小规模的农户家庭经营为基础，户均土地面积不足 1 公顷，且分割零碎。从市场经济角度看，中国绝大多数农业生产经营者都是弱小的市场主体。他们不仅是市场价格的接受者，而且是市场风险的主要承担者。尽管农民专业合作社在发展过程中得到多方面政策优惠和支持，由于缺乏与农民专业合作社资金配置自洽的合作金融体系，农民合作社融资问题一直是制约其发展的瓶颈。对此，多年来学界有许多调查研究。

杨喻鹏、兰庆高（2012）对辽宁省 30 家合作社的随机抽样发现：超过 80% 的合作社认为资金是合作社发展过程中遇到的最大困难。丁静静（2013）在江苏省调查的 160 家合作社中有 76.92% 的合作社认为其资金需求得不到满足。魏翔于 2010 年 10 月 ~ 2011 年 1 月对甘肃省进行抽样调查反映在 160 份有效问卷中有高达 99.36% 合作社存在资金严重短缺问题。余丽燕（2012）通过 2010 年对福建省的抽样调查发现，有超过 84% 的合作社认为资金短缺已成为福建省农民专业合作社发展中的"拦路虎"。冯丽萍（2014）通过对内蒙古鄂温克旗的调查认为，资金不足导致合作社周转出现了严重的困难，直接影响着合作社的发展。李海平（2011）对北京市部分农民合作社融资状况调研分析中发现，银行贷款和合作社资金需求之间存在明显的期限和用途方面的结构性矛盾，合作社从银行获得的贷款约 70% 是 1 年期以下的贷款。从利率形成来看，专业合作社贷款远非一个竞争的市场，银行间差异较大的利率水平也反映了部分合作社贷款困难问题比较严重。

对于农民专业合作社融资难的原因，王文献（2007）、潘淑娟等（2010）、余丽燕（2012）认为，制约合作社融通资金的重要因素有：合作社独特的制度设计、农村的金融环境因素和滞后的立法以及现有的行政管理体制。合作社产权特征造成了合作社内源性融资难，外部金融支持体系不完备造成了合作社外源性融资难。专业合作社外部融资困境的外在原因，首先，专为农民合作社提供资金融通的金融服务机构主体缺位：第一，中国农业发展银行作为我国专门农业产业的政策性银行，承担着支农、惠农、服务于农的职能。农业政策性银行中的"农业"不仅仅包括农、林、牧、渔等产业，还包括农村的工业和第三产业，"农业"的内涵不仅指农业，还包括农村、农民，服务对象包括农户、农村私营企业、农村合作经济组织、乡镇企业、国有农场（张眉，2011）。然而长期以来，农业政策性银行对"三农"的扶助是以宏观及中观层面为主，并没有落实到微观层面。第二，大商业银行不是农民专业合作社资金提供者，因为农民专业合作社的经济活动不足以支撑商业性的金融机构运行（李剑阁，2004）。大量调研表明，由于大商业银行在县域地区布局的调整，农村商业银行成为县域金融的主力机构，但农村商业银行无暇顾及农民专业合作社。其次，缺少贷款风险转移机制，降低了金融机构为农民专业合作社贷款的意愿。目前，政府在政策上对涉农保险支持力度不足（付兵涛，2008；赵俊英，2010；章泽群，2017）。同时，农民自身也缺乏保险意识，投保率低。最后，我国担保机制发展也尚未完善。这一系列原因，造成商业性金融机构更加缺乏向农村地区供给信贷服务的动力。潘淑娟（2012）还发现合作社的产权特征也不利于合作社进行外源性的融资。方菊香（2013）在对张掖市的调查发现：有几家提供小额贷款的银行均以农户小额信用贷款和农户联保贷款的形式间接为合作社发放贷款。王勋（2013）的研究发现，金融抑制是导致农民专业合作社融资难的重要原因。中国的农村金融市场整体抑制，但金融抑制在不同地区的表现又存在很大差异。在金融抑制程度较高的地区，银行在金融体系的主导地位更加明显。中国的农村金融市场抑制与农民及农民合作社融资难是制度性的。根据马丁丑、杨林娟（2011）对甘肃省示范性农民专业合作社的抽样调查，以合作社名义贷款占比远远低于其他主体贷款占比（见表 1 - 1）。

2016 年 1 月 3 日《温州日报》的一篇题为《温州农村金融改革：开渠引水正当时》的报道，介绍了温州作为全国农村改革试验区，一年来如何突破信用瓶颈，在信贷模式创新方面进行探索和尝试，并具体介绍了温州创新的三个典型：平阳市自主创新开始筹建都市农业引导资金融资担保体；温州市创办信用部；瑞安市马屿镇创建汇民农村资金互助社。① 这一报道揭示了发达的温州地区农业企业、农户对资金的需求饥渴状态，和金融机构因潜在的债务人无法提供"合格"的产权抵押而不得不"拒贷"的无奈。

表1-1　　　　　　　　欠发达地区农民专业合作社融资状况

贷款主体	贷款数（笔）	所占比例（%）
以社长名义	82	63.08
以实体名义	12	9.23
以社员名义	20	15.38
以合作社名义	16	12.31
总计	130	100

资料来源：马丁丑，杨林娟. 欠发达地区农民专业合作社融资现状及问题分析——基于对甘肃省示范性农民专业合作社的抽样调查［J］. 农村金融研究，2011（2）.

来自学界的调查研究和媒体的观察报道，十分形象而深刻地刻画出贷款难像"一座大山"压在渴望发展成长的农民及农民合作社身上。

三、农村金融体系改革目标中的合作金融

站在阐释改革目标角度，农村金融改革目标可以表达为：构建符合农业现代化发展需求的最优农村金融结构体系。什么是最优的金融结构？

（一）最优农村金融结构体系与合作金融

自戈德史密斯（Goldsmith，1969）开创性研究以来，包括最优金融结构在内的发展金融理论一直是发展经济学界持续关注的问题之一。戈德史密斯根据35个国家在1964年以前的数据，发现了经济增长与金融发展之间的正相关性。之后学界在此问题上展开了深入的讨论，并取得一些共识。例如，对一个经济体而言，最优金融结构是变化的。不同的发展阶段会有不同的最

---

① 林迎颖. 温州农村金融改革：开渠引水正当时［N］. 温州日报，2016-01-03（001）.

优金融结构。林毅夫、徐立新（2012）指出，不同的金融结构对不同经济发展阶段的促进作用不同，金融结构可以作为独立的金融政策考量因素。造成实际金融结构偏离最优结构的因素，既包括政治与法律的历史起源和发展路径，又包括现实的政策导向，上述因素均是导致经济效率和经济福利的损益的因素。因此，在金融结构的决定过程中，应努力减少政治因素及相关因素的影响。林毅夫等（2012）认为，一个有效的金融结构必须反映实体经济的需求。不同的要素禀赋（劳动力、资本和自然资源）决定产业结构，而特定的产业结构又需要特定的金融结构的支持。张杰、刘东（2006）认为，只有当金融结构的特点和优势与当前经济的产业结构需求相符合时，因其能最有效地履行基本职能，才能有效地为包容性和可持续发展做出贡献，这种状况下的金融结构就应该是最优的金融结构。

当前中国农业正处于以传统小农家户型生产组织模式渐进地向集约化、规模化、机械化、产业化生产组织模式转型的起步阶段之中。

农户经济正从发展初期主要依赖于内源融资，渐进地向集约化、规模化、机械化、产业化生产组织模式转型，需要新的金融支持（陈锡文等，2012，2013，2015）。在这个过程中，什么样的金融供给可以满足农业生产者的金融需求？

林毅夫、徐立新（2012）认为，在宏观层面，由于要素禀赋结构的变化——资本及人力资本积累，产业和金融的最优结构也将随之发生相应的变化。林毅夫（2005）认为，处于不同发展阶段的经济体具有不同的要素禀赋结构，不同的要素禀赋结构是使不同经济体产业结构具有系统性差异的决定因素。而有着系统性差异的经济体会呈现出不同的风险特性、投融资需求和信息结构特征。因此，处于不同经济发展阶段的经济体对于金融服务的需求存在显著差异。不存在一个适合所有国家的最优金融结构。在微观层面，林毅夫等（2005，2008）基于大银行和小银行在规模经济、信息机制、风险管理模式等方面的差异性，认为小银行为小微企业提供金融服务具有比较优势。林毅夫分析认为，银行业中存在的基于规模的专业化分工，使大中小银行有不同的市场定位，即大银行主要向大企业提供贷款而小银行主要给小企业贷款。导致这种市场定位的两个主要因素，一是风险管理因素。大银行有能力在坚持资产分散原则下向资金需求规模大的大型企业提供信贷和其他金融服务；而中小银行一旦提供大额信贷，便形成资产集中和风险集中状态。二是信息管理因素。在克服信息不对称的能力和技术方式方面，大银行对大企业的监督具有比较优势，因为大企业一般都具有易于传递的、完整的、可审核、可比较的财务报表等"硬"信息，具有比较完整的成长历史和信用记录，拥有一定规模可变现的抵押资产。因此大银行向大企业提供贷款所需要的信息易获得，信息管理成本较低，资产安全性较高。但是，中小企业在这方面往往明显弱于大企业。银行对中小企业的贷款决策，在"硬"信息"不硬"的条件下，常常要用企业主的"软"信息来补充"硬"信息的不足，如经营者的个人品质和能力等。但"软"信息带有很强的主观性，并难以在信贷管理链条较长的大银行中传递。而对于小银行，"软"信息的生产者往往就是贷款决策的制定者，在缺乏"硬"信息管理成本优势下，小银行激励信贷管理者收集"软"信息，使用"软"信息。而在大银行中，信息生产者向信贷决策者准确传递"软"信息的难度很大，因此信贷决策者难以依赖这些"软"信息进行决策。区域性的小银行与同处区域内的中小企业关系较密切，因此，小银行在中小企业融资中具有比较优势。

农村社区与城市社区相比是一个相对封闭的社区，在经济发展方面受到更多的地理空间、地域经济资源禀赋以及地域经济交易规则等约束。具有明确的地域性特征，社会结构相对简单和固化。农村社区是农民生活与栖息的场所，是生产经营和工作谋生的主要地方，社区公共经济对内的共享与对外封闭共存，"关系型经济"特点明显。在此基础上形成的关系型信贷决策的主要依据是"软信息"，而在非熟人圈，关于潜在借款客户的相关"软信息"是不易观察、不易证实和不易传递的信息。即私有经济信息获取与传递在熟人圈与非熟人圈呈"二元化成本分布"状态。农村社区金融信息机制类，在"大金融机构—大企业""中性金融机构—中小企业""小微金融机构—小微生产经营者"的光谱系上处于末端。前段更适合契约性金融，末端更适用于关系型金融。何广文、陆学艺、张杰、王曙光等许多学者认为，农村金融体系应该由政策性银行、商业性银行、合作金融和民间金融共同组成有机的、非隔离的、有弹性的金融体系。大多数调查研究认为，小农业生产者得到金融支持主要来自非正规金融。因为，小农业生产者的资金需求具有额度小、频率高、借贷需求时间紧、季节性强等特点，如果等待正规金融机构的贷款流程，很多借款人将丧失市场机会。

合作金融处于"大金融机构—大企业""中性金融机构—中小企业""小微金融机构—小微生产经营者"的光谱系的末端，其关系型金融特征与信息结构特征在获得有效政策支持的条件下，可以弥补现有农村金融体系的短板，进而有利于"三农"经济的发展，所以在多年来的有关农村金融体系改革的"顶层框架"中，发展合作金融一直是改革目标之一。

综上，借鉴 1992 年世界银行专家雅荣（Yaron，1999）提出的观点，从目标客户的覆盖面和农村金融机构的持续性两个方面来衡量农村金融机构的业绩和农村金融服务现状。包含能在较大范围覆盖小农业生产者金融需求，且能实现金融机构的可持续经营的合作金融在内的农村金融结构是最优的。

（二）农村金融改革中的效率/公平关系与合作金融

一般的意义上，无论是农村金融改革还是城市金融改革，金融改革的目标应该是让有限的金融资源通过改革形成自生机制，使金融资源可持续的配置到使用效率最高、经营效益最好的地方去。如果不考虑"大国农业"和"农民大国"两个基本国情，可否直接按照新自由主义的理论框架建立高效的市场经济体系解决问题？国际实践经验表明，信贷市场是"跨期交易"，信贷链条十分脆弱且具有自我强化的特性，市场"出清"不能完全依靠竞争机制和价格机制，不仅因为信贷市场广泛存在信息不对称，并且因为信贷市场不同程度的存在信息汇聚和传导不确定性机制。完全靠价格竞争实施"优胜劣汰"往往会引发金融系统的不稳定，甚至"崩溃"。已有研究形成的共识是：金融市场需要有"看得见的手"缓解"市场失灵"。斯蒂格利茨的研究表明，金融市场及信贷市场的信息不完全性、不确定性与一国经济发展阶段直接相关：相对于发达国家，发展中国家由于市场体系的发展时间较短、经济法律制度不够健全等综合因素，市场不完备的程度远远高于发达国家，过早的实行金融自由化是不理性的。他还认为在同一个国家，相对于城市信贷市场，农村信贷市场[①]是一个不完全市场，其信息的不完全性、不确定性更甚于城市信贷市场。发达国家实践显示，农

---

① 目前在中国的大部分地区仍可以将农村金融市场等同于农村信贷市场。

村信贷市场难以通过建立高效竞争机制和价格机制，使其达到提高资金使用效率的目标。

中国的国情是大国农业和农民大国并存，从大国农业视角看，国家的"粮食安全"是直接涉及国家安全的问题。制定农业现代化战略必须既考虑国内有限的资源禀赋问题，又要考虑中国缺乏一个有充分弹性的国际市场解决粮食均衡的问题。从农民大国视角看，中国的农业发展战略不是单一的产业发展战略。在土地资源极其稀缺，社会尚未形成平滑的就业转移支持机制条件下，依附于土地上的劳动者的生存与发展问题是关系城乡社会、经济、民生、政治等统筹发展的系统性问题。

基于这两个视角，通过金融体制改革提高金融效率问题和解决农民信贷可得性问题，具有统一性和同一性，即能兼顾农村金融效率和小农业生产者金融需求的金融体系属于"最优金融结构"。但是无论是理论研究还是社会实践都显示效率与公平往往是矛盾的，因此，这一问题隐含的前提问题是：现阶段农村金融改革发展是坚持效率优先？还是公平优先？20世纪拉美国家和部分东南亚国家依据效率优先原则，照搬发达国家的金融自由化战略，导致外部冲击不断，经济停滞发展几十年的教训，和苏联在经济体制改革中所实施的"照搬原则"导致的经济衰退结果，说明"最优金融结构"是在一定时空条件约束下的评价（林毅夫，2005，2008）。农村金融体系改革必须充分考虑现实的经济金融生态环境。

据此，农村金融体系改革应该致力于"供给侧改革"，弥补农村信贷市场的最短板——"合作金融"，以能满足小农业生产者金融有效需求的目标为现阶段金融最优结构的努力方向。

（三）农村金融体系改革目标定位与合作金融

现代金融发展理论认为，金融部门通过储蓄转化投资机制、提高资本配置效率和改变社会储蓄率等三大机制来影响经济增长。由于金融部门和实际经济部门相互作用，会产生多重的、稳定状态的均衡，作为一国宏观金融体系的组成部分，有效率的农村金融体系对农村经济发展的作用具体表现为以下几个方面：

第一，平滑消费与提供资本，支持经济发展。用经济学分析视角看，当农民的收入可以分为消费和储蓄两部分的条件下（也即农民已经摆脱绝对贫苦状态），消费可分为最低的基本消费和一定程度的可能消费，储蓄也可以分为基本储蓄和一定程度的可能储蓄。因而储蓄和消费之间存在的此消彼长的内在变动关系，从而消费与储蓄之间存在一个弹性区间。理论上，这个弹性区间会受以下两个因素影响而变动，一个是边际消费倾向递减和边际储蓄倾向上升规律的作用因素，另一个是农村金融体系在金融资源配置方面具有较完备、有效的转换功能。完善的农村金融体系具有投资渠道的多层次和金融产品多样性和不同性质资金的灵活转换性，既可以帮助农民低成本的实现货币储蓄对实物储蓄的替代，又可以为农村储蓄者提供更多的风险管理工具，最大限度提升边际储蓄倾向。从而有效集聚农业资本，又可为农民未来消费的扩大创造了条件。

第二，推动农业生产规模扩大和农村经济结构优化。任何经济社会中，在储蓄量既定的条件下，储蓄向投资转化的能力和效率取决于特定的金融体系和金融中介的功能。对于发展中国家的农业生产规模扩大及其农村经济结构优化，金融中介是否具有多层次性、多样性是影响农村储蓄向投资转化效率的一个重要因素，有效的金融中介可提高对信贷风险判断、风险管理效率，进而提高农村金融资源配置效率。

第三，促进农村经济集约化、专业化、组织化、社会化。有效率的农村金融体系，在配置金融资源的同时，还发挥着社会、经济、技术、文化等信息中介的功能，这为农业经济资源合理聚集、技术信息有效传播创造了条件、农业科技成果推广普及发挥着不可替代的作用。

但是若存在金融抑制，金融体系则将对实体经济部门产生抑制作用，从而可能导致麦金农和肖所阐明的金融抑制和经济停滞并存的陷阱。

所以，农村金融改革直接目标是缓解直至最终消除抑制性的金融供给体系，而改革的出发点则必须以发展农村经济为主线，发展现代农业为依托，致力于构建新型农业现代化经营体系，贯彻落实中共十八大的重要战略部署，进而扎实构建集约化、专业化、组织化、社会化相结合的"四位一体"新型农业经营体系（陈锡文，2013）。近年来中央多次提出"构建新型农村经营体系"的"三农"发展阶段性目标，出台多种政策措施，全面推进农业的组织化、规模化、社会化程度，激励和倡导金融与实体经济的"正向反馈"效应，为降低农村金融的服务成本，解决农村金融在商业上不可持续的问题创造条件。

2015 年中央一号文件指出："推进农村金融体制改革。要主动适应农村实际、农业特点、农民需求，不断深化农村金融改革创新。"综合运用财政税收、货币信贷、金融监管等政策措施，推动金融资源继续向"三农"倾斜，确保农业信贷总量持续增加、涉农贷款比例不降低。鼓励包括农业银行、邮储银行、农商行、农村信用社和村镇银行等各类商业银行创新"三农"金融服务，强化农业发展银行政策性功能定位的同时，积极探索新型农村合作金融发展的有效途径，稳妥开展农民合作社内部资金互助试点，落实地方政府监管责任。

供给侧改革的思路之一是"补短板"。在建立以政策性金融、商业性金融、合作性金融相结合，资本充足、功能健全、运行安全、服务完善的农村金融体系为发展目标，实现"多层次、多元化、广覆盖、可持续"农村金融体系中，合作金融是一块最短的"板"，如何发展合作金融是需要进一步深入研究的课题。

综上所述，农业现代化需要大力发展农民专业合作社，农民专业合作社的成长需要金融支持，而现有的农村金融体系存在着制度性的"金融供求错配"，融资难一直是制约农民合作社成长发展的瓶颈。在农民专业合作社内部开展信用合作，既可为农民专业合作社拓展融资渠道，又有助于推进农村金融体系改革深化，进而促进形成多层次、多元化、广覆盖、可持续的最优农村金融结构。但在实践中，农民专业合作社开展信用合作，既缺乏理论支持，又缺乏政策与法律支持。对"有条件的农民合作社"可以开展内部信用合作，也缺乏对"条件"的甄别标准。本书以"农民专业合作社信用合作"为研究选题，重点梳理农民专业合作社信用合作的理论依据，积极探索信用合作的功能定位，农民专业合作社信用合作发展中的机制、风险管理，农民专业合作社信用合作可持续发展的自生动力，以及有利于其健康、持续发展的政策支持体系等问题，对于拓展合作社融资渠道，促进普惠金融发展，深化农村金融体制改革，实现"多元化、多层次、广覆盖、可持续"的农村金融体系改革目标，具有十分重要的现实意义。

第二节　文 献 综 述

一、关于信用合作的有关研究

发达国家的合作金融（包括合作社内部的信用合作）是"嵌入"合作经济发展过程中的，学界从合作金融发展史角度，一般将合作金融的发展划分为三个阶段。第一阶段为自由发展阶段（19世纪中叶～19世纪末期），这阶段信用合作的特点主要有：合作金融组织内生于规模较小的社区，资金基本由合作社社员共同筹集。理论界的研究重心是合作金融的目的、原则、产权及其民主管理等问题。第二阶段为国家干预阶段（20世纪初至第二次世界大战期间），经过几十年的发展，合作金融显示出强大的生命力，在这一阶段，合作金融在世界主要国家获得了法律地位和政府优惠政策，其中德国、日本、美国取得了较大成功。理论界的研究中心转移到国家公共政策支持问题。第三阶段为调整变革阶段（第二次世界大战以后至今），在这一阶段世界政治、经济、社会发展变化迅速，国际经济金融竞争激烈，合作金融成为许多国家金融体系中不可或缺的一部分，并出现与其他合作经济组织相互渗透。此时理论界的研究关注的是合作金融的风险控制、跨市场的竞争及其信用合作社的退出问题。

在针对合作金融的功能的研究方面，罗伯特（Robert，2004）认为，合作社社员的资金融通问题既是经济问题，也是社会问题。合作社的信用合作是以自力更生和互助共济的精神，自我解决经济、社会问题的一种有效方式。世界银行扶贫协商小组（CGAP，2005）专家在大量田野调查的基础上得出结论认为，大力发展包括非正规合作金融在内的各类微型金融是促进农村金融发展的重要模式，在一定程度上能较好地解决信用合作组织的内部资金融通等问题。

利亚兹（Liaz，2001）对20世纪90年代发展中国家的53家相关机构数据进行了总结，指出在发展中国家，微型金融市场空间较大，金融机构在采取有效的贷款技术条件下，小额信贷也有利可图，从而存在商业上的可持续性。在低收入人群中建立合作金融组织、开展信用合作具有天然的优势，因为市场需求量大和较低的合作经营成本是可持续的基本条件。他建议有条件的农民专业合作社可以尽早建立适合自身发展条件的合作金融组织①。

在讨论农民合作金融与农村金融体系关系方面，学界总体上充分肯定了农民合作社信用合作在改善农村金融市场方面的作用。斯蒂格利茨（Stiglitz，1977）认为，以农民合作社为主体参与金融市场交易，属于"借款人组织化"，在"政府适当介入"条件下，可以弥补借贷市场利率"筛选机制失灵"，缓解由此导致的正规金融供给不足的市场缺陷。实践中，以日本和韩国为代表的部分国家，合作金融体系与农村合作经济组织体系是一体化的组织。合作金融与合作经济组织一体化，有利于合作金融健康发展。

许多研究探讨了合作金融与政府的关系。金伯利、罗伯特（Kimberly & Robert，2004）认为许多国家实践表明，农民合作社信用合作是一种既解决农民合作社自身融资和发展问题，又可以减轻政府负担的有效途径②。怀特、坎皮恩（White & Campion，2001）通过调查发展中国家许多已经或正在考虑开展信用合作组织面临的主要问题后指出，科学有效的监管及准入机制是健康发展信用合作的关键③。铃木淑夫（1986）分析研究了日本农业协同组合和渔业协同组合的存款保险制度机制和作用，指出合作社开展信用合作建立存款保险制度对于信用风险的防范是非常必要的。

国内对农民专业合作的信用合作研究，是基于现实中制约农民专业合作社乃至农村和农业发展的"融资难、融资贵"问题展开的。自农民专业合作社重新"问世"以来，"融资难、融资贵"问题一直困扰着农民专业合作的生产经营与发展，并引起了学界的极大关注。中共十七届三中全会指出："允许有条件的农民专业合作社开展信用合作"。但是实际中，对于什么是

---

① Liaz Valenzuela. Getting the Recipe Right：The Experience and Challenges of Farmers' Specialized Cooperative Downscalers ［M］//Commercialziatoin of Microfinance：Balancing Business and Development Conn. Kumarian Press, 2001.

② Kimberly A. Zeuli, Robert Cropp. Farmer Cooperative Responses to the Changing Market Structures ［J］. Agricultural Outlook Forum, 2004（2）.

③ Victoria White, Anita Cmapino. Transformation：Journey from NGO to Regulated MFI ［M］//Commercialization of Microfinance：Balancing Business and Development Conn.：Kumarian Press, 2001.

"有条件开展信用合作"的农民专业合作社，相关法律政策并未做出具体的规定。这导致实践中的农民专业合作社在开展信用合作时，既存在缺乏依法开展信用合作的法律依据，又存在缺乏政策的扶持和外部监管规范。因此，学界多年来围绕农民专业合作社开展信用合作的研究，以多视角的方式展开：有的从法律制度角度展开讨论，有的从信用基础和信用机制角度展开讨论，有的从重构农村金融体系角度展开讨论。在学界的共同努力下，许多理论问题已经得到较系统、全面的阐述和分析。国内学者的研究主要围绕以下几方面展开：

一是农民专业合作社开展信用合作的必要性。张晓山（1995）在充分讨论德国蒙德拉贡合作社模式的基础上指出，中国专业合作社开展信用合作具有广阔前景。应加快"有条件的农民专业合作社开展信用合作"试点工作（张晓山，2010）。陆磊等（2006）指出，转型阶段中信用合作的范围和资金来源必须限于具有信任关系的经济主体之间，农民专业合作社是具有信任关系的经济组织，合作社内部的信用合作有利于控制风险。杜晓山（2007）认为，合理有效的农村金融体系应由商业性金融、合作性金融、政策性金融及民间金融构成。但在 2000 年前，大多数学者将农村合作金融等同于农村信用社，在农村信用社基本完成的商业化改革后的今天，农民专业合作社信用合作被归属于新型农村合作金融组织。何广文（2008）认为，新型农村合作金融组织是正规金融农村信贷供给不足引致的金融创新，是渐进式农村金融改革的成果，专业合作社的信用合作是金融创新的表现。温铁军等（2008）认为，专业合作社的信用合作可以大大提高包括农户和农村小企业在内的合作社成员的信贷可得性，在正规金融体系中这些社员是被边缘化的。

二是农民专业合作社开展信用合作的优势研究。林毅夫等（2005）认为信息优势是非正规金融广泛存在的根本原因。何广文（2012）认为农民专业合作社是内生于农村经济体系之中，其开展农村金融服务具有明显的制度优势：与其他金融服务提供者相比，农村金融市场无论在地理位置上还是信息传递渠道上均处于最短距离状态；信用供给管理链条最短，可实现小额、快捷、分散、高频供给方式；熟人圈的重复交易可以有效克服正规金融机构难以克服的信息不对称问题，可以最大限度地减少不良资产的产生。赵铁桥（2008，2015）认为，农民专业合作信用合作基础，既能有效减少信息不对称，还能利用熟人关系中的社会资本加大借贷者的违约成本，可以较好地避免逆向选择和道德风险。王曙光（2010）认为，正规农民资金互助社"实际上与农民专业合作社最为分离且独立"，具备农业产业基础的资金互助"有利于克服当年农村合作基金会的弊端"。这也为专业合作社开展信用合作提供了理论依据。马九杰（2016）指出，合作金融的优势在于共同的社会网络基础和共同纽带。共同纽带为合作金融组织运营提供了节约成本的基础。如果脱离了其社会基础，合作金融就体现不出优势。

三是合作社信用合作的现状和发展模式。大多数学者认为合作社信用合作可以划分为货币信用和商业信用（薛桂霞、孙炜琳，2013）。商业信用主要通过赊销赊购和有偿使用赊销账款实现，货币信用是以货币为媒介的信用合作。苑鹏、彭莹莹（2013）通过对128家合作社问卷调查发现，有71%的合作社开展的是货币信用合作，有40%的合作社开展了商业信用合作，还有20%的合作社为社员向银行贷款提供了担保服务。合作社信用合作资金主要来源于社员融资，外部资金较少；大部分地区信用合作的存款利率稍高于正规金融机构存款利率，贷款利率略低于正规金融机构借贷利率。李海平（2011）对北京地区部分合作社的问卷调查发现，合作社尚未建立规范的利率定价机制，不仅不同合作社之间利率水平差异大，有些合作社还对不同的社员实施不同的存贷款利率，并且利率水平差距较大。徐旭初（2011）的研究认为，实践中，被称为农民合作社信用合作的交易种类丰富：基于合作社内部的信用合作，既有合作社与农户的资金互助，又有农户与农户的资金互助；既有为社员外部融资提供增信服务组建贷款合作联保，也有以合作社资产抵押获得资金等多种形式的资金互助。陈林（2015）认为，农民专业合作、供销合作、信用合作"三位一体"在浙江的实践经验表明，"三位一体"是具有生命活力的合作经济模式，这种合作经济模式，你中有我、我中有你、相互交叉、相互渗透、相互促进，有利于增进金融、流通、科技三重合作功能的一体化。

四是农民专业合作社开展信用合作的困境及纾解。冯兴元（2008）认为，尽管中国银监会允许在农民专业合作社基础上组建农村资金互助社，但政策效果并不明显。农村资金互助社的许可标准对绝大多数农民信用合作组织来说"门槛"仍很高。姜柏林（2008）、夏英等（2010）认为，已获得许可证的农村资金互助社已陷入"高成本"困境中。王曙光（2009）认为，未取得中国银监会许可的农民信用合作正面临着信用风险积累和难以逾越的法律障碍。潘淑娟、王刚贞（2010）分析了我国台湾农渔会信用部与信用合作社在政策支持下促进农村经济发展的经验，提出应借鉴台湾地区的做法纾解农民专业合作社信用合作面临的难题。马忠富（2001）、杜朝运（2006）、鲍静海（2010）等提出可以借鉴日本、德国等农民专业合作社信用合作制度、机制和经验。马九杰（2016）提出，中国台湾在基层实施农业推广、营销、金融一体化的农业合作金融体系，在合作金融监管实施独立的监管体系可为中国大陆合作金融发展所借鉴。

二、关于农民合作社融资成本与多层次融资需求的相关研究

和任何金融需求者一样，农民合作社及社员的金融需求遵循的是成本最低原则。何广文等（2012）认为，在金融交易中，交易成本是隐性的成本，正规融资渠道的交易成本（如信息搜寻、贷款申请中的证照费、人情费用、交通费以及时间成本等各项支出）① 往往太高，影响农民贷款的"可得性"。作为正规融资渠道的替代，在农村借贷市场上，民间金融已成为农村经济主体融资的主要渠道（周立，2005）。大量的调研报告认为，农民社员贷款需求变化与经济发展水平密切相关，呈现出"贫困挣扎性借贷—平滑消费借贷—人力资本投资借贷—生产性借贷"的"光谱"系。当农民社员贷款需求处于"光谱"系低端时，基本上不可能从正规金融机构获得贷款；当农村经济发展到较发达状态，农民社员贷款需求多为生产性投资性需求时，往往又被金融机构风险控制挡在门外。

许多学者研究认为（徐丽鹤，2014；张远平、肖雄，2012），在理论上正规金融和民间金融是两种基于不同信息结构和交易模式的金融。我国农村非正规金融有以下几个主要特点：第一，农村非正规金融交易多发生在乡土社会"熟人圈"，贷款人对借款人的经济状况、资信情况、还款能力和道德品格等信息比较了解，信息相对对称。融资前的信息收集成本、融资后的监

---

① 农民申请正规金融机构贷款时交易成本往往很高，一次成功的贷款往往要耗费很多交易成本。

督成本和借款人违约的救济成本相对较低，使得农村非正规金融交易成本大大低于正规金融机构。第二，农村非正规金融建立在非制度信任和非法律途径的制裁的基础上。在一定条件下，非制度信任比制度信任更具有稳定性（青木昌彦，2001；赵丙奇，2008），非法律途径的制裁措施有着更大的威慑力。第三，农村非正规金融是在产权关系清晰条件下发生的。农村非正规金融中债权人的风险、收益以及交易规模等方面约束完全是市场性的，这较大地提高了非正规融资的效率。第四，融资产品和借贷条件的灵活性，与合作社及社员的金融服务需求有天然的市场适应性。

许多学者认为，农村的民间融资是农村金融市场中不可或缺的组成部分。农村非正规金融相对于正规金融有以下比较优势：一是信息获取成本低，债权人与债务人同属一个社会关系圈，债务人的道德品质、经营能力、偿债能力和过往记录等信息比较透明；二是担保的要求远远低于正规金融交易，维系借款人履约的"硬约束"往往是乡土社会的伦理道德、宗族传统惯例等非正式制度强大的超经济约束力；三是经营成本低，农村非正规金融往往无固定经营场所、无固定雇员；四是利率定价灵活，由借贷双方交易灵活富有弹性，多根据市场利率水平和人际关系的亲疏远近等要素自由确定；五是违约救济依据乡村社区法则。非正规金融这一系列比较优势，在相当大的程度上弥补了正规金融的缺口，为农户"跨期平滑消费"和生产性投资需要，提供了支持。综上，非正规金融成为满足农民金融需求的主要组成部分，是因为农民从非正规金融获得的借贷符合成本最低原则。

根据苑鹏和彭莹莹的调查，2006 年江苏省东台市在政府支持下成规模地开展非正规金融后，既促进了农村地区金融市场的健康发育，又对当地正规农村金融市场造成很大的冲击，突出的表现是：一是大商业银行通过存款将农村资金源源不断输入城市的"虹吸"现象被终止，农村资金因加入非正规金融交易而留在了农村；二是非正规金融竞争"倒逼"正规金融机构的加大创新步伐保护原有的市场份额；三是民间高利贷得到较有效的遏制。

据王云魁和辛瑞的研究，国际农业发展基金（IFAD，2001）认为：对于中国农民来说，非正规金融的重要性要远远超过正规金融市场，来自非正规金融市场的借贷大约为来自正规金融市场的 4 倍。并认为，正规金融与非正规金融的相互竞争和某些领域内的替代是一个富有效率金融体制的集中体现。

据本书课题组对安徽省 60 个县的问卷调查，2006～2007 年间有 27.5% 的县民间融资占比达 50% 以上；有 25% 的县民间融资占比 30%～50% 之间。曲小刚、池建宇、罗剑朝（2014）利用 2006～2010 年农村固定观察点的数据，实证分析后得出以下结论：农民在农村金融市场的信贷可得性对农户的生产和消费都具有显著影响，无论是正规借贷还是民间借贷。但是民间借贷可得性远远大于正规金融，所以民间借贷对农户生产和消费的影响远远大于正规借贷的影响。正规借贷对农户生产的影响具有地区差异性，对农户消费的影响不具有地区差异性；而民间借贷对农户生产不具有地区差别性的影响，对农户消费具有地区差异性影响。

　　尽管非正规金融的统计调查缺乏权威数据，但从学者的调查中我们不难看出，我国非正规金融在"三农"中所拥有的地位。中国农村金融市场之所以存在基于"道义小农"的扶贫金融和生存金融与基于"理性小农"的消费金融和生产金融并存（徐丽鹤，2014）现象，是由中国农村经济制度结构和演进走向决定的。国际合作社联盟（ICA，2000）的初步统计显示，信用合作已经成为合作组织体系的重要支柱，合作银行、信用合作社占全球各类合作社的 18%，是份额最高的合作（苑鹏、彭莹莹，2014）。

　　从上述多侧面的研究可以看出，中国农村金融需求具有多层次性的重要特征。从宏观上看，农村金融改革需要满足国家粮食安全、农业现代化转型发展，农民收入可持续增长和新农村建设等方面的需要。从中观上看，多层次农村金融需求对应的是农村经济发展阶段。从微观上看，多层次性的农村金融需求对应的是处于不同"光谱"系各类农户。张杰（2011）认为，相对于城市金融，中、微观层次上的农村金融市场以"小""微"借贷为主。在信息封闭的农村社区，建立充分竞争的农村信贷市场，可确保金融资源配置效率的判断，不仅在理论上难以成立，而且在政策实践过程中极有可能造成严重的灾难性后果。由于中国农村经济正处于从小农经济向现代农业转型的初期阶段，小农经济的市场风险和自然风险仍然是农村金融风险的最重要的风险源。农村金融需求是内生性的和市场性的，信贷价格（利率）不同于一般商品价格，它是借款人对未来支付的承诺。由于宏观经济发展和微观经济运行均充满不确定性，预期的信贷均衡将是不确定的。因为"在很多情况下，信贷机制的形成几乎不需要任何常规的要素投入，而且也很容易遭到破坏，因为信息资本最容易丢失或者过时"（张杰，2011）。苑鹏、彭莹莹（2014）研究分析，主要发达国家通过法律和资金，支持农民建立合作金融组织，解决资金融通问题。

综上，农村金融需求所具有多层次性和多样性，需要一个由正规金融和非正规金融并存、互动、互补的金融体系。正规金融应拥有政策性、商业性和扶贫三大功能的金融机构组成，而非正规金融应以合作金融为主体。

国外众多的文献虽然没有研究农民专业合作社信用合作问题，但文献所讨论的合作金融的功能、机制与优势、合作金融与金融体系的关系，以及政府在合作金融发展的职责等问题，为本书的研究提供了借鉴。国内学者在农民专业合作社信用合作的必要性及可行性、合法性，农民合作社信用合作模式及困境纾解等方面的研究取得了较丰硕的成果。在构建多层次农村金融体系，深化农村金融体系改革的研究方面还在进一步的探讨中，特别在什么是农民专业合作社开展信用合作的"条件"（即"准入问题"）、农民专业合作社如何开展信用合作、农民专业合作社的信用合作在多层次农村金融体系中的地位与作用等问题有待深入研究。本书将在已有研究的基础上，在深入农村金融体系改革的背景下，拟就农民专业合作社开展信用合作的资格条件、信用合作内容、风险控制机制、政策支持体系等方面展开深入的探究。

第三节　本书的主要内容与方法

一、本书的结构与主要内容

本书分为七章。

第一章主要陈述和分析了本书研究的宏观背景。讨论了农民专业合作社作为新型农业经营组织，在传统小生产农业向集约化、组织化、专业化、社会化即现代农业转型过程中的历史地位；讨论了农民专业合作社的融资需求及其融资难的困境；讨论了农村金融体系深化改革的目标、最优农村金融结构，提出合作金融是多层次农村金融体系中"最短的板"的看法。在相关文献综述中，重点述评了国外学术界有关合作金融的功能、机制与优势、合作金融与金融体系的关系，政府在合作金融发展的职责等问题；述评了国内学术界在农民专业合作社内开展信用合作的必要性、可行性、合法性方面的研究，分析了农民及专业合作社的融资成本和融资需求问题，讨论了农民合作社信用合作模式、农民合作社信用合作困境等问题。

第二章是农民专业合作社信用合作的理论分析。本章从合作社的组织特征和交易结构切入，讨论了合作社作为市场经济主体的信用机制。并从制度经济学、微观经济学和社会学角度深入探究了农民专业合作社的信用机制，并针对异质性合作社的信用机制进行了解构。本章内容为后面内容的深入展开提供了理论基础。

第三章讨论的是农民专业合作社信用合作的功能定位问题。针对实践中合作社信用合作的两种基本模式："货币信用"和"商业信用"，两种"合作金融社区"：基于村庄信用合作的"合作金融社区"和基于合作社信用合作的"合作金融社区"展开了深入的解剖。

第四章是关于农民专业合作社信用合作的主要内容分析。本章分别对资金互助合作、担保互助、交互信用等具体信用合作类型进行了描述与分析。讨论了信用合作原则、业务流程、信息结构、增信机制、风险控制等内容。结合典型案例讨论了信用合作的自生动力、可持续发展的信息结构，探索金融创新的技术路径。

第五章讨论的是专业合作社信用合作的社际合作问题。本章首先从理论角度讨论了社际合作的微观基础；其次，研究分析国际社会社际合作产生的路径、合作模式产生的历史原因；再次，分析了中国部分地区的实践案例；最后，提出了农民专业合作社信用合作的社际合作框架性内容。

第六章是关于农民专业合作社信用合作风险控制的讨论。本章从农民专业合作社开展信用合作的"准入"入手，研究了从准入、经营到退出监管等完整监管的流程与制度，探讨了农民专业合作社信用合作的风险管理的特殊性。在借鉴国际经验的基础上，设计了适应农民专业合作社的风险识别与规避、风险管理与控制、风险分散与补偿等技术和制度的评价指标体系。并设计了以专业合作社自生能力为基础，以联合社为支持体系的信用风险管理和补偿制度。

第七章讨论的是农民专业合作社信用合作的政策支持问题。本章基于公共政策视角，从城乡一体化协调发展的战略高度，讨论了积极促进新型农村合作金融组织创新发展政策，在解构美国、日本、德国三国主要做法的基础上，提出推进农民专业合作社开展信用合作的综合政策支持框架。

二、基本方法

历史与文献研究法。对于农民专业合作社信用合作的相关理论分析主要采取历史与文献资料分析法。本书对大量的文献进行了整理、归纳、研究，并在此基础上梳理出农民专业合作社信用合作的理论依据。

案例分析与田野调查法。在农民专业合作社信用合作的功能定位、风险控制、社际合作、政策支持等方面采用了案例分析与田野调查法。国内外大量的实践为案例分析法提供了丰富的资料，从田野调查获取的信息为研究提供了鲜活的、有中国特色的创新思路。

经济计量模型分析法。本课题在农民专业合作社"准入"条件的研究上采用了计量模型进行分析，期望提高这部分研究结果在付诸实践时的可操作性。

三、可能的创新

第一，本书利用制度经济学、信息经济学和社会学分析工具，讨论农民专业合作社信用合作功能定位时提出了"合作金融社区"的概念，并提出："合作金融社区"的科学界定，是合作社有效防范信用风险的基础。

第二，设计了农民专业合作社信用合作的准入条件评估指标体系。这一指标体系具有引导和评价双重功能。该指标可向潜在的、拟进入的合作社提出了针对性的努力方向；对于已经开展信用合作的合作社，该指标体系可以用来进行过程监管和评估，对信用风险进行管理性预警。

第三，通过对美国、日本、德国三国信用合作的社际合作和政府对合作社信用合作政策支持历史演变的分析，提出从公共政策角度系统设计、完善、优化推进农民专业合作社信用合作的公共政策支持体系。

四、存在的不足

第一，近年来，实践中农民专业合作社信用合作的创新层出不穷，许多地方政府对农民专业合作社信用合作的政策支持力度令人振奋。特别是全国供销社系统在引导、规范基层合作社开展信用合作、以联合社方式推进社际合作等方面的创新，由于多种因素制约，相关内容没有纳入本书是一很大缺憾。

第二，近年来村镇银行的发展速度非常之快，村镇银行下沉到乡镇的速度也令人瞩目。调研发现，一些村镇银行在扶持合作社信用合作方面做了许多创新，得到农民专业合作社的好评。村镇银行与农民专业合作社信用合作的"边界"如何界定？良性竞争与合作关系如何构建？是个值得深入研究的领域，本书尚未涉及。

| 第二章 |
农民合作社信用合作的基础理论研究

农民合作社的信用合作问题，肇端于农民合作社的融资问题。国外的研究多从宏观角度对合作社信用合作进行整体分析，对农民合作社进行全面系统的微观融资机制进行理论分析的不多见。农民合作社融资问题，在理论研究上可以分成两个层次：第一是关于市场经济组织的融资问题，第二是关于农村金融市场机制问题。在第一个层次上，如果认为农民合作社属于企业，农民合作社的信用合作问题则直指这一特殊企业的融资问题。在第二个层次上，农民专业合作社的信用合作问题与农村金融市场的信息信用机制有关。本章将从制度经济学、微观经济学、信息经济学和社会学角度等多维视角，循着解构农民专业合作社的组织特征——信用机制的路径，对农民合作社信用合作的理论基础展开讨论，深入探究农民合作社基于组织特征和社会资本的信用机制，探讨农村金融市场机制问题。本章的讨论将为后文的研究提供理论基础。

第一节　基于农民合作社组织特征的信用机制分析

一、关于合作社组织特征的定义

国外学界将合作社视为一种特殊的企业类型经历过一个发展过程。20 世纪早期的合作理论家多将合作社看作是一种社会性组织，认为组织起来的普通农户在市场竞争中可以大大提高市场竞争力，减少市场对弱势农民的盘剥。到了 20 世纪中期，学界的认识逐步加深，恩克（Enke，1945）认为，合作社是一个经济组织，在市场上与其他企业目的相同——追逐自身利润最大化。通过追逐自身利益最大化，来实现合作社社员作为生产者和消费者的剩余最大化。其后认为合作社是一种企业类型的观点得到越来越多的人认同。20 世纪中后期以来，理论界越来越多运用经济学分析工具特别是制度经济学的分析方法研究合作社。列维（Levay，1983）的研究发现，组建合作社的交易成本是影响合作社经营绩效的因素之一；降低合作社资产专用性也可以提升合作社绩效。阿尔钦和德姆塞茨（Alchian & Demsetz，1972）、库克（Cook，1995）研究发现，合作社组织不同程度上存在产权模糊、委托代理失效和投资不足等问题。范贝库姆和比杰曼（VanBekkum & Bijman，2006）认为吸引外部产权入股合作社，可以在不改变合作社合作本质的基础上提升效率。20 世纪 80 年代以来，理论界研究倾向于认为，尽管合作社在市场经营中是一种类型的企业，但合作社与股权合作企业不同的是，企业所有者之间的合作是通过契约约定的。随后，合作社在发展中出现了异化现象，卡兰提尼和扎戈（Karantinis & Zago，2001）研究了产权及其治理结构不同于经典模式下的合作社社员之间博弈是如何影响合作社的集体决策及合作行为；亨德里克和韦尔曼（Hendrikse & Veerman，2001）通过构建非合作博弈模型研究合作社的发展，研究发现合作社的产权结构、治理机制和投资决策影响合作社的绩效。

尽管 1995 年国际合作社联盟成立 100 周年代表大会上通过的《关于合作社特征的宣言》所做的定义是："合作社是由自愿联合的人们，通过其共同拥有和民主控制的企业，满足他们共同的经济、社会和文化需要及理想的自治联合体"。实践中大多数研究者认为合作社是一类企业。美国威斯康星大学合作社研究中心的定义是："合作社是一个由其惠顾者成员自愿所有和控制，在非营利或成本基础上由他们自己为自己经营的企业。它由其使用者所有。"美国农业部农村商业和合作社发展中心的定义是："合作社是一种使用者所有、使用者控制和基于使用进行分配的企业"。综合众多讨论，可以将合作社组织特征概括为：以满足社员利益和组织发展导向为宗旨，以合作社社员民主管理为原则的一种类型的经济主体，是市场经济体系中的一类企业。

在经典的传统合作社里社员是同质的，每位社员都既是合作社的所有者和控制者，同时也是合作社的顾客、惠顾者。在异质性合作社中，社员在不同程度上承担着合作社的顾客、惠顾者、所有者和控制者角色。异质性合作社经营性与逐利性比传统合作社有提升。需要指出的是，在存在双层交易结构①的合作社中，双层交易结构性质是迥异的：第一层交易是合作社内部交易，在这层交易中，是合作社与社员的交易，尽管此时的社员是"顾客"，合作社对此类顾客不以赢利为目的。第二层交易合作社以市场交易主体身份参与市场竞争，是以追求合作社自身利益最大化为目的，否则合作社将因失去竞争力而被淘汰出市场。正是因为第二层交易竞争的残酷性，才有了弱小的市场经济主体通过合作社方式组织起来，提高参与市场竞争能力需求和动力。同样，也正是因为第二层交易赋予了合作社市场企业的性质。在合作社发展的 100 多年历史中，在保证合作社与社员交易属性不变的前提下不断创新，经典合作社走向了异质性合作社。

综上，合作社作为一类经济组织发展到今天具有双重组织特性：一是以满足社员利益为组织经营发展导向宗旨；二是在公开市场上追求本组织的利益最大化。

二、如何认识中国农民专业合作社的质性

学界对于 20 世纪 80 年代重新进入中国农村社会的合作经济组织的认识，一直伴随着农民专业合作社的发展进程。

事实上，自 20 世纪 80 年代以来，中国乡村经济出现了三大市场主体：一是实行联产承包的家庭生产单位；二是应短缺经济社会之需，走过了一个完整的生命周期的乡镇企业；三是正处于成长周期阶段的农民合作社组织。在改革、转型、发展的农村市场经济中，合作社组织内生于第一类市场主体。第一类市场主体为获取市场竞争力，在地方政府支持推动下，在各类非营利

---

① 单层交易结构的合作社一般是为社员提供单纯技术服务或金融服务的合作社。双层交易是指合作社与社员交易和合作社在公开市场交易。

性组织引导下，各类专业技术协会、生产流通协会，通过联合起来共同购买生产资料、共同销售农产品形成的临时性非正式的组织，逐渐演变为一个类似于现代西方国家的合作社。可以说中国农民专业合作社的成长过程，是一个经历自上而下和自下而上重复动态博弈的产物。

2018 年修订的《中华人民共和国农民专业合作社法》（下文简称《农民专业合作社法》）在总则中间接地说明了这一历史过程①。《农民专业合作社法》对农民专业合作社的界定是："在农村家庭承包经营基础上，农产品的生产经营者或者同类农业生产经营服务的提供者、利用者，自愿联合、民主管理的互助性经济组织""农民专业合作社以其成员为主要服务对象，提供农业生产资料的购买，农产品的销售、加工、运输、贮藏以及与农业生产经营有关的技术、信息等服务"。该法所制定的合作社原则与经典合作社的原则保持了一致性。但《农民专业合作社法》对合作社成员构成及其附加表决权的规定既是对现实状况的认定，又为农民专业合作社在特定历史条件下的创新——即成员异质性合作社和出现产权"漂移"的合作社的合法性给予了法律上的认可。

事实上，基于不同国家的不同社会经济发展阶段、不同国家的政治社会文化环境变迁影响，不同国家的法律体系对于合作经济实践及合作经济理念塑造，实践中的合作运动不断发生着适应性调整。理论上关于合作社的质的规定也在不断发生微妙变化，并形成了并不唯一的合作原则。并不唯一的合作原则在不同的解读下，在不同的环境里指导、推动着不同的合作组织发展。形成了中国特色的各类"新型合作社"在全国范围内的持续发展，关于合作社定义的讨论，观点也不尽相同。国鲁来（2001）认为，财产所有者和惠顾者的同一性是合作社组织区别于其他经济组织的最重要的属性。实践中，新型专业合作社在传统合作原则的基础上，产生了不同程度的创新和偏移。但随着对以美国新一代合作社性质属性的研究与理解，目前学界对新型合作社性质规定及其实践中呈现出合作原则有了新的认识，达成的基本共识是：经历长期发展，合作社生存环境发生了重大的改变，合作社原则经历的修订体

---

① 《中华人民共和国农民专业合作社法》第一条"为了支持、引导农民专业合作社的发展，规范农民专业合作社的组织和行为，保护农民专业合作社及其成员的合法权益，促进农业和农村经济的发展，制定本法。"

现的是不同程度的适应性创新，但是未改变的核心原则有：民主管理、按交易额返还盈余以及资本报酬有限（徐旭初，2003，2018；苑鹏，2006，2017；史冰清、孔祥智，2012；等等）。国鲁来（2001）认为，合作社的原则和制度的不断调整变化是国际性的和历史性的现象，是市场内生性的演进，中国也不应该例外。但是合作社的相关制度设计，要结合国情条件，应该以尽可能多的发挥合作制制度优势为尺度。用"一人多票"替代"一人一票"，可以吸引社会资本投入农民合作社，而实行盈余按交易量返还与按股分红相结合安排，可以保护弱势社员的利益。王文献（2007）、黄祖辉等（2009）认为，从宏观上看，随着社会经济环境的发展变化，合作社的本质规定性必然会产生漂移；微观上，政府在秉承合作的理念的前提下，尊重合作者自主选择漂移的程度。

综上所述，从合作社的经济属性看，合作社是以社员联合共有为特征的新型企业组织，通过联合进入市场，为社员提供运销、加工、生产和生活服务，形成规模经济，增强整体竞争力，提高经营效率，节省交易费用，增加社员收入，增进社员福利。从社会属性上看，中国农民合作社集生产或经营的企业与服务社员的社团组织为一身（潘劲，2000；欧阳仁根，2003）。

三、农民合作社信用机制[①]的经济学分析

在农业现代化的发展阶段，农民专业合作社作为新型农业经营主体，对融资需求极其强烈。但是学界和业界的调研结果表明，无论是发达地区还是欠发达地区，资金不足已成为制约其发展壮大的一大"瓶颈"（王震江，2004；袁炳杰、傅忠伟，2006；陈锡文，2011；王刚贞，2015）。农民专业合作社在以自身名义向银行等金融机构申请贷款，一般情况下可得性比较低。其实，合作社在发展中因缺乏有效的信用机制而导致向正规金融机构融资难，是世界范围内普遍存在的问题。

融资渠道及模式选择与信用信息机制息息相关，解构梳理中国农民专业

---

① 本书中的"信用"实际上是指市场主体（包括个人、企业、国家等可在市场上自主参与交易的主体）在预期的时间内从金融市场或金融交易中获得融资的能力；"信用机制"是指相对稳定的影响市场主体获得融资能力的各类因素的集合。

合作社的信用机制状况，探求合作社融资难的内在原因，既有重要的理论与现实意义，又是探索解决农民专业合作社融资难的前提。

（一）农民专业合作社融资模式选择

一般而言，企业融资从资金来源角度考察，可分为内源融资与外源融资；从筹资人与出资人的关系角度考察，可分为直接融资和间接融资；从投融资双方的法律权益角度考察，可分为股权融资与债权融资；从金融治理关系角度考察，可以分为保持距离型融资和关系型融资。

具体到通过哪种方式融资，企业要考虑的因素要复杂得多。经典的研究当属以 MM 理论为代表的资本结构理论。资本结构是指企业各种资本的构成及其比例关系，根据资本结构理论，资本结构是企业筹资决策的核心问题。企业筹资在综合考虑各项影响因素后，在选择筹资工具和方法时，要以筹资后形成最佳资本结构为原则，并在以后追加筹资中继续保持。资本结构理论具体包括 MM 理论、净营业收益理论、代理理论、净收益理论和等级筹资理论等。根据上述理论，企业融资主要关注的影响因素是"税收""破产"等外部因素。20 世纪 70 年代以来，在引入信息不对称理论后，MM 理论研究的假设条件被进一步放松。学界有关企业融资研究的视野从仅仅关注"税收""破产"等影响资本结构的外部因素，转向筹资动机、信号显示、利益相关者激励以及企业控制等内部因素。其中，控制权理论认为融资结构决定企业剩余索取权和剩余控制权的分配。该理论认为对于有控制权偏好的经理人而言，融资顺序的选择是内部融资→权益融资→发行债券→银行贷款，但如果想建立更好的企业治理结构和监督约束机制，则融资顺序恰恰相反。

农民专业合作社是市场经济主体，是一种特殊的企业。从"控制"和"激励"等因素分析，股权融资和债权融资应是合作社的可选项①，并在选定债权融资后，还可以选择是直接融资还是间接融资。从资金来源方向、融资的规模及可得性因素分析，内源融资和外源融资也是可选项。从是否与出资人保持距离因素分析，似乎合作社也可以在证券融资和银行贷款融资中选择和权衡。

---

① 事实上，目前，通过有价证券在资本市场进行股权或债权融资离农民专业合作社过于遥远，因此下文不讨论此问题。

但是已有的研究和大量的"田野调查"表明农民专业合作社的资金通常由两部分组成：社内资金（内部资金）与社外资金（外部借款）。社内资金，即为合作社包括社员股金、合作社公积金和对社员往来资金的占用（存款和结算款）。社外资金，是指合作社的外部借款形成合作社的债务和捐赠，其来源方多为政府、社会或金融机构等。在面对强烈的融资需求和农村金融市场，合作社融资渠道和模式选择机会极其匮乏。

（二）制度经济学视角下的合作社信用机制

从制度经济学角度看，市场和企业是资源配置的两种可互相替代的手段，替代与交易成本直接相关。而在市场交易中，金融需求和供给是否能够达成市场出清，取决于交易费用的大小和交易双方的风险结构和风险偏好。从供给角度看，在金融三大基本功能：资金融通、资产定价、风险管理中，风险管理是核心的功能。无论是在企业内部交易还是在市场交易，资金供给方都是风险的承担者。供给方拥有的交易治理能力（包括信息甄别能力、履约监督能力、风险控制能力、合约调整和救济能力四个维度），承担的交易费用大小，供给方的风险偏好及风险与收益匹配程度等因素直接影响交易成功与否。同样，资金需求方只承担他们认为合理的交易费用和会计费用。在正规金融交易中合作社融资难，农民专业合作社的信用合作机制及金融需求和供给双方风险结构与风险偏好不匹配，交易费用不均衡是否有关呢？

1. 合作社股权融资讨论

从财务视角分析，合作社的股金规模反映了合作社承担债务水平的能力，采取股权融资方式，理论上有益于合作社获得资金长期性使用的优点。由于股权融资不需要实际对外支付利息，短期不会减少企业的现金流量，在合作社资金短缺时可以通过增资扩股或发展新社员进行股权融资。现实中，增资扩股的空间有限，发展新社员空间也有限。因为新社员要具备"同类农业生产经营服务或者同类农产品的生产经营者的提供者、利用者"，并且是本地居民。同时，合作社实行"自愿进出"的原则，股金归社员个人所有，公积金为合作社不可分割资产。若合作社没有针对性的规定，新增社员入股时不需要对原社员所有者权益重新估价后，再确定新社员购买股权出资额。这将使新成员股权溢价，与老成员同等获得等价的剩余索取权。考虑到股权所有者权益是日积月累的结果，这样的股权融资方式安排是对老成员的一种剥夺。这种平等的分配权反映了一种有关未来潜在收益的代际冲突（王文献，2007）。若合作社规定新增社员入股时，需要对原社员所有者权益重新估价后，再确定新社员购买股权出资额。无论上述哪种方式，增资后的每股权益都会被稀释，合作社老社员为了自己的利益，也没有增加新成员的动力。

合作社可否通过外部投资股股权融资方式来进行资源整合[①]，提高规模经济？如果坚持"一人一票的民主管理原则"，保持全体社员对合作社的控制权，理性上，合作社将拒绝以逐利为目的的外部资本加入合作社。因为"一人一票"是一种绝对平等的民主管理方式，它体现的是传统合作社"人支配资本，而不是资本雇佣人"的产权制度和治理机制。这一原则符合合作社伦理精神（蒋玉珉，2002），是市场弱势群体有效保护自己利益的一种方式（王文献，2007）。但是市场经济条件下的资本的伦理是：任何投资要体现"风险/收益"匹配原则。资本是承担风险的载体，资本在承担风险时是以获取风险收益为前提的。在实行"一人一票"原则的合作社里，如果拥有强市场基因的资本进入并接受合作原则，意味着投资者既要接受较低资本报酬率又要承担较高的风险，同时还要放弃剩余索取权和剩余控制权。在市场经济伦理主导下的资本市场，以这种方式扩充合作社资本不具有可持续性。若合作社接受外部股权资本进入合作社并且外部资本愿意进入，意味着合作社接受市场资本的伦理原则。而随着这类资本数量加大，合作社资本结构发生变化，达到一定程度，合作社将面临两种选择：合作社或者因为坚持合作原则的社员退出而面临垮台的威胁，或者因为由市场性资本主导而"改变颜色"。

2. 合作社的外部债权融资讨论

信贷市场交易标的形式上是同质化的资金，实质上，从资金来源上看，不同供给者提供的等量可贷资金，其期限结构、风险结构可能是异质的。大量的实证研究发现，商业银行业存在着基于资本/资产规模而产生的专业化分工。不同规模的商业银行作为贷款人是异质的，各类银行在信贷市场上分别有自己的比较优势。林毅夫等（2005，2009）的研究表明，大、中、小贷款

---

① 王文献（2007）亦对此问题有过比较好的研究。本书下文中的研究结论与王文献的研究大体一致，论述分析角度有差异。

人具有不同的信息结构、市场定位和不同的风险管理模式。大体上银行与客户的对应关系可以概括为"大银行—大企业""中小银行—中小企业""微型金融机构—微小生产者"。尽管各类银行在市场定位上存在着交集，但是因规模大小不同，银行在信贷市场上提供的产品存在着系统性的差异①。因为，银行不管规模大小，信贷决策均须依据两类信息：一是财务信息和偿债替代物，如可抵押资产。这一类信息主要通过财务报表等获得，这一信息反映的是借款人过往的经营管理水平和资产积累现状。这类信息是直接的、可观察比较和可验证的。二是借款人的人格品质、经营能力、预期的商务竞争环境及变化等。这类信息依靠授信人通过正式或者非正式的渠道来了解和获取。这类信息是间接的、难以直接观察、表达、比较和可验证的信息。农民专业合作社一般拥有比较丰富的第二类信息，缺乏第一类信息。在信贷决策中，如果没有第一类信息的支持，第二类信息很难通过量化方式向大银行决策层②传递。由于第二类信息难以在大银行的决策中被有效使用，大银行的信贷客户经理注重的是第一类信息的收集。考虑到规模经济和信息成本的比较优势，农村金融市场是小银行的主战场，而大银行在战略层次上是不会在农村金融市场③"深耕细作"的。依此逻辑推论，中、小、微银行依次递进地与农村金融市场不同规模的市场主体，形成不同深度的"缘分"。

由于金融交易的标的是资金的使用权，资金使用权益是具有风险的远期权益。无论是存款、购买有价证券（包括股票和债券）、投资实业，对于债权人（授信人或投资人）而言，首先是资金使用权让渡，债务人（受信人或融资人）按约定偿还本息。由使用权权益的不同约定，产生出各种风险各异的委托代理契约，如借贷合同、有价证券买卖合同、股权投资合同、保险合同、期权合同。而信贷市场上借款人异质性是比较明显和可观察的，主要由

---

① 其一，任何商业银行都需要通过资产组合来分散风险，中小银行提供大额贷款不符合有效风险管理原则。其二，银行在处理每一笔贷款所需要的信息成本和管理成本中的固定部分不会因为贷款规模大小而有太大差异，因此大银行更有能力给大企业、大项目提供贷款（中小银行也愿意在风险可控的条件下，尽可能将每笔贷款做大些）。其三，大银行与中小银行的信息管理与内部控制机制差异甚大，信贷决策链长不同。

② 大银行出于风险控制需要，一方面贷款决策链较长，另一方面对客户信用评估主要使用量化信息。

③ 本书中农村金融市场主要是指信贷市场。

于不同的借款人"生命周期"特征、资产规模大小、经济成长能力及路径、违约风险概率分布、违约记录以及信用机制等是不同的。

根据《中华人民共和国农民专业合作社法》，农民专业合作社遵循国际合作社合作产权联合所有与个人所有双重性原则和"门户开放"基本原则，实行合作社所有者、受益者和控制者三位一体的制度安排。其作用主要在于，使得社员既可以获得"组织化"好处，又可以根据个人风险偏好对风险拥有"最后救济"手段——退社。这一制度约束的存在提高了农户生产者加入合作社的意愿和积极性。这一制度的良性循环效应是：加入合作社的社员人数增加—提高合作社规模经济能力—提高合作社在产品市场交易中的议价能力和信誉—提高社员福利。但是在信贷市场，这些制度安排却由于借贷双方信息不充分、不对称而成为不利于合作社获取外部融资的基本因素。体现合作社公平和效率统一、充分保护弱者的"门户开放"原则，在金融交易中却极大的弱化了债权人对金融交易的治理能力。因为，当合作社出现经营问题时，社员可以通过退社来转嫁风险。而正常情况下，在合作社经营顺利时，社员一般不会出现退社。一旦社员通过退社实现风险转嫁，债权人将承担由于社员退社所带来的合作社法人资产变动及资产安全问题所带来的信贷资产的风险。而在合作社发生经营问题时，社员是"内部人"，往往会先于外部债权人知晓相关信息。即使农民专业合作社产权异质性成为普遍现象，只要社员有退社自由，这一风险对外部债权人来说就是真实存在的。

合作社作在民主管理原则下，利润分配趋向于个人化，社员股本金趋向小额均等化。这两个特征也是有利于保护社员利益，但同样降低了合作社外部融资能力。

与一般的企业不同，民主管理原则使得合作社社员资本积累偏好不足，合作社的利润分配倾向个人利益最大化（蒋玉珉，2008）。资本报酬率低，倾向个人利润分配，有利于提高合作社的凝聚力，但非常不利于合作社从外部获得融资。一方面，资本报酬率低使得合作社面对内部和外部的潜在投资人缺乏吸引力，使合作社无法实现技术更新，技术构成只能处于较低的水平（王文献等，2008）；另一方面，利润分配个人化倾向，公共积累不足，都倾向降低合作社外部债权融资的可得性。

在合作产权下，公积金制度①是规避合作社"两难困境"② 的有效制度安排，许多国家在合作法中明确规定公积金的最低提取比例。公积金产权为合作社法人单一所有的规定，一方面，为合作社逐渐积累资金，实现可持续经营和发展提供条件；另一方面，公积金规模扩大也有助于提高合作社的凝聚力，并有助于避免潜在的债权人远离合作社。

基于上文分析，从制度经济学视角看，可以得出以下结论：

在现代金融交易体系中，信用机制是建立在"经济资本③"之上的。在经典的合作社的产权制度下，合作社相比其他类型的经济组织，内外部股权融资、外部债权融资的能力较弱，其信用能力低下是"机制"性的。

（三）"产权漂移"是否改变农民合作社信用机制？

《中华人民共和国农民专业合作社法》按资金来源将合作社财产分为：成员出资、公积金、国家财政直接补助、他人捐赠以及合法取得的其他资产所形成的财产五种。事实上并非仅仅因为制度规定而导致农民专业合作社出现异质性，合作社由少数"农村精英"控制，是合作社对市场发展环境适应的结果。合作社兼顾"公平"与"效率"、农村资本短缺、"三农"人力精英资本相对稀缺性等，是造成这种现象的根本原因。由于合作社的核心成员在为合作社解决农产品生产、信息、技术、供销等问题方面，拥有独特的资源优势，因而一般社员可以接受由核心成员掌握较多股权，并接受与之相应的治理模式（林坚、黄胜忠，2007；吴强，2017；任红霞，2017）。

在众多关于产权理论的论著中，巴泽尔（Barzel，1989）的产权理论具有独特的地位。巴泽尔在《产权的经济分析》中指出，产权界定过程有两个显著特征：一是相对性；二是渐进性。产权界定的相对性是指任何产权界定

---

① 公积金制度主要有：公积金提取规定和公积金合作社单一所有规定构成。

② 合作社没有"开放原则"，就失去了合作社核心内核。有这项规定，合作社就存在资本资产不稳定性的风险。所以国际合作社联盟确立的合作社原则中的教育培训原则希望通过教育培训提高社员合作精神。

③ 为了与下文"社会资本"对应，这里将企业资本表述为"经济资本"。根据在银行业风险管理中的界定，经济资本是用于承担业务风险或购买外来收益的股东投资总额，是由商业银行的管理层内部评估而产生的配置给资产或某项业务用以减缓风险冲击的资本。从一般企业经营角度看，企业资本是企业存在的前提，是企业负债的基础和起点，是企业弥补经营损失中可控的即期经济资源。从这个意义上看，在现代金融交易中，企业的信用是建立在经济资本基础上的。

的清晰程度都是相对的。尽管通常认为产权清晰的界定是成功交易的前提，但是由于完全界定产权的成本太高，初始的产权界定常常是不清晰的、不完整的。产权界定往往是以部分界定方式来实现。初始界定的产权仅仅为产权交易或产权制度的运作提供了一个起点，而进一步界定则是通过产权体系的运作过程自身，或交易过程来实现的。产权界定的渐进性，是指产权界定是一个演进的过程。由于财产的交换价值是它能产生的总收入和它的总交易成本的函数。如果交易的成本高于交换价值，人们就会暂时放弃界定这些资源的权利归属。这时，这些资源的权利就会滞留在公共领域，有待日后再作处理。此后或者资源新价值被发现，或者界定技术提高导致花费代价去界定产权变的有利可图，这些资源的权利会因为人们的重新界定清晰而离开公共领域。依据上述观点分析合作社的异化，我们发现，由于合作社不同类别的成员初始禀赋不同，以农村能人、农村大户、农村社会精英、龙头企业为代表的核心社员在合作社创建和运营过程中，投入了更多的综合资源。而普通农户社员只能投入一些自然资源和少量的资本。而合作社法人资产是由以下三部分构成的：一是核心社员与普通农户社员的投入，二是政府政策资金扶持，三是社会捐赠。合作社法人资产由核心社员和普通农户社员共享。由于除了资本投入可以量化，核心社员的人力资本和社会关系资源等投入难以以产权方式界定。再加上《中华人民共和国农民专业合作社法》的"一人一票"、按交易额返还盈余和提取公共积累等相关规定，导致社员难以依据投入比例实现产权的相关权利。这样实质上是将合作社产权部分价值置于"公共领域"[①]，而核心社员在合作社运营中实际形成的对"公共领域"产权价值的控制和攫取，导致了合作社的"产权漂移"。沙达德、库克（Chaddad & Cook，2003）依剩余索取权和控制权进行分类，划分出投资者导向型企业和传统经典合作社两种极端形态，两端之间依次为比例投资性合作社、成员投资性合作社、新一代合作社、外部联合型合作社、股份投资合作社等。徐旭初（2005，2006）根据沙达德、库克（Chaddad & Cook，2003）提出的分类方法指出，我国农民专业合作社大多是处于两种极端类型之间的"产权漂移"型合作社。

---

① 巴泽尔认为一项资产有不同的属性和价值，不完全界定的产权会将该资产一部分有价值的资源置于"公共领域"。

异质性合作社是通过合作社产权体系的运作过程，即交易过程实现的，它的广泛存在具有客观的合理性。

中国的农民专业合作社的"产权漂移"和朝向异质性发展，深刻地影响着合作社产生和发展中的产权结构、治理结构乃至文化取向等（徐旭初，2014），甚至深深地影响社员对金融的需求（潘婷，2016）。但是只要尊重社员退出权，合作社的"自我服务"基本属性就得到了保证，"民主控制"属性的丧失也得到一定的制约。事实上主要体现"自我服务"基本原则这一合作社组织特征存在，异质性合作社的信用机制就与传统合作社的信用机制大体相同。

第二节　农民合作社信用机制与社会资本

一、社会资本是什么？

（一）社会资本的含义

"社会资本"的概念是由经济学"资本"的概念演变而来。20 世纪 70 年代以后，西方学界先后将社会关系、社会结构、社会资源等社会学因素纳入经济学的分析框架，提出了"社会资本"的概念，并认为社会资本是一种可影响经济资源获取、利用的一种资本。他们通过解构社会资本对经济的影响，刻画出社会资本在经济活动中的作用路径。尽管学术界就社会资本的概念的界定尚未达成共识，但共同认可的是：社会资本是继经济资本、人力资本之后的一种新的资本形式。作为一种可以转化和可影响经济资源获取、利用的一种资本，其在强化或重塑社会关系（社会契约的方式），促进市场资源配置方面的作用，越来越得到重视。

布尔迪厄（Bourdieu，1989）认为，社会资本是"实际或潜在的资源集合，这些资源在相互默认、相互承认的关系组成的持久网络聚集"。科尔曼（Coleman，1988）认为，社会资本是"个人拥有的社会结构资源"，和经济资本一样"社会资本也是生产性的",在某些条件下,在缺少社会资本的时候,一些既定的目的难以实现。社会资本存在于人际关系的结构中,既不存在于物质生产过程,也不依附于独立的个人,并且不能由物质资本和人力资本来替代。社会资本的表现形式主要是:义务与期望、信息网络、规范和有效惩罚、权威关系等。有待偿还的义务关系(如欠人情)也是一种资源,人们需要时可以使用它。社会资本具有两个特性:一是不可转让性。社会资本不可转让性是指一个人拥有的社会资本很难转让给另一个人。二是对于收益者来说社会资本具有公共物品的性质。只有关系网络的所有参与者共同行动才能表现出来,这是与其他形式资本最根本的不同。科尔曼(Coleman,1988)指出,由于创造社会资本是有利可图的,所以可以观察到人们是理性参与到社会资本的创造中的。创造动力来自社会资本的收益性。拥有社会资本类似于在银行开了一个将来可以使用的存款账户。福山(Fukuyama,2001)把社会资本定义为信任。他认为,社会资本是相对于经济资本、文化资本而言的,在社会经济生活中社会资本隶属于经济资本和文化资本。

(二)社会资本的表现形式和分类

科尔曼(Coleman,1988)将社会资本的表现形式分为:义务与期望、信息网络、规范与有效惩罚、权威关系和多功能社会组织和有意创建的社会组织等。

普霍夫(Uphoff,2002)将集体社会资本分解为"结构性"(structural)社会资本和"认知性"(cognitive)社会资本两类。结构性社会资本凭借程序、规则和先例,创建社会网络,配置和安排角色,来促进共同受益的集体行动。结构性社会资本是相对客观的,是可以通过设计来构造的,通过有意识群体的行动来改进。认知性社会资本核心要素是共同受益集体的共同的规范、价值观、态度与信仰,这些共同认知的价值观、社会规范和信仰等引导人们走向共同受益的集体行动,认知性社会资本反映的是人们的想法与感觉,因而更为主观。

科尔曼(Coleman,1988)认为,影响社会资本形成和存亡的有四个因素:第一,关系网络的封闭性。其保证信任、规范、权威、制裁的维持。第二,组织和个人的稳定。社会资本在社会组织或社会关系稳定的条件下会稳定的存在或增长，在社会组织或社会关系瓦解时会消失殆尽。而社会组织或社会关系的稳定，又依赖于组织或关系中的人的稳定性。第三，意识形态。是指社会组织或社会关系中共同认同的意识形态。对社会资本的形成而言，个人主义的意识形态是负面的和消极的。第四，官方支持下的富裕或需要的满足。官方支持下的富裕或需要的满足程度提高，社会资本的价值将降低。因为社会资本具有公共物品的性质，需要的人越多，创造的社会资本数量越多。黄进（2005）将社会资本总结为：首先，社会资本是嵌入社会网络的资源，资源包括能力、知识、阶级、财产、种族、声望、性别等内容。信任是社会资本中最重要的因素，信任产生于社会资本，信任强化于社会资本。其次，社会资本通过几个或更多人的共同行为而存在，其特征表现为网络性、公共性、不可让渡性，其行为表现为规范、权威、责任、合作等。再次，社会资本是获取物质资本、人力资本不可缺少的因素，甚至是决定性因素。最后，社会资本在社会中无所不在，包括微观、中观、宏观各个层次。

在内涵意义指向基本一致，外延缺乏一致性范围的前提下，本书将使用普特南（Putnam，2002）的定义，即：社会资本是指社会组织的特征，诸如信任、规范以及网络，它们能够通过促进合作行为来提高社会的效率。

二、社会资本的经济功能

从上文分析可看出，社会资本是建立在社会或其特定群体之中，通常受到宗教、传统、历史、习惯等文化机制的影响。在工业化社会前，社会资本曾是人类社会发展进程中最重要的社会秩序稳定机制和利益连接机制。在工业化社会和后工业化社会里，社会要繁荣稳定须有法律、契约、经济理性来提供必要的却非充分的基础。要确保社会的繁荣稳定，其充分基础中不可或缺的是互惠、道德义务、社会责任与信任等社会资本。

社会资本的经济学意义得到国内外许多学者的高度重视。他们认为调节经济的不仅仅包括"看得见"的政府之"手"和"看不见"的市场之"手"，如果把社会资本考虑进来的话，还有社会资本这只"无形之手"。当一个社会具有繁荣的社区和健全的公民组织，形成和谐的社会关系，会大大减少政府失灵和市场失灵。社会资本有利于促进共同受益的集体行动，可以把"公地悲剧"变为"公地繁荣"。因此，在经济学的分析框架中嵌入社会资本理论分析，是对传统经济学分析理论市场和国家两分法的创新，可以形成国家、市场和社区三维调节体系的新分析框架。在这个新框架下，探究社会资本在弥补政府调节、市场调节"盲区"的作用空间，以实现既避免政府失灵、又避免市场失灵，同时实现社会共同福祉和个人利益两者的统一（游碧蓉，2008；徐薇，2017）。伍考克和纳里安（Woolcock & Naranyan）指出，在经济活动中，交易各方秉承以信任、合作与承诺的精神协同行动，其拥有的人力资源和物质资源可以得到更多的报酬、更高的生产率。唐翌（2003）认为，稳定的社会网络是社会资本价值的实现基础和依托，而社会网络的稳定又取决于网络成员的合作性和稳定性。社会网络构成越复杂、范围越大，社会网络越不稳定，成员合作的维持难度将加大，从而社会资本功能作用力下降。他的研究还发现，在简单的社会网络中，由于网络的范围小、网络成员间的关系简单，成员之间有共同的社会、政治、文化、习俗等背景，沟通效率较高，社会资本往往扮演着十分重要的角色，因为行为主体都明白合作可以带来的利益。

三、社会资本与信用的关系

（一）正规金融交易：社会资本与信用

资本是一种价值，这一概念对于物质资本、人力资本、社会资本都是适用的。资本的价值是持有者拥有的"期权"价值性收益。拥有社会资本的人，这种"期权"可能表现为"好名声"。"好名声"可为其在社会经济组织合作中获得经济收益，降低交易成本（唐翌，2003）。

社会资本对正规金融交易有什么影响呢？

一般企业考虑融资次序和融资模式，大多是从风险/成本/收益、资本结构/治理/控制等角度，可以选择的融资次序是内源融资与外源融资、股权融资与债权融资；可以选择的融资模式是直接融资和间接融资，或保持距离型融资和关系型融资。而融资的交易对手，即潜在的债权人则关注每一个潜在的债务人的还款能力和还款意愿。在长期的实践中，金融市场对于一般的借款申请人的信用评估形成了丰富多样的评价方法，在众多的评价方法中，核心评价要素有两大类指标：财务和非财务指标。表 2 - 1 列举了几种要素评级法。

表 2 - 1　　　　　　　　　　　借款申请人信用评估方法

评级方法	评级要素	不能直接用财务数据揭示的要素
5C 要素 分析法	借款人品德（character）、经营能力（capacity）、资本（capital）、资产抵押（collateral）、经济环境（condition）	借款人品德（character）、经营能力（capacity）、经济环境（condition）
5P 要素 分析法	个人因素（personal factor）、资金用途因素（purpose factor）、还款财源因素（payment factor）、债权保障因素（protection factor）、企业前景因素（perspective factor）	个人因素（personal factor）、企业前景因素（perspective factor）
5W 要素 分析法	借款人（who）、借款用途（why）、还款期限（when）、担保物（what）、如何还款（how）	借款人（who）
4F 要素 分析法	组织要素（organization factor）、经济要素（economic factor）、财务要素（financial factor）、管理要素（management factor）	组织要素（organization factor）、管理要素（management factor）
CAMPARI 法	品德（character）、借款人偿债能力（ability）、企业从借款投资中获得的利润（margin）、借款的目的（purpose）、借款金额（amount）、偿还方式（repayment）、贷款抵押（insurance）	品德（character）
LAPP 法	流动性（liquidity）、活动性（activity）、营利性（profitability）、潜力（potentialities）	潜力（potentialities）
骆驼评估体系	资本充足率（capital adequacy）、资产质量（asset quality）、管理水平（management）、收益状况（earnings）、流动性（liquidity）	管理水平（management）

资料来源：根据行业惯例和相关研究文献整理而成。

根据"社会资本中信任是最重要的因素"（黄进，2005），表 2 - 1 中"借款人品德（个人因素）、经营能力（管理要素）、企业前景因素（潜力、组织要素）、经济环境"等要素或可以直接看作是企业或借款人的社会资本，或者可看作借款人将社会资本转化为获取融资可得性的能力。这一能力既可看作信用水平，也可看作借款人的信用能力，这一能力在信用评级中通常被称为"信誉指标"。从表2-1可以看出，金融市场即使面对的是信息较规范的企业，也会关注借款人的信誉指标。在既有的信用评级中，信誉指标早已被列入评价指标体系中。信用是内在的基础，声誉是外在的表现。在社会中，声誉指标较信用指标是上阶指标，具有良好声誉的社会主体，一般必然具备良好的信用基础；不具有良好的信用基础的主体，一般也就不可能有好的声誉。在有些条件下，一个主体信用指标评估成绩尚好，但却未必有好的声誉。所以，从评级范围看，信誉评级一般超过信用评级的主体。在评价的方法和流程上尽管两者相似，但是信誉评级往往更强调多主体参与。

美国著名的评级机构认为，必须应用全面、综合的信用评级指标，不能遗漏影响企业信用评分的各种因素，否则信用分析就不能达到全面反映的要求。在指标体系中，虽然评级中重视一些定量的财务指标，但是定性指标往往是重点。往往由与被评级对象保持经常性接触的专业人员通过深入观察、"尽调"和积累的经验来判断客户的信用水平，最终结论是依靠信用分析人员的主观判断，最后由评级委员会投票决定。

与物质资本和人力资本不同的是，在直观上社会资本是无形的、无价的，但是在经典的评价企业信用等级中，属于社会资本的"C"被"置顶"。这从另一个角度证实了社会资本在金融资源获取中的影响力。阿布鲁和古尔（Abreu & Gul，2002）结合声誉模型与讨价还价模型，发现了声誉对利益分配的作用，指出存在于契约治理机制中的国家强制和声誉约束是两种主要的约束力量。两种约束力量的有效性直接决定了借款者的履约动机和交易行为。总之，在正规金融市场中源于社会资本的声誉构成借款人信用的有效组成部分。

（二）非正规金融交易：社会资本与信用

既有的研究认为，声誉是人们在长期重复博弈的过程中，基于对某行为主体的行为特征的"认知"而形成的判断。声誉信息通常在利益相关者之间的交换、传播，其形成的声誉信息流、声誉信息系统以及声誉信息网络总和，被称为声誉机制。声誉机制中负面声誉信息在利益相关者之间的传播速度快，且影响力大①，这种状态被称为"声誉惩罚机制"。声誉信息传播机制和声誉惩罚机制，在市场运作效率提高、交易成本降低、"道德风险"减少方面都发挥着不可替代的作用。

进一步的研究发现声誉机制在金融交易中发挥作用要以重复博弈为基础条件。根据不完全契约理论，在资金借贷中，在充满不确定的现实经济条件下，借贷双方想签订一个完全契约几乎是不可能的：既不可能准确预测未来的每种状态，也不可能准确描述未来的每种状态。签订契约的意义在于，事后当双方不能对不确定事件结果达成一致意见，对契约条款产生争议时，愿意遵守双方所认可的第三方（如法院）的力量来强制实施。在贷款规模小、频次高、节奏快的小额贷款交易中，以重复博弈为基础的声誉机制具有节约交易成本的优势。因为在重复博弈中，作为理性人借款者在长期利益和短期利益的比较中，发现选择自觉、诚实履约是符合自身利益最大化的选项。在重复博弈条件下，借款者与放贷者均选择诚实履约，可形成纳什均衡，不需要签订完全的契约，也不需要第三方强制执行。

重复博弈或者发生在稳定的交易对手之间，或者发生在利益相关者的熟人之间。此时即使贷款额度小，但由于借贷双方同属于一个乡村社区社会关系或者社会网络圈，潜在的债权人在获取潜在债务人的信息上有低成本优势。比较对称、充分的信息对应的是比较低的信用风险。形成了基于信任基础的较稳定、资金借贷不需要抵押品的交易圈。在圈子里，由"义务与期望、信息网络、规范和有效惩罚和权威关系"构建起的重复博弈机制，使得借款人一般不选择违约，从而避免短期获得赖账之利，长期遭受难以承受的综合损失。

中国农村信贷市场是一个分割的市场，同时又是封闭的市场。在交易中正规金融和非正规金融两类机构（或金融供给主体）采取不完全相同的信贷合约。市场的封闭是基于金融供给主体面对的一定区域内农村金融市场有效需求规模、信息搜寻和风险控制成本等约束所致。分割与封闭的存在，对于借款人的融资决策的影响因素首先不是与风险、成本、收益、资本结构、治理、控制等因素有关，而是与融资的可得性有关。

---

① "好事不出门，坏事传千里""众口铄金"等民谚俗语可视为验证结论。

在声誉惩罚机制作用下，进入放贷人"黑名单"的赖账者发现，他不仅不能再从当前放贷人那里融资，而且基本切断了所有其他的融资渠道，再想获得任何新贷款都极端困难，甚至在这个圈子里难以与其他人产生其他各种资源的交换。

根据赵丙奇（2008）的研究，乡村非正规融资有以下特点：一是利率与声誉作用呈负相关。二是重复贷款的信贷可获得性概率与声誉作用成正相关。三是借款者收入与声誉作用呈负相关。借款者信用影响力远小于正规借贷。因为信用与收入正相关，但收入提高会降低再贷款的概率，这会降低重复博弈的机会，以重复博弈为基础的声誉机制作用下降。

由于合作社的经济规模、法人资本与资产稳定性及其经济交易的影响范围等因素，农民合作社组织生存于网络相对简单的乡土社会之中。这决定了合作社的融资主要以非正规融资为主，其信用机制主要建立在社会资本基础之上。尽管，随着农村经济社会的开放与发展，社会资本与经济资本已经开始出现此消彼长的变化端倪。但是对根植于农业经济和不完全信息条件下的农村信用市场的合作社而言，社会资本现在是、在可预见的未来仍将是构成其信用机制的重要组成部分。

四、社会资本对合作社融资影响力的机理

鲍威尔（Powell，1990）指出，在经济行为中，权力、市场和信任是促成和维系合作的三种机制。赵泉民、李怡（2007）则指出经历漫长的发展历程，在中国社会关系中农民走向合作的行动逻辑，是建立在以亲缘和拟亲缘关系为基础的"特殊信任"机制上的。这一机制是推动着农民组织起来联合行动，应对个体农民在市场上面临的挑战的动力。但这一机制同时也为合作范围和社会资源发动范围画出了"规模界限"，最终成为制约合作经济组织向更大规模、更大地域空间的拓展因素。合作社组织特性决定了其是一个"熟人社会"，农村社会网络属于费孝通定义的封闭"圈层结构"，这种封闭"圈层结构"网络形成了内部成员的信任和依赖。在长期重复互动的交往中，系统内部成员相互熟悉各自的行为特征，并能预测成员未来行为。建立在社会伦理基础上的人际依赖、诚信互惠和对长期回报的期待，引导着系统内部

成员摒弃机会主义行为,"圈层结构"网络内不良行为极少发生。

杨雪冬(2005)认为,社会资本可以分为以下几种:属于个人的社会资本、属于组织的社会资本、属于共同体的社会资本。潘婷(2016)认为,在应用情境中,处于某一组织的个人可利用社会资本实际上是有个人社会资本和组织社会资本叠加效应的。普特南(2001)认为在市场竞争的压力下,拥有大量的社会资本的合作社为了共同利益,会促使其社员自愿合作。而社会环境的可信任度越高,期望的合作收益越高,人们越可能自觉履行义务。在自愿合作行为中,成员间信息收集成本将会降低,谈判费用和签约费用将会节约,机会主义行为发生的可能性将会大大减少。

在异质性农民合作社里,尽管合作社的主导权把控在核心社员手中,但核心社员只有通过股权和社会资本"同时动用、相互配合"来实现对合作社的控制的。股权是控制基础,社会资本是具体的控制实现形式。受到圈层网络社会伦理制约,核心社员只有将股权控制和社会资本控制有效结合,才能提高对合作社的控制效率。廖媛红(2012)研究发现,合作社内部社会资本对成员的当前满意度、长远满意度及总体满意度均有显著正向影响。

上述机理表明,信任这一社会资本的内核,不仅是维系经典合作社正常运行的基础性因素之一,也是维系异质性合作社正常运行的基础性因素之一。资金融通是资源的跨期配置,面对不确定的未来,在金融交易决策时,任何人也无法准确判断特定交易的最终成本与风险。在乡土社会,在资金交易规模小、交易频次高的条件下,在交易中交易双方无法承受凭借"尽调"结果做出是否交易的时间成本;在交易后发生争议时无法承受由第三方强制执行的救济成本。通过声誉机制降低合作社融资的交易成本和逆向选择,无疑是最佳选择。因此,农民合作社的融资(包括外部融资、内部融资)的信用机制是建立在社会资本机制上的。

尽管中国乡村正处于人口大规模流动的历史时期,但是对于参加合作社的农民来说是一个相对固定的人群,是一个规模比较小、人员比较固定、居住比较固定,依靠地缘、血缘和业缘为基础建立起来的特殊社会圈子。青木昌彦(2001)曾列举的十种交易治理机制:"个人信任、交易者社会规范、惠顾关系、俱乐部规范、自我实施(雇佣)契约、第三方的信息传播、第三方的强制实施、道德准则、法制系统、数字化实施",前六种是基于双方重复交互作用发挥治理作用的，其中交易者社会规范、俱乐部规范和第三方的信息传播都可看作是多边的信誉机制，个人信任、惠顾关系和自我实施契约则可视作双边的信誉机制。可以认为这六种治理机制对于农民合作社是适用的。正是这种治理机制产生的对机会主义行为和欺骗行为的约束和惩罚，极大地降低了乡村社会经济圈的机会主义和道德风险。圈子中的居民既高度重视家族声誉，又认同对他人的宽容和忍让是个人声望的积累，这一方面遏制了故意违约和投机主义的行为（赵丙奇，2008），另一方面，对借款人非意愿违约行为的宽容，优化了乡村金融生态。因此，对于合作金融来说，这是一种有效的信用风险防范机制。

上述这些属于社会资本的机制，使处于合作社内的资金融通交易可以持续成为可能。

第三节　结　　论

合作社作为市场经济组织既是"同类农产品的生产经营者或者同类农业生产经营服务的提供者、利用者，自愿联合、民主管理的互助性经济组织"，又是市场上追求自身利益最大化的经济组织。一方面，其独特的产权制度和治理结构，使合作社在融资中面临着股权融资困境和外部债券融资困境。但是合作社的信息结构特征使合作社在开展内部信用时，其信息甄别能力、履约监督能力、风险控制能力和合约调整与救济能力高于外部金融机构。另一方面，尽管合作社的经济规模小、法人资本与资产稳定性差，但其生存于网络相对简单的乡土社会之中，社会资本成为其信用机制中的核心要素。

综上，信息结构、社会资本机制，再加上法律上框架性约束和契约效率等因素共同构成农民专业合作社特有的信用机制。

| 第三章 |
农民合作社信用合作的功能定位

金融功能观是为了给经济体系寻找最好的金融组织结构而提出的一种金融宏观分析方法。依据金融功能观，一种组织结构是否最好，取决于具体的时空条件，包括经济发展阶段和现有的技术。默顿和博迪（Merton & Bodie，2009）认为，金融系统的基本功能就是在不确定环境中进行资源跨期配置，这种基本功能又可以细分为六种子功能：清算和结算功能；积聚资源和分割股份；在时间和空间中转移资源；风险管理；提供信息；处理激励问题。从这个意义上看，农民专业合作社信用合作的功能定位实际上可以转换为：信用合作在农村金融体系中的市场定位。即信用合作在哪些人群中展开？在细分的市场中农民专业合作社可以提供什么样的信用合作服务和信用合作工具？

从理论视角上看，专业合作社内部信用合作的功能，是由合作金融的本质决定的。从实践上分析，农民专业合作社信用合作的市场定位由其拥有的市场资源决定。

目前，农民专业合作社开展内部信用合作所面对的第一阶段问题是，通过设立专门的资金互助社开展信用合作？还是将资金互助嵌入合作社的生产经营之中？是以货币资金融通方式开展信用合作？还是通过产业链或供应链以商业信用方式开展信用合作？上述问题看起来是在界定金融合作业务类型及管理模式，实际上是为信用合作进行市场定位。为信用合作进行市场定位非常重要，因为历史上，由于对资金互助范围及其业务模式等边界界定模糊，导致合作金融组织功能异化，甚至失败的案例比比皆是。因此，本章拟通过对农民专业合作信用合作范围、业务类型的界定，讨论农民合作社信用合作的功能定位，以为相关政策的制定提供支持。

第一节 引　　言

中共中央、国务院 2014 年、2015 年的中央一号文件将农民合作社内部信用合作归入新型农村合作金融组织之内。这两年的中央一号文件提出了两种类型的合作金融，一类是"社区性农村资金互助组织"，另一类是"农民合作社内部资金互助"。此外，2014 年中央一号文件提出，要"在管理民主、运行规范、带动力强的农民合作社和供销合作社基础上，培育发展农村合作金融，不断丰富农村地区金融机构类型"。"坚持社员制、封闭性原则，在不对外吸储放贷、不支付固定回报的前提下，推动社区性农村资金互助组织发展"。2015 年中央一号文件指出：积极探索新型农村合作金融发展的有效途径，稳妥开展农民合作社内部资金互助试点，落实地方政府监管责任。这一重大战略部署深刻反映了广大农民群众的迫切愿望。

国际合作运动的实践表明，合作金融及其合作社的信用合作是市场经济条件下，小生产者、小经营者获取金融资源、提高市场竞争力、防范和抵抗市场波动冲击伤害的一种金融合作组织。这一组织在长期的发展过程中形成了与商业性组织有明显差异的产权结构和内部治理机制。由于不同国家、不同历史阶段的社会政治制度不同，合作社呈现出有国家和历史特色发展路径。自从新中国成立以来，社会经历了从对资本主义经济的社会主义改造到建设社会主义计划经济，再到建立和发展社会主义市场经济的巨大历史变迁。在这个过程中，由于缺乏"顶层设计"，导致以农村信用社为代表的"合作金融"在社会主义计划经济的"舞台"上进入和退出多次。直到"新一轮改革"（始于 2003 年）后的若干年，农村信用社改革发展方向才明确下来——建成农村社区商业银行。此后，为了区别农村信用社与 2006 年后登上中国历史舞台的农村资金互助社，国家将其归纳到三类新型农村金融机构①之中。

在市场经济条件下，作为农业生产者的农民成了真正意义上的市场经济

---

① 即由中国银监会颁发许可证的村镇银行、贷款公司和农村资金互助社。

主体。在市场竞争规律和经济周期性波动中，农业小生产者无力与大市场抗争，催生了对合作金融制度的需求。尽管农村信用社很难对农业小生产者提供贷款，但在农村信用社改革初期，主流社会一直认定中国农村信用社就是合作金融机构。因此，在2003年以前农村信用社改革的目标是，坚持合作制让农村信用社回归真正的合作金融①。以至于将改革开放以来全国各地的有合作金融基因的信用合作都归类于民间金融。由于对合作金融及其信用合作机制理解上的偏差，存在农村金融抑制，内生于农村市场经济的农村合作金融组织②从产权结构、组织名称，到交易规则、运行机制等形形色色。我们的调研发现在称谓上有以下主要类型："互助基金会""合会""轮会""农民资金互助组""农民资金互助社""农民资金互助会""信用资金互助社"等等不一而足。从领办人上分类有：由地方政府支持或组织发起的，如安徽的凤阳县、江苏的盐城市；由供销社领办的，如山东省省联社长期以来致力于指导基层社领办或指导农民专业合作社开展信用合作；有在民政部门备案的；有由地方农委指导、领办的。还发现有由共青团组织、妇联组织和一些NGO组织指导的合作金融组织。从合作金融组织的社员来源看，有来源于乡村社区的、有来源于专业合作社内部的；从业务分工来看，有建立专门的金融合作社开展货币资金互助，有的将资金互助嵌入专业合作社的生产经营中；有的以商业信用模式为主，有的以货币信用为主。在经营管理上，有的合作社社员资格取得以是否在合作社存款为据；有的合作社规定资金融通用途限定在合作社业务经营范围之内，有的不考虑信用合作的资金用途。有的地区还出现了合作社之间的信用合作，出现了联合社雏形。理解上的偏差突出表现为，有人在宣传金融合作社时直接自称为"农民自己的银行"。

可以看出，被列入"新型合作金融组织"③之中的合作社内部信用合作

---

① 所谓"回归"最初是指让农村信用社从农业银行代管独立出来，按照合作金融治理模式改革农村信用社，后是指从人民银行托管状态下独立出来成立县级联合社，按照合资金融机构治理结构管理和经营，并非认为回归前的产权构成、经营模式是非合作金融的。

② 现在各方有个共同的称谓即"新型合作金融组织"，以区别还残存于记忆中的"老的合作金融组织"——农村信用社。

③ 最早官方的"新型合作金融组织"是特指由中国银监会批准发牌照的农民资金互助社，由于渐进改革及其国家对农村市场成长起来的改革创新的包容，合作金融组织出现多元化管理体系。

是内生于农村金融经济市场之中的，是社会主义市场经济改革发展的产物。其运行模式、管理机制正处于自发探索阶段。

为了促进农民专业合作社信用合作健康发展，需要在政策层面对专业合作社内部信用合作的功能定位进行界定。这一界定所涉及的信用合作的业务类型：如直接融资服务、开展成员内部资金互助、为农户外部融资提供担保服务、开展供应链融资等，以及合作社信用合作对象范围等均有待进行深入系统的研究。

第二节　农民专业合作社内部信用信息结构分析

一、合作社的经济交易能力与融资约束

无论在实践中还是在法律规定中，合作社的经济交易有两类：

第一类是合作社内部交易。其又可分为两类。一是"合作社社员买—合作社卖"，包括社员从合作社购买生产资料、技术、服务、品牌、销售渠道及其委托合作社代购生产资料等。二是"合作社社员卖—合作社买"，包括社员出卖产品给合作社、委托合作社代销产品以及合作社社员出售劳动等。从合作社角度看上述交易是合作社的内部交易，对于这类交易，合作社不以营利为目的，主要是通过服务提高合作社社员的福利和合作社市场竞争力。

第二类是合作社在公开市场上与合作社外部进行交易，在此类交易中，合作社是正常的市场经济主体，所有的行为是追求合作社自身利益最大化。

这两类交易将合作社社员的利益实现机制分为两个类型：第一是社员与合作社进行的交易获得的利益，这是社员的短期利益。第二是因合作社在公开市场上的竞争力和市场声誉不断提高，营利能力不断提高而实现的利益。后一利益的实现是通过合作社全体成员持续的共同努力完成的。假定其他技

术条件不变，合作社市场营利能力提高受到两个因素影响：合作社持有的可参与市场交易的量① X_1 和合作社向社员的让利 X_2。X_1 与 X_2 正相关，让利程度越高，合作社拥有的交易量就可能越大。但是合作社对社员让利程度越高，合作社一方面整体盈利水平会下降，另一方面在市场的回旋余地就越小。理论上 X_1、X_2 之间存在均衡点。因此，社员和合作社之间的交易价格往往通过内部协商或设计弹性交易合同来进行。合作社使小生产者"连体"成为大生产者出现在市场上，提升合作社市场竞争力和话语权，最终通过合作社的交易规模扩大、交易能力提高和交易效益的提升增进社员的福祉。合作社在公开市场的交易，必须遵循市场规则，不断提高经营管理水平、不断扩大再生产、不断提高资本有机构成和技术有机构成，必须适应市场发展不断创新。这样，无论是合作社还是合作社社员，在扩大再生产、提高技术构成、资本构成、转型发展等各种条件下均有融资需求。大量的调查显示，以小规模的家庭经营为主的农业生产，其金融需求完全不同于工商企业金融需求，呈现出需求金额小、需求频率高，交易具有明显的时效性、季节性和周期性。同时，由于农业产业弱质性，农村居民财产、担保品弱交易性，农村产权交易市场缺失或缺乏统一的规范和约束，农村金融机构办理担保费用的"高门槛"② 等所形成的约束，农村正规金融机构对农户的小额借贷"不经济"等因素，长期以来，一方面，在农村正规金融市场上农民"贷款难、贷款贵"，金融机构"难贷款"并存；另一方面，合作金融及其他民间金融顽强生存，与不法金融公开交易并存局面。当合作社和社员面临外部融资约束时，寻求内部信用合作就成为机制性的出路。

美国经济学家伯杰和乌德尔（Berger & Udell，2002）指出，银行开发出基于不同种类信息结构的贷款技术可分为以下四类：一是取决于财务信

---

① 无论合作社是作为买入者还是作为卖出者，一般情况下，交易有规模成本节约的好处，即使市场出现供大于求条件的情况。

② 一般的，办理担保抵押手续可能涉及资产评估、担保物登记、担保合同的签订等众多环节，而农户一般缺乏相关知识、信息和对网上公开信息的理解能力等，常常多次往返办证机关，农户办手续的公证费用、评估费用和交通费用，加之"圈层文化"影响，农户还要付出"人情"费用，平均到单位借贷金额上农户借贷成本"门槛"往往高得惊人。这是很多农户放弃与正规金融机构打交道的最重要的原因。

息的财务报表型贷款（financial statements lending）技术。二是取决于抵押品数量和质量的资产保证型贷款（asset-based lending）技术。三是取决于信用评分的信用评级（credit scoring）技术的信用贷款。四是主要取决于"软信息"的关系型贷款（relationship lending）技术。关系型贷款因其信用评价不拘泥于企业财务信息是否规范，是否有足值的抵押品，最适合于中小企业。

合作社内部信用合作是基于非标准化"软信息"的资金跨期配置，属于关系型信用，关系型借贷在合作社内部信用合作中具有比较优势和现实的合理性。

二、合作社内部信用合作的信息成本优势

阿罗（Arrow，1963）认为，信息是稀缺资源，收集、加工、理解、接受、使用信息都会产生成本。企业的信息成本可分为会计成本和风险成本两种。前者是企业为减少不确定性进行信息搜寻、加工、处理、传递而付出的代价；后者是企业放弃进行信息搜寻，而承担的不确定性带来的风险损失。金融中介学认为，金融中介/信用中介本质上是信息中介。因为，金融风险产生于金融交易结果的不确定性。不确定性源于不确定性的信息成本。高昂的信息成本推动了金融中介/信用中介产生。

由于金融借贷交易完成有三个过程[①]，第一是双方进行信息沟通、交换、签约，规定交易条件和双方约定事项；第二是债权人按照约定完成资金转移；第三是债务人按约履诺，返还资金完成全部交易。合同能否完全执行，直接取决于第一阶段合同约定的条件是否达到双方的风险收益均衡点。交易中双方的权利义务是对等的，但债权人先履约执行资金转移交付，债务人后履约并且直至合同到期。未来债务人是否有意愿和有能力履约是不确定性的。信贷资金一旦交付给债务人，不确定性风险的承担者主要是债权人。这种不确定性无法在事前的信息搜寻、加工处理（签约、监督）中充分规避，事后的救济约定也具有不确定性。换言之，即使信息在事前

---

① 潘婷. 基于社员正规融资的农民合作社增信研究［D］. 北京：中国农业大学，2016.

完全做到充分、对称和完备，也无法预见签约后的相关信息如何变化及不确定性发生的概率。

因此，在金融发展的历史长河里，形成了包括宏观、微观在内的系统的金融交易支持体系。微观上创造出的揭示借款企业偿债能力的系列信息揭示工具有：单一的财务信息分析工具和商务信息分析方法，综合的企业资信评级系统，以及以抵押担保为代表的资信能力替代工具。宏观上创造的有法律制度支持的征信体系、金融监管体系及其社会道德约束体系等。而所有有关的金融创新、市场创新、技术创新、规则创新大都与降低金融交易信息成本有关。此外，与市场交易有关的金融创新，导致金融市场出现更多的细分市场，更多的金融工具、金融技术、金融交易规则。而市场细分往往与信息分布、传递、接受等信息结构有关。例如，直接融资交易系统中期权定价、资产组合、资产证券化等，通过市场价格形成机制和竞争机制揭示信息，引导资金流向，形成交易和交易价格，提供风险管理手段，并通过对冲交易工具降低不确定性，进而降低交易者的信息成本。间接融资中的抵押担保机制是一种揭示借款人还款能力信息的辅助机制，借款人用自身财产或第三人财产向贷款人作出违约赔偿保证，在借款人不能履约按时还款，债权人可以通过处置抵押财产或向做出担保承诺的第三人索赔来弥补风险损失。这表明，抵押、担保的主要功能之一是向债权人传递其真实还款的意愿和还款能力的信息。

从制度经济学角度看，市场和企业是资源配置的两种可互相替代的手段，替代与交易成本①直接相关。在市场交易中，金融需求和供给是否能够达成市场出清，取决于交易费用的大小和交易双方的风险结构和风险偏好。无论是企业内部交易还是市场交易，资金供给方都是风险的承担者。供给方的风险偏好、对交易的治理能力②、承担的交易费用大小、风险与收益匹配程度等因素，直接影响交易成功与否。同样，资金需求方只承担他们认为合理的交易费用和会计费用。

合作金融属于合作社组织"内部交易"，由于当事人相关信息比较充分、

---

① 从两个概念的内涵与外延上看，交易成本与信息成本等价。
② 金融交易治理能力，可以由信息甄别能力、监督能力、控制能力和合约调整能力四个维度构成。

对称，其信息"收集、加工、理解、接受、使用"的成本低，以"声誉抵押"为主的约束激励机制符合"熟人社区"信息结构特征。从这个角度看，合作金融及合作社内部信用是基于合作经济内部信息结构的一种融资风险控制机制，在金融创新的历史中是一种金融制度创新。

同样，农民专业合作社信用合作的功能定位（融资模式、合作范围等）也是由其拥有的信息成本优势决定的。

第三节　是货币信用合作还是商业信用合作？

目前，我国农民专业合作社开展的信用合作主要包括两种形式：一是以资金互助方式开展的货币信用合作；二是以农产品赊购赊销等方式开展的商品信用（汪小亚、帅旭，2012；苑鹏、彭莹莹，2013；等等）。在实践中，两种信用合作模式有形形色色的流程和风险控制机制。本节选取资金互助和商业信用两种信用合作模式分析解构其信息结构和信用机制。

一、专业合作社信用合作的形式

（一）货币信用合作——资金互助

合作社的资金互助是利用金融机制，将社员暂时闲置的资金，通过借贷方式，满足社员在生产、生活中产生的资金需求（何广文，2007）。在戎承法、楼栋（2011）对9省68家合作社的调查中，有88.2%的农民合作社开展了资金互助业务。在苑鹏、彭莹莹（2013）对全国东、中、西部70家农民专业合作社的调查中，有71%的合作社开展了资金互助业务。戎承法、楼栋（2011）的调查研究还发现，在开展资金互助的合作社里，资金融通效果与合作社成员数量、资本总额显著相关。潘淑娟、王刚贞（2010，2013）、吴岩（2016）的调查显示，在同一专业合作社内由于生产资金投入、销售资金回流时间节奏相同，资金在同一合作社内调剂空间不大。而不同专业的合作社如种植和养殖合作社之间资金调剂空间幅度较大。在合作社开展较好的地区，开展社际间资金互助更能满足社员资金需求。

目前学界认为，在货币资金互助中亟待厘清的几个问题是：政府在农民合作社资金互助发展过程中定位问题（何广文，2007；王曙光、王东宾，2010；赵超，2016；等等），如何实施有效的培训提高合作社规范开展资金互助问题（李海平，2011；潘淑娟、王刚贞，2012；苑鹏、彭莹莹，2013；苑鹏，2017；张博宁，2017；等等），资金互助组织自身管理运营机制的完善问题（王曙光，2010，2018；梁庆军，2011；等等），农民合作社自身定位与资金互助规模问题（谈儒勇，2009），法律法规的"顶层设计"与相关配套机制问题，合作社增信与风险评估体系建立问题等（王曙光，2010；潘淑娟、王刚贞，2012）。

（二）商业信用合作

在农民专业合作社的信用合作中，商业信用合作普遍的表现为农业生产资料和农产品赊销赊购等。基本形式大体有三种形式：一是合作社作为授信者，向社员赊销合作社从外部购买的农业生产资料、农业技术等；二是社员向合作社赊销农产品、提供有偿生产、技术服务；三是交互授信，即合作社与社员约定在一年的一个生产经营期限内（包括生产投入期和产品出售期），合作社和社员之间的经济交易均采取赊销方式，只记账不计息，借贷额度实行差额计算，额度持续到约定的结算日后开始计息。潘淑娟、王刚贞（2012）发现，规模较大的专业合作社开展的商业信用有许多的创新：交互信用、将资金融通与商业信用结合，"寓融资于融物"之中、开展"商业信用＋物流金融"等。此外，还出现了以农产品供应链融资为代表的创新型商品信用模式。在供应链融资过程中，银行将借款人与核心企业、合作组织的信用进行捆绑组合，分解风险至各当事人，按照风险收益配置原则，由当事人分别承担担保责任和连带担保责任等（段伟常、胡挺，2012）。

二、货币信用与商业信用功能比较

在货币信用的信息结构中，当事人相关信息比较充分、对称，其信息

"收集、加工、理解、接受、使用"的成本低，实行以"声誉抵押"为主的约束激励机制。商业信用的信息结构是在上述基础上，叠加上社员与合作社、社员与社员之间的经济交易的"物质流"信息和其中的"资金流"信息。从信息结构角度看，合作社内的商业信用信息优势更加明显。

若单纯从金融角度比较货币信用和商业信用的功能差异看，货币信用比商业信用更有弹性和灵活性，它在单一交易中不必拘泥于信用交易双方是否有直接的经济交易、不必拘泥于交易双方资金供求在方向、数量、时间等维度上是否匹配。考虑到作为农户生产者集生产单位与消费单位为一体，不具备通过增减用工数量来应对市场波动的影响，当家庭周期性的大额消费需求出现（婚丧嫁娶），或者预料外需求（病灾事件）出现，都会使家庭产生融资需求。这种需求一旦出现，若得不到满足，家庭会通过变卖生产资料的方式来渡难关。这一定会对家庭的生产经营和生活产生影响。由于这类家庭需求具有刚性，大量事实表明，这类刚性需求很难通过商业信用得到满足。因此，货币信用合作既可以满足社员生产性资金融通需要，又可以满足生活性资金融通需要。因此货币信用合作有更大的合作空间。

商业信用是嵌入到社员与合作社、社员与社员之间的经济交易中的，在这样的信息结构中，资金用途、信用额度的合理性与否，还款来源、还款时间等私有信息能及时获取，并能便捷地运用到交易决策中，交易双方的信息透明度、对称性达到了最大值，这使金融交易中的条件设计趋于更合理、信息成本趋于更低，信用合作中的道德风险也降到最低点。在商业信用合作中，金融风险仅存在经济项目的经营结果上了。

所以，两相比较，货币信用合作比商业信用合作的弹性大、互助合作空间更大，商业信用合作比货币信用合作的风险低，可持续性更高。

一般意义上，合作社内部开展货币信用合作，比仅仅开展商业信用合作，信息成本要高些，如果合作社规模较大的话，需要有较严密的贷款申请、批复、风控、违约救济等业务流程的合理设计，需要社员拥有金融风险、风险控制知识等理念。所以货币信用合作是比商业信用合作高一个层级的信用合作。因此，从信用合作发展次序上，建议合作社在开展信用合作的初期，可以从商业信用合作开始，通过"干中学"，促进合作社社员学习信用合作知识，形成金融风险意识，养成诚信守法的行为习惯。在此基础上，不断完善合作社信用合作规则、流程，形成激励约束相容的机制，再逐步开展货币信用，最后实现货币信用合作和商业信用合作并存。

由于中国农村经济区域发展差异性大，与关系金融对应信息结构、社会资本影响的方式和作用力等有明显地域化特征，选择货币信用合作、商业信用合作或者混合型信用合作，应充分考虑"适应性效率①"。

第四节　合作金融社区
——是基于村庄，还是专业合作社？

一、关于金融社区的理论分析

本书中的"金融社区"是指在一稳定的时期，某一类金融交易模式中相对稳定的、可参与交易的市场主体范围。金融社区可以是地理意义上社区，可以是非地理意义上社区。例如，社区银行的服务对象/范围，是指银行网点周边的一定半径的银行用户和潜在用户，这个社区可以被认为是这一银行的金融社区；而互联网金融的"金融社区"是指互联网金融服务产品可以送达的互联网市场中所有可能的金融交易者。在市场竞争条件下，某一金融社区不可能被某一特定的金融机构独占。在现代金融技术支持下，基于标准化的"硬信息"的投融资交易，其辐射的地理区域最广泛，可以由分布在地球任意角落的、符合准入条件的、任意潜在交易者参与，如有价证券交易。基于非标准化的"软信息"投融资，由于信息在大尺度空间范围里传递成本高昂，只能在狭小的地理空间里实现交易，如小额贷款公司的金融社区。但站在金融机构角度，任何一个金融机构都有基于资源相对比较优势的市场定位，从而有"属于"自己的金融社区。

农民专业合作社信用合作的信息结构，决定了其资金互助金融社区应为

---

① "适应性效率"是指符合当地经济发展阶段、金融生态环境以及以信用文化为主要内容的民俗文化特性。

最小单位①的有形社区：村庄和最小的经济组织——农民专业合作社。在这两者中哪一种更有优势呢？

王曙光（2007）认为，中国传统的村庄具有独立的文化单元和社会单元的性质，在长期的历史发展进程中，形成了以地缘、血缘、业缘为"形"，以共同价值传统、道德准则和行为规范为"核"的文化共同体。村庄作为合作金融社区的优势在于"有共同价值传统和行为准则"，使金融交易"软信息"可以低成本地获取、理解和认同。基于村庄社区开展资金互助的风险防范机制，来自村庄信任机制和"共同价值传统和行为准则"约束机制。村庄作为合作金融社区符合前文社会资本描述的既有稳定性的社会关系网络，又有共同的社会生活，大大减少了信息的不对称；村民自治机制，使信贷交易边界与信用机制、信息机制边界高度一致；在相对封闭的村庄开展合作金融交易，可以做到时效快、成本低、资金使用效率高。王曙光（2007）指出形成村庄信任须有以下几个条件：一是有比较严格的地域限制，村庄信任的范围一般局限于一个村庄。二是有较低的社会流动性与较简单的社会网络，一旦村庄人口流动性增强，超越一定临界点之后，就会使得村庄信任难以维持，最终归于崩溃。三是市场化水平相对较低。市场化水平较低的区域，经济共同体稳定性好，外部市场经济的文化影响力小，传统伦理文化得以保持。一般的村庄信任的维系成本越低，信任效率越有效；反之，市场化程度较高的区域，村庄信任效率较低。四是有稳定的社会制度与社会结构。激烈的社会制度与社会结构变迁，会使村庄信任受到有形和无形力量的极大扰动，会加大村庄信任的脆弱性。总之，村庄信任是随着乡土社会的变迁与市场契约文化的发展而不断演进。因此，村庄信任机制保存良好，是开展以村庄为金融社区的资金互助合作的前提条件。

林滢、任大鹏（2009）提出，农民专业合作社，作为内生于农村社区一种组织，先天具有地缘、亲缘和业缘等社会关系网络特征。高强、孔祥智（2015）认为，上述关系既是农民获取各种资源的重要途径和手段，也是农民专业合作社成立的基础。其信任机制已将传统村庄信任嵌入了市场信用之中，既有以地缘、亲缘、业缘为载体乡土经济社会文化共同体的村庄信任机

---

① 由于金融交易的信息成本制约，不同的信息结构对应于不同的金融社区，本书在这个意义上讨论最小农村金融社区。

制，又有源于经济交易的单纯利益相关者①或共同体的信息机制。即使合作社跨自然村建立，但总体上仍然属于同一社会经济社区范畴。无论是以村庄社区为合作金融，还是在合作社内部开展合作金融，其合作金融组织都是有中国特色和明显地域文化特色的"关系共同体"。

本书认为，当前中国农村社会正在发生着有史以来最深刻的变化，随着城乡统筹发展和乡土文明不断受到来自各个方面的冲击，农村社区流动性不断加大，村庄社区正面临着"空心化"、流动性和村庄重组并存格局，基于血缘、乡缘的乡土经济社会文化共同体村庄信任机制环境正发生着蜕变。而农民专业合作社是在原有的血缘、地缘和业缘关系而拓展出新的关系网络，而这一网络既有承载乡土经济社会文化共同体的村庄信任机制，又有源于经济交易的共同体信息机制，最重要的是作为一个经济组织，它"挤掉"了转型中传统村庄"共同体"的"空心"效应。在人口流动性较强的乡村，合作金融社区建立在农民专业合作社之内是有较坚实的信用信息基础的。

二、从农村合作基金会盛衰看"合作金融社区"定位

20 世纪八九十年代，农村合作基金会曾在全国大部分地区轰轰烈烈开展，为"三农"发展做出了一定的贡献，农业部曾建立专门机构指导、规范和协调管理农村合作基金会的发展。后来因为相当一部分合作基金会出现违规跨区经营"银行业务"、资金"脱农"、背离合作经济原则等现象，导致资产质量严重不良，部分基金会甚至出现"挤兑"风潮。为迅速制止危机蔓延，国务院以"一刀切"的方式对合作基金会进行整顿、清理。我们调查研究发现，在农民信用合作发展的今天，总能隐隐约约看到 20 世纪农村合作基金会的影响。今天总结典型的农村合作基金会的"金融社区"定位，探究合作基金会的盛衰原因，对规范新型合作金融组织正确定位合作金融社区有重要意义。

---

① 当农民专业合作社是松散的经济组织时，我们将农民专业合作社社员和合作社定义为利益相关者，当农民专业合作社是紧密的经济联合体时，我们将农民专业合作社社员和合作社定义为利益共同体。

农村合作基金会是市场内生的。20 世纪 80 年代即改革开放之初，由于中国正在"实施优先发展重工业的赶超战略"（王曙光，2007），在没有其他渠道获取大量资金支持赶超战略的条件下，"最合理的金融体系就是对金融市场进行全面的价格抑制和结构抑制"（王曙光，2007）。当包括农村信用社在内的金融机构体系全面纳入赶超战略所需要的金融抑制体系之中时，在农村劳动力过剩、社会商品供给短缺的"双轮"驱动下，乡镇企业正式走进中国经济发展的历史舞台。乡镇企业发展和农户经济经营对资金强烈需求催生了农村合作基金会的问世。

最初合作基金会资金来源主要是农村集体经济的积累和农户的闲散资金。资金运用主要用于"合作金融社区"里的合作经济组织、农户，以及乡镇企业。具体参见专栏 3 - 1。

专栏 3 - 1　南平市洋后乡良坑村合作基金会调查

南平市洋后乡良坑村现有：7 个村民小组，10 个自然村，共 140 户、714 人，土地总面积 30032 亩，其中耕地面积 707 亩。1985 年 11 月，良坑村成立了村合作基金会。成立的原因：一是为了使集体资金不再受损（因为农村实行家庭联产承包责任制后，由于缺乏有效的管理办法，集体资金使用普遍存在"七乱"现象：即贪、分、挪、借、吃、支、占。1982 年村、组的资金总额 10.17 万元，到 1985 年只剩下 7 万元，干部占、农民借，且迟迟不还，集体长期积累的资金将被丧失殆尽）；二是为了适应农村商品经济发展对资金的需要。

合作基金会资金的构成方式与做法：

1. 资金来源

由 8 个股东（7 个村民小组的资金及村部分暂时闲置资金）组成，资金包括存款、现金、国库券、超支欠款、借款和财产折价等。每个股东由基金会发给基金证，入股资金按 2.1% 计息。基金会成立时共筹集股金 39535 元，到 1987 年 11 月底已达 45400 元，增加了 5565 元。

2. 资金运用

主要作为农民购买种苗、化肥、农作栽培、治病及建房、婚丧喜庆等的贷款。自成立以来,80%以上的资金都用于经济效益较大的香菇生产。1987年1月至11月底,累收93500元,累放61100元,余额32400元。

3. 贷款的种类、利率、金额与期限

(1) 种类与利率:①粮食、畜牧业贷款利率4.8%;②经济作物和林、副、渔业贷款利率7.2%;③商业服务业贷款利率9%;④个人建房、结婚、购买高档商品贷款利率12%;⑤扶贫、救灾予以免息;⑥获利较高的生产经营项目,贷款利率实行面议。

(2) 金额与期限:各类贷款30元起贷,最高300元,期限一般在3个月左右,最多不超过1年。到期前5天,发出收贷通知单,逾期不还,罚息50%。到目前为止,仅村良种场的400元未如期收回。

4. 营利分配

每年自1月1日起至12月31日止定为会计年度。年终决算,营利按6:2:2分成,60%作为分红基金,20%作为本会的发展基金,20%作为会务基金,1986年利息收入3003.62元,扣除股金利息1110.38元,实际营利1893.24元。

资料来源:林峰,王建中. 良坑村合作基金调查报告 [J]. 福建金融,1988 (3).

林峰、王建中(1988)的调研报告还就合作基金会的基于合作经济原则的治理模式进行了介绍。从案例可以看出:一是信息机制是熟人圈"金融社区"的"软信息",二是风险控制基于"村庄信任"机制。温铁军(2009)认为,早期农村合作基金会遵循了国际通行的合作性质的金融组织的普遍原则,在社区合作经济组织成员内开展资金融通,依据不以营利为唯一目的,有偿使用、独立核算、自负盈亏、民主管理原则,符合自愿互利、共担风险的专业性合作经济组织的特点。

早期合作基金会的正面作用影响较大,这使得合作基金会在1984～1992

年间持续得到中央政策的支持①。1986年指出："近年来，一些农村合作经济组织自愿把集体闲置资金集中起来，采用有偿使用的办法，用于支持本乡、本村合作经济组织和农户发展商品生产。这种办法只要不对外吸收存款，只在内部相互融资，应当允许试行"。从本书的研究视角看，中央最初对"合作金融社区"界定非常清晰。1987年，国家允许民间资本创建"农村合作基金会"组织。在市场需求强烈且有国家政策支持的背景下，农村合作基金会蓬勃发展并迅速呈现燎原之势。但是1992年后，不断有"异化"和经营管理不善的合作基金会出现，部分地方甚至出现"挤兑"问题。引起相关管理部门高度重视。1994年，农业部和中国人民银行下发《关于加强农村合作基金会管理的通知》开始对合作基金会进行整顿。1995年出台《农村合作基金会管理规定》提出规范发展的专门要求，1996年开始整顿和清理。1999年农村合作基金会退出历史舞台。

学界大多将合作基金会失败的原因归纳为以下几个方面：一是在地方政府的干预下，许多农村合作基金会资金流向非农领域；二是在业务上仿照商银行经营模式特点突出，脱离农村社区大量违规设点，高利率开办存、贷款业务，逐渐远离了合作金融宗旨；三是缺乏有效的治理结构和规范管理体制，积累了大量的金融风险；四是因为经济周期导致的呆坏账急剧增加，局部地区出现挤兑风波。还有人认为，合作基金会失败主要与各级地方政府和农业主管部门为了局部利益，主导农村合作基金会业务发展有关（温铁军，2009）。

从事后诸多总结研究报告看，具体的合作基金会均有不同的"合作金融社区"，而成败与其"合作金融社区"定位（即市场定位）息息相关。李静（2002）的研究发现，1992年后许多农村合作基金会突破合作基金会组织成员的边界，大量办理存贷款业务，并出现更多资金流向非农经济领域现象。

---

① 这期间先后有：1984年、1985年中央一号文件，1986年《中共中央办公厅、国务院办公厅转发〈关于清理农村集体财产的意见〉的通知》、1987年中央五号文件、1990年中央十九号文件中明确提出支持、引导合作基金会健康发展的精神；1991年11月，中共十三届八中全会《中共中央关于进一步加强农业和农村工作的决定》要求，各地要继续办好农村合作基金会。同时，财政部和农业部在1991年联合下发的两个文件中都对农村合作基金会的发展给予了充分肯定和支持，鼓励其进一步发展。1992年国务院在作出的关于发展高产优质高效农业的决定中，又一次提出了"继续发展农村合作基金会，满足高产优质高效农业发展的需要"的要求。

王文莉、罗剑朝、刘兴旺等（1999）认为，后期合作基金会的主要问题是突破了社区内资金互助、同股同利、不存不贷的原则，成为实事上的金融机构。具体参见专栏3－2和专栏3－3。

专栏3－2　山东省滕县鲍沟镇合作基金会调查报告

　　鲍沟镇合作基金会试点的成功，得到了上级有关部门的支持。县有关部门多次召开研讨会、经验交流会进行推广，使合作基金会在全县蓬勃兴起，迅速发展。到1987年底，全县22个乡（镇）已建立基金会15家。这15家合作基金会按照性质可分为两种：一种是服务型。如鲍沟镇等14家，其重点是对集体经济内部的资金进行融通；另一种是企业经营型。如经人民银行批准的城郊乡信用合作基金会，它不仅运用集体积累资金进行内部融资，而且还对外办理存、贷款业务和人民银行批准的其他业务。

　　这15家基金会按照资金来源划分，可分为三种形式：第一种是运用村级集体积累资金进行内部融资活动。第二种是除吸收村级各项集体积累资金外，还吸收乡（镇）办、管区办、村办企业单位的积累资金，固定资产折旧基金、外单位（个人）占用企业的资金（办理欠转贷）等。这些企业在入会资金数额内用款，且按期归还，不付利息。如城关镇和官桥镇的合作基金会。第三种是既吸收合作经济内部的积累资金，也吸收社会闲散资金，对外办理存、贷款业务。如城郊乡信用合作基金会。年末这15家基金会内部融通资金220多万元，扶持了178个乡村工业和26个联合体、740个专业户。其中1987年10月份开业的城郊乡信用合作基金会，吸收入会资金106万元；年末存款余额达122.2万元，其中储蓄存款51.2万元；累计发放贷款180万元，贷款余额达80余万元，扶持部分村购买拖拉机6台，帮助乡、村新上7个工副业项目，17个村更新了农机设备，扶持新经济联合体14个，个体专业户15个，均收到较好的经济效益。对缓解农村资金供求矛盾、平抑社会高利拆借、支持农村商品经济发

展起了促进作用。

资料来源：韩杰，崔剑波. 筹集管理农村资金有效的组织形式——山东滕县农村合作基金会调查 [J]. 经济问题探索，1988（8）.

专栏 3 -3　乐山市合作基金会

清产核资表明，在乐山市整个负债中，事业性负债高达 2200 万元。其中教育 900 万元，交通 700 万元，财政性负债 300 多万元。如果加上欠付的工程款，企业、个人等名义借款用于公益事业的部分，将高达 4000 万元。由于公益性借款的特殊性，决定了多数借款无法按时回收，甚至于部分借款变成呆账坏账，使基金会不堪重负。

资料来源：蒋加强. 农村合作基金会清理整顿后的反思 [J]. 农村经济，2000（1）.

根据专栏 3 -1 至专栏 3 -3 中调研报告可明显看出有三种不同合作金融社区的合作基金会。专栏 3 -1 显示南平市洋后乡良坑村合作基金会完全体现了国家大政方针精神；专栏 3 -2 披露的鲍沟镇合作基金会的运作出现了变异；而从专栏 3 -3 的资料已经清楚地看出整顿时期的乐山市合作基金会已经完全名实不符了。

1995 年，农业部农村合作基金会办公室负责人答记者问[①]时指出，个别地区的合作基金会出现的严重问题有：违背合作金融原则跨社区开展业务活动；不按管理要求擅自参与资金市场竞争；资金流向非农领域并产生风险，甚至造成了部分坏账。

虽然农村合作基金会已经从中国农村金融发展舞台上消失，上述资料及农业部合作基金会办公室负责人答记者问，反映的问题值得我们进一步反思。

---

① 摘自《加强管理　规范行为　促进农村合作基金会稳定健康发展——农业部农村合作基金会办公室负责人答记者问》一文，该文载于《农村合作经济经营管理》1995 年第 10 期。

第一，合作基金会发展初期为什么会受到农民、乡镇各级管理部门的支持？合作基金会之所以得到各方面的支持，并迅速从试点变成推广状态，从当时各地媒体、各地方政府总结和学界调查研究可以看出，最起码有以下几点原因：一是通过建立合作基金会方式，对承包制前集体固定资产折旧、借贷、公积金等集体公共财产的确权，得到了利益相关者的普遍认可。而且通过建立合作基金会，重建集体积累机制，盘活用好集体资金，实现集体财产的保值增值，增强集体经济实力，以及通过"以欠转贷"的金融技术，相对有效解决集体财产流失问题等，不失为较优方案。二是打通了农户生产经营者的资金融通渠道。对农户而言，合作基金会的资金即可缓解融资难问题，又可避免掉到民间高利贷的"陷阱"中去。三是诱致性发展阶段，合作基金会基于"熟人圈"的资金融通，符合"软信息"低成本信息识别机制和"村庄信任"风控机制等条件，较好地维护了信用资金的安全流转。四是在理念上各方面对合作经济组织有扎实的认同。

第二，为什么合作基金会的经营绩效和风险积累呈现不同的状态？多份调研报告显示[1]：各级地方政府在处理与合作基金会关系问题上，指导思想不清晰、不正确，插手或主导合作基金会经营，导致发展方向偏离了合作基金会成立的初衷和合作经济原则；各级政府在政绩观和多方利益驱动下，盲目进行推广试点经验，参与甚至主导合作基金会跨"合作金融社区"运营。结果在宏观经济发生改变条件时，凡能坚持合作经济原则或者基本坚持合作经济原则，地方政府干涉较少的，大都能很好地控制风险。反之，盲目把合作基金会当作"银行"来操作的，地方政府干预较多的，基本陷入信用风险"泥淖"。

第三，当合作基金会的信用管理能力与"金融社区"不匹配时，合作基金会就走上了衰败之路。在有关合作基金会研究报告[2]中，可以清楚地看到，合作基金会在规范运作获得成功后，总有资金不足或者市场空间太小的感觉，

---

① 陈国兴. 温州农村合作基金会调查报告 [J]. 农村金融研究，1993 (11)；范志升. 唐山市农村合作基金会调查报告 [J]. 农村经营管理，1993 (6)；王正谱，包丁. 广东、广西两省区农村合作基金会情况调查报告 [J]. 农村合作经济经营管理，1996 (6)；徐国洪，王正谱. 江苏省农村合作基金会发展情况调查报告，1995 (12)；王威，庞占燕，等. 河南农村合作基金会调查记 [J]. 中国统计，1996 (5)；等等。

② 见专栏 3–1 至专栏 3–3。

经营者与管理者总对扩大信贷资金规模、拓展市场范围充满冲动①。

综上所述，当合作基金会的"金融社区"与"软信息"低成本信息识别机制和"村庄信任"风控机制相匹配时，基金会就可以很好地发挥设立之初赋予它的功能和作用；当合作基金会的"金融社区"与"软信息"低成本信息识别机制和"村庄信任"风控机制不匹配时，合作基金会就走向衰败。

根据刘明轩、包宗顺、曹明霞（2015）对江苏省197个村调查数据②的实证分析发现，在农民融资环境相同，其他条件不变的情况下，当有效指导和监管缺乏时，农民资金互助发展出现两种趋势：一是做专业化的农民资金合作。包括原来是农民专业合作社兼做社区资金互助的，也倾向于做专业化的资金互助。二是合作社具有不断将资金互助规模做大的冲动。这种现象可以用汉辰、恩格恩和斯腾伯格（Hanchen，Ungern & Sternberg，1985）信息中介与信息成本的关系理论加以解释。因为当正规金融机构面临的农民借贷市场的信息成本高，农民资金互助社作为新的信息中介出现时，原先被"抑制"呈"潜在状态"的金融需求被激活。由于这是一个初级市场，在未经历经济周期波动影响的条件下，信息市场越大，信息中介专业化程度越高，信息生产和形成就会越快，信息成本就会越低。在缺乏专业指导和有效监管条件下，以上两种趋势是农民资金互助社的"理性选择"。

三、启示

20世纪八九十年代的农村合作基金会发展经历告诉我们，合理界定合作信用组织的"合作金融社区"重要性。

不同的金融机构、金融技术、金融工具均有最佳的"金融社区"与之匹配。根据哈耶克（Hayek，1945）有关市场"局部知识"分析范式，利用局部知识的交易，是不易通过市场契约进行的。农民专业合作社在内部开展信

---

① 根据刘明轩、包宗顺、曹明霞（2015）对江苏省197个村的调查，20多年后的部分农民资金互助组织出现了同样的偏好。

② 刘明轩、包宗顺、曹明霞（2015）实证分析的主题是区域融资环境对农民资金互助社成立的影响，他们选取了反映金融需求、金融供给和农民收入进行实证。

用合作，交易双方的信息对称性和充分性，远远高于合作社外部融资；资金借贷均衡的实现，对信息对称性和充分性的要求远远低于外部融资。因此，以村庄社区为"合作金融社区"开展货币信用合作业务的合作组织，取得初步的成功后往往面临着"两难悖论"：要提高机构的收益性、资产的流动性和风险的分散性，需要扩大金融交易的规模以获取规模经济效应（包括规模收益增加和规模成本节约），需要拓展"合作金融社区"；一旦通过扩大"合作金融社区"来扩大金融交易规模，信用合作中介就面临着突破原有"局部知识"边界，进入高成本信息区域。在这一区域要想获得一席之地必须有专业技术人员和专门的业务流程控制风险。这样，农民信用合作中介就将面临和正规金融机构同样的难题。出路只有两条：一是承接超过承受力的信用违约风险；二是明确市场地位，回归"初心"，做由低成本信息识别机制和"村庄信任"风控机制决定的"小而优"农民专业合作社内部信用合作。否则，由于信贷风险识别能力和金融风险管理能力远远低于正规金融机构，在没有金融监管机构为其"保驾护航"的条件下，承接超过承受力的风险，"做大"最终只能以失败告退。

而正规金融机构是凭借其系统而有序的组织架构、治理机制、专业人才、物理网点布局、规范的业务流程、内控机制、外部金融监管和长期社会声誉积累来定位其"金融社区"。同样，考虑到当前新农村建设、农村经济发展，以及"空心村"不断出现等具体问题，合作信用组织的边界定位于"农民专业合作社内部信用合作"是有充分的理论依据和现实基础的。

第五节　结　　论

白钦先等（2006）认为，由低到高划分农村金融需求可分为四个层次：基础需求、核心需求、扩展需求与衍生需求。其中兑换、交易、结算和保管等金融服务属于基础需求；储蓄与贷款属于核心需求；管理风险属于扩展需求；衍生需求主要指风险交易、信息传递和公司治理需求。这四者存在的递进关系，即基础功能—核心功能—扩展功能—衍生功能。

农民专业合作社信用合作功能定位，要充分考虑农村金融市场的环境特征以及社员的有效金融需求。具体的环境特征包括：信用信息特征、乡村文化特征和合作社的产业、产品和经营特征。首先，由合作社产业、产品和经营特征决定的信用信息主要以非正式的、模糊的、推断性的"软信息"为主，这些信息却很难被外部人获取，利用传统商业银行信用评估体系，基本无法对此进行准确识别。其次，"软信息"是从社会关系网络内部收集，运用区域文化工具解码，传递成本低、传播迅速、稳定性较高。最后，合作社社内金融资源余缺分布受制于"三农"经济影响，在时空中具有较强的周期性、同步性和波动性，在生产投入阶段资金需求量大，在产品销售阶段资金盈余充分。上述特征使得合作社的金融需求与城市工商企业的金融需求的表现形式差异甚殊。当前，合作社社员的金融需求以基础需求和核心需求为主，特别是资金需求。社员的基础性需求对应于金融机构的供给，而资金需求则只能主要来源于合作社的信用合作。农民专业合作社信用合作可以低成本满足合作社及社员的基础需求和核心需求，将农民专业合作社信用合作的"合作金融社区"定位于合作社内部，可使其成为多层次、广覆盖、可持续的农村金融体系的重要组成部分。在专业合作社内部，是以货币信用合作为主，还是以合作社内商业信用为主，抑或是以上述两种模式混合开展，要视具体条件而定。

| 第四章 |
农民合作社信用合作的主要内容

从完整意义上看，"合作社社内的资金融通"应该包括：合作社内以货币资金为载体的资金融通、通过商业信用进行的资金融通、通过股权和债权方式的资金融通。后者是指合作社向社员定向增资扩股或以债权方式融资。对于合作经济组织，无论是股权融资还是债券融资，都是一件重大而又不能经常操作的活动。其中原因，一是社员之所以加入合作社是因为缺乏资本能力加入股份制企业或自主建立个人企业；二是若合作社规模较小，通过股权或债权能募集的资金有限，若合作社规模较大，则存在信息不充分、不对称，导致"委托—代理问题"可引发社员的离心力。所以本书主要围绕合作社内以货币资金为载体的资金融通展开分析。

第一节　以货币资金为载体的资金融通

理论上，合作社内以货币为载体的资金融通包括：合作社搭建平台实现社员之间资金借贷和不通过合作社的社员之间的借贷，后者属于私人行为，本书讨论前者。

一、合作社内的资金融通特征

（一）机构的特征

对于开展内部资金借贷的农民专业合作社而言，一定要明确农民专业合作社不同于由中国银监会发牌照的"农村资金互助社",两者在机构性质、成员界限、资金来源与应用方面均存在较大差异,其开展的内部信用合作是派生于生产经营合作。农村资金互助社是专门从事资金互助的合作社,是"经银行业监督管理机构批准,由乡(镇)、行政村农民和农村小企业自愿入股组成,为社员提供存款、贷款、结算等业务的社区互助性银行业金融机构[1]"。合作社成员被界定在一个地理意义上的乡村社区,资金互助社除了通过社员股金外,可以通过吸收社员存款获得资金来源,因为它的吸储功能被限定在合作社社员范围以内,所以它是"社区互助性银行业金融机构"。而开展内部信用合作的农民专业合作社的主业是非银行类合作经济组织,其开展的信用合作应直接服务于社员和合作社"农业生产资料的购买,农产品的销售、加工、运输、贮藏以及与农业生产经营有关的技术、信息等服务"等经营发展需要的资金融通。这一特征决定了,开展内部信用合作的合作社不能"本末颠倒"以资金互助为主业。

实践中,初期开展金融服务的合作社往往有一种错觉,觉得金融收益比实业收益来的简便、快捷,认为经营者只需要关注筹资者的还款能力,无须通过生产、销售等经营的全流程;金融收益与资本规模和杠杆率有关;金融风险控制主要在于对信息的收集、判断和资产抵押等[2],只要有抵押、担保等措施,不会产生大的问题。于是在合作金融几十年的实践中,在逐利的冲动下,出现许多不断突破"熟人圈"范围,不断提高融资规模,不断提高"杠杆率",由非银行类、准金融合作经济组织"跨越"发展为"专业的"银行类合作金融组织,最后出现"断崖式"信用链断裂。相反,在成功的案例中,我们看到,当合作社以金融服务从属于合作社主业时,合作社的实体经济不断发展壮大,信用风险得到有效控制,合作社主业和金融服务两者相得益彰。

(二) 业务管理原则

合作社以货币为载体的资金融通与商业信用不同。货币资金融通由于不受

---

① 中国银监会《农村资金互助社管理暂行规定》(2007)。

② 根据行为金融学的理论,金融市场参与者往往不能保持充分理性,决策中存在"过分自信"特征。

商品流动中的资金流向、资金流量和资金期限的制约，货币信用更具有弹性和灵活性。但是正是货币信用有着更多的弹性和灵活性，也使以货币为资金融通载体的信用合作有了更多的不确定性。由于合作社属于人合组织，合作社社员虽然是合作社组织的成员，但社员作为生产者和经营者其财产权利、经营收益与风险都具有独立性。社员与合作社的经济利益关系更多的是通过与合作社发生交易而产生联结。因此，作为资金短缺的合作社如何为社员发展提供金融支持，从资金来源、资金运用、资金借贷条件、金融风险管理等，都需要做出合理的规范。在合作社内部开展资金互助式信用合作，必须符合国家有关法律法规和政策规定、有规范的规章制度和严谨的业务流程；必须明确为社员提供互助资金融通平台是内部信用合作业务出发点，增加社员收入、推进合作社经营发展是内部信用合作业务的直接目标；坚持规范发展是内部信用合作业务管理原则。

二、合作社内部资金融通原则

第一，坚持社员制、封闭性原则。这一原则既是有效规避法律"红线"①的关键，也是有效提高合作社信用风险管理的关键。合作社要有"顶层制度设计"，严格社员身份管理，坚持合作社员信息公开。严禁"敞口"吸储，即只要存款就可办理入社手续等现象发生。

第二，坚持社员自愿与诚实守信原则。合作社社员是否参加资金互助合作，由社员自愿选择，一旦参加风险自担。要在充分尊重社员选择的基础上，加强对社员诚实守信原则、契约精神和风险理念的培训与教育，不断提高社员的合作金融素质。

第三，合理确定社员出资额度原则。依据合作金融治理理论，要对社员股金和存放资金额作出具体规定，防止单一社员出资额过高，形成股权集中，影响合作社的民主管理治理结构②，防止信用合作偏离方向。

---

① 在现行法律规定下，非银行类金融机构不能通过向"不确定人群"吸储，并用"吸储"的资金放贷。

② 法人社员可以按照合作社用于开展信用合作互助资金总额的一定比例确定。自然人社员可与所在县（市、区）上一年度农民人均纯收入挂钩。具体的比例应根据合作社的规模大小，由民主协商的方式决定。

第四，坚持资金的"事农"原则、封闭运行原则和合作性原则。"事农"原则是指资金用途明确为社员生产经营活动服务。封闭运行原则是指合作社不对社外吸储放贷，不对外投资。合作性原则是指不对信用合作资金支付固定回报，内部信用合作不以营利为目的。这是保持合作社内部信用合作可持续发展的基石。

第五，坚持风险管理的动态优化原则。首先，建立健全信贷风险管理组织，合作社要成立信贷审核委员会、建立独立核算或有独立的台账的业务部门——信用合作部，按照信贷额度实施授权审核和风险管控。其次，建立本合作社社员的信用等级评分制度，实行激励约束相容的信用评分制。信用等级评分制度的核心之一是建立有权威和有公信力的资金使用评议小组（可由社员代表、管理者代表和外部独立董事组成）。评议小组每年对社员信用状况进行年度公开评议、评分，确定每位社员的备用授信额度。再其次，建立风险准备金制度，以平滑信用合作的风险。最后，建立内部信用合作退出机制。定期评估信用合作绩效，建立规范的淘汰机制，包括从呆账和坏账核销、社员信用等级下调及退出，到不符合实际的贷款产品退出等，实现风险管理的动态优化。

第六，坚持独立核算和信息公开原则。合作社要将生产经营资金与信用互助资金分账核算，加强社员账户管理。合作社要为每个社员设立台账，建立定期公示社员台账制度；合作社互助资金年度盈余分配方案、亏损处理方案以及财务会计报告要单独组织编制，并允许社员随时在农民专业合作社内查阅台账和资金互助相关报表。

第七，坚持审慎的会计原则。合作社应当依照有关规定，建立健全与信用互助业务相适应的财务、会计制度。遵循审慎的会计原则，使用统一印制的信用互助业务专用账簿、凭证，真实记录并全面反映信用互助业务业务活动和财务状况。

三、资金来源及管理设计

（一）股金

股金是合作社的主要资金来源。考虑到合作社异质性现状，建议借鉴农村信用社改革时建立的资格股与投资股相结合的模式筹集社员股金。资格股认缴形成社员参与信用合作的资格，可将其设定为相对较小数额①；投资股由成员自愿缴纳、可享受盈余分红，不得随意退股。合作社筹资时，合理设定合作社整体的资金融通规模、单个成员和单一自然人社员入股限额。

为了提高"社员制、封闭性"的组织特征，对于资格股的加入可以不限制频率，只要符合加入合作社社员的条件，社员均可在自愿选择的基础上随时加入。但是对于"投资股"必须设定较高的"门槛"。基本的条件是：一是成为合作社社员一定年限（最起码达到 1 年以上，才有资格投资"投资股"）；二是对"投资股"投资频次的限制，每年投资次数不得大于 2 次；三是对单个成员"投资股"设置入股限额，设置不超过资格股的确定倍数。

（二）合作社社员股东权益

合作社社员股东权益包括合作社的货币股金、资本公积、盈余公积、未分配盈余、专项基金等，并通过设立合作社专项账户和社员台账加以核算管理。

（三）财政扶持的专项资金和社会捐赠

财政扶持的专项资金和社会捐赠均特指为支持合作社内部信用合作而拨付和捐赠的资金，合作社要为此设立合作社专项账户核算。

信用合作的资金来源确定和管理，是关系到合作社社员收益、风险及资产安全等基本权益的问题，因此，上述规定和管理制度设计均应通过信用合作社员大会讨论决定。由于可能存在不参加信用合作的社员，所以对后两项资金来源的社员专项账户的额度确定方法要经过全体社员大会讨论决定

四、贷款条件与业务流程设计

（一）贷款条件

1. 贷款对象及用途

贷款对象为本合作社参与信用互助的社员，各类贷款主要用于支持社员

---

① 可根据当地农民 3 年人均年纯收入的一定比例设定。

在生产经营中所需要的流动性资金需求。

2. 贷款种类、期限、额度与利率

贷款种类包括：信用贷款和保证类贷款（包括社员担保、联保贷款，农房、林权、土地承包经营权等抵质押担保贷款）。信用贷款依据社员信用评分值确定，最低等于社员入股股金（含投资股），同一笔贷款可包含信用贷款和保证类贷款，但对单一社员发放不超过互助资金总额的5%[1]。

贷款期限以半年以下为主，一般不超过1年。

贷款利率参照同期农村信用社利率（或者参照农村信用社利差确定贷款利率）。

（二）贷款流程

（1）借款人向信用合作部提出贷款申请，提交相关材料。

（2）经审批同意后，借款人、担保人分别与信用合作部签订借款合同和担保合同。

（3）信用合作部在落实贷款条件后，按规定程序办理放款手续，并将贷款资金划入借款人在托管银行的账户。

（4）借款人按期归还贷款本息。

（5）贷款结清，按规定办理撤销在押手续。

五、信用风险管理内部流程设计

（一）信用风险特征与管理对策设计

一般的，在银行类金融机构的信贷业务中存在信用风险、利率风险、流动性风险和操作风险。合作社内部信用合作的风险不同于银行类金融机构，其主要风险表现为信用风险[2]。因为，农民专业合作社在信用合作中使用的资金均为合作社内部资金，没有外部借贷，因而没有因为资金来源于外部产

---

[1] 比照商业银行的贷款集中度限制指标设定。

[2] 如果不严格遵循"社员制和封闭性"还可能产生法律风险。本书讨论的是在严格遵循法律规范条件下，信用合作可能产生的不确定性问题。

生利率错配风险（即利率风险），以及期限错配风险（即流动性风险）。其信用风险主要源于：一是由合作社生产经营过程中可能的市场风险引发借款人无法按时还款的违约问题。二是由于产品质量低下，导致借款人销售收入大大低于预期收入引发的还款能力下降带来的违约问题。三是由自然灾害引发的还款能力下降带来的违约风险。四是由借款人"道德风险"带来的违约问题。

由合作社产业经营中的农产品市场风险引发的违约，以及社员经营管理能力低下或歉收引发的违约，是农民专业合作社信用合作风险的重要风险源。农产品市场风险主要是指农产品市场由于供求发生预期外的变化或者因经济政策变更等其他因素，导致产品实际销售收入大大低于预期收入的不确定性现象。农产品市场风险主要表现为农产品价格风险、农产品滞销风险，以及与农业相关政策发生变动所引发的风险。社员经营管理能力低下包括：第一，决策中因缺乏对市场信息搜寻和理解导致的决策不当；第二，生产过程中因现代农业生产技术管理能力不足，或者使用不当或过度使用农药与化肥等导致产品质量低下；第三，销售过程中因缺乏营销能力导致销售收入低于预期等引发的还款能力不足风险。道德风险是指借款人不愿履约导致的违约风险。当然，重大自然灾害导致"不可抗力"的结果发生也可能导致违约问题出现。

从风险的管理角度看，上述风险管理有明显的差别。由自然灾害引发的风险要通过由政府、保险、合作社等，共同建立合作社自然灾害信贷风险基金来管理风险，通过风险基金分散风险损失，平滑信用合作风险损失，实现信用合作平稳而可持续发展。同时建立市场风险损失分散机制，包括市场风险损失准备金制度、期货交易对冲机制、在合作社内部设置"展期"制度等，平滑市场风险损失。对于道德风险带来的违约风险，除了制度约束以外，还要发挥合作文化、诚信理念培训等作用，不断强化"合作金融社区"的信誉机制作用。

（二）信用风险的前置管理设计

合作社的信用风险特征决定了其风险防范不同于其他金融机构。其关键是将信用风险控制环节前移至生产项目选择及其生产环节的全过程。

第一，合作社要提高经营管理者的现代农业经营发展能力，在大方向上和大的时间尺度上保持对市场的准确判断，对可能出现的农产品市场风险有整体的管控预案；第二，通过建立稳定的产品销售渠道和价格风险规避措施，将农产品市场风险带来的可能损失降到可以承受的状态；第三，合作社要成为社员的生产经营的技术"顾问"和"教练"，对社员的市场趋势研判、生产项目选择、生产过程中的"农残"控制、"测土配方"等关键技术进行辅导和培训，帮助其把控产品质量、降低生产成本；第四，通过培训和外部资源整合拓展销售渠道；第五，并积极引导和争取社会资源，应对、规避和降低自然灾害的损失；等等。

农民专业合作社还应该充分利用的现代市场体系中的各种风险管理工具，例如，农产品期货、农业灾害保险、农民收入险、"订单农产品"等。充分挖掘、利用现有的惠农政策，例如，信用合作财政贴息、自然灾害救助基金等。

（三）事中多重风险防控措施设计

从流程上看，合作社的贷前审查、贷款发放时审批、贷款发放后检查等审查程序和操作规程，与金融机构逻辑上大体一致，由于合作社不是专业金融机构，更要健全内部控制机制，规范专业人员行为，辅之有效的教育、培训和奖惩制度等，达到增强社员风险意识，实现有效控制风险的目的。但在具体操作层面要强化风险管理的针对性。

1. 贷前审查与提供咨询服务统一

合作社信贷审查应当包括贷款用途的可靠性和贷款额度与期限的合理性。如果贷款项目是合作社主营项目，并且主要通过合作社对接外部市场，合作社审查时，要特别关注项目预期产出规模及与合作社总体市场规模的匹配程度。当借款人是在扩大再生产的基础上进行借款的，信贷审查人员要充分告知合作社的总体生产与市场状况，产品市场需求的质量标准，以及预期的市场价格，帮助借款人做好市场预判和投资选择。如果贷款项目不是合作社主营业务，要帮助借款人分析其投资项目有哪些固有的风险？对这些风险应采取哪些措施进行防范？哪些风险是可在以承受的范围？通过咨询服务，帮助借款人做好投资项目决策，以实现最大限度的降低风险的目的。

2. 贷款发放与技术指导统一

合作社除了严格信用合作业务管理流程，落实互保、联保、抵质押手续，确定贷款专户管理以外，合作社对借款使用情况进行全程跟踪，确保专款专用。在这一过程中，合作社要跟进技术指导和培训，以提高社员生产的产品质量。

3. 贷款收回与善后服务统一

对于如期还款的借款人，合作社要帮助其分析借款项目收益，分析项目优劣、市场推广的经验与教训、产品质量进一步提升的空间和创新发展的方向、下一个生产周期的投资选择等等。

针对逾期未还的借款，区别不同情况，制定不同的约束措施：凡属非故意违约和确有实际困难的社员，可根据既有的规定，给予展期；对故意拖欠的，采取既定的代偿措施。同时给予罚息和降低信用等级的处罚。对于情节恶劣的违约者，要并处社区关系网络惩罚措施直至令其退出信用合作。

第二节　商业信用与互助担保

一、社员与合作社之间的商业信用

理论上合作社商业信用有四种方式：第一，是合作社向社员赊销农资等，形成对社员的应收款项融资；第二，是社员向合作社预付货款形成社员对合作社预付款授信融资；第三，是社员委托合作社代销或者赊销方式形成社员向合作社的授信；第四，是合作社通过预付部分货款实现"订单收购"而形成对社员的融资。商业信用是一种短期筹资，一般不涉及筹资费用。由于存在于融资与商品交易之中的商业信用融资是合作社与社员双向的，切换方向便捷，具有明显的易得性，它能大大提高合作社的经营灵活性和经营效益，在与商品市场供求状况匹配条件下，还可以大大减少商品交易的不确定性。实践中，四种模式主要是赊购、赊销，并且主要是合作社向社员授信。而合作社之所以能够向社员赊销农资物品，往往是因为合作社借助组织市场能力①，获得农业生产资料出售方的商业信用并"转授"予社员的。商业信用使授信双方形成关系密切的利益共同体。利用商业信用授信的资金依次在生产经营中的价值链上流动，当一个经营过程完成，信用资金也完成了循环。

由于商业信用是人类信用发展历程中最基本的信用方式，不懂金融的人、没有金融风险理念的人，均可以从商业信用开始开展信用合作。因此，建议合作社在开展信用合作从商业信用开始。

（一）合作社商业信用融资原则

社员参加合作社，就是为了"买得便宜一点""卖得容易一点＋卖得贵一点"。如果社员再能够通过赊购农资物品，就可以有效帮助社员解决融资难、融资贵的窘境，甚至可在社员适度扩大生产规模上给予支持。如果将赊销、预付方式纳入社员与合作社的基本交易方式中，合作社可以通过合理设计商业信用的交易规范，在执行规范的过程中，不断提升社员的契约观念，进而提高市场能力。因此，要确立有利于合作社的商业信用稳健发展的基本原则。

第一，诚信原则。诚信原则是指合作社在商业信用交易中，应当坚持诚实守信，信息公开、透明，交易互惠、互利，规范履约等行为规范，实现当事人在不损害他人利益的前提下追求自己的利益。

第二，公平原则。公平原则强调任何人都只能以信用合作规则为准则，并根据商业信用交易规范与流程实现交易各方的权利和义务。

第三，比例额度原则。比例额度原则是指在商业信用交易中，授信额度应该控制在交易量的一定比例内。可设定一个比例幅度，将幅度的扩大与既往履约记录挂钩，形成激励约束相容机制。

第四，期限灵活性原则。期限灵活性原则是指通过商业信用融通资金的期限在保持与交易时间节奏一致的基础上，可合理设定浮动时间界限。

---

① 正如在民间广泛流传的合作社"组织起来力量大，买得便宜一点、卖得贵一点、贷款容易一点、社会影响大一点"。

第五，风险对冲原则。合作社与社员的交易无法实现金融市场意义上的"风险对冲"。这里的"风险对冲原则"是指通过建立与社员交互的商业信用关系，实现商业信用风险的部分对冲。另外，可增设保证金制度以减少道德风险，特别是初期交易中可能存在的道德风险。

（二）商业信用风险分析及其控制

合作社的商业信用不同于一般企业的商业信用、供应链金融或物流金融。与一般企业商业信用相比，交易双方不仅存在着商品买卖关系，还存在地缘、业缘、乡缘甚至血缘等多维相关关系。因此，与一般商业信用、供应链金融、物流金融相比，道德风险相对较低，其主要风险在于媒介融资的商品的市场风险。这里市场风险控制关键靠合作社对市场趋势的把控和市场营销推广方面的努力（具体内容参见上节信用风险管理的相关内容）。

二、互助担保

合作社的互助担保能提高社员外部融资的可得性，可以运用于以下三个融资场景：合作社直接为需要在外部融资的社员提供担保、合作社为需要在内部融资的社员建立社员间交互担保机制、合作社为社员外部融资建立合作社社员之间交互担保机制。从贷款担保业务角度又可以划分为：抵押担保、保证担保和质押担保这三种模式。从是否设立担保基金角度又可分为：担保基金担保和信用担保。

（一）互助担保业务原则

对于内部资金融通，合作社开办互助担保的目的是为了提高资产的安全性，同时可以帮助社员增强"履约守信"这一市场经济伦理中的核心精神理念。对于外部融资，合作社开办互助担保目的是扩大社员融资渠道，获取更多的社会金融资源支持。为此，合作社要依据市场契约精神，明确开办互助担保业务的基本原则。

1. 坚持自愿参与原则

无论对内、对外融资，合作社为社员之间的互助担保搭建"平台"，一定要坚持自主选择原则。包括是否参加互助担保、参加哪一个联保小组等，均应尊重社员的自主选择。合作社通过信用合作部，指导建立联保小组，并对联保小组运作提供技术支持。

2. 坚持内外融资有别原则

在实行"个人申请、自愿联结、互助联保、周转使用、责任连带、分期还款"操作模式基础上，对于内部资金融通的担保，以社员联保小组信誉，替代资产抵质押担保，联保社员相互之间承担连带担保责任。对于外部融资，合作社可以利用自身的信誉资源与金融机构合作，参与"增信"，为社员融资争取优惠的互助联保优惠条件。

3. 坚持诚实守信原则

互助担保实际上是通过参与者联合起来的信誉，提高潜在债权人的资产安全性，进而提高筹资人利用市场金融资源的空间。为此，合作社要通过各种路径，建立有效运转的诚实守信机制。使守信者不断拓展成长空间，失信者处于"得不偿失"境地。

4. 坚持以"守信"促"增信"原则

合作社在互助担保制度的总体设计上，要坚持市场机制运行管理，不以营利为目的。要坚持风险可控理念，激励社员以现时"守信"赢得未来更大的"增信"，运用联保、担保基金和风险保证金等方式，持续拓展合作社外部融资空间，以满足不断增长融资需求。

（二）互助担保制度设计

1. 设立互助联保小组

根据自愿原则，组建合作社社员银行贷款互助联保小组（每个小组 5 ~ 10 户）。社员加入互助联保小组准入条件，除了缴纳担保金外（额度根据贷款需求和银行放大倍数综合决定），最重要的条件是申请人的信用水平。通过民主投票机制决定每一个参保人的信用水平[①]。社员申请加入互保小组时，

---

① 在湖北省随州市的实践案例中，民主投票淘汰了一些平时有打牌赌钱嗜好的人，发挥了很好的信用甄别作用。

按照成员申请、联保小组民主投票推荐、合作社理事会议民主投票决定、理事长审批的流程进行操作。在社员申请退出互保小组时，其承担连带保证责任的贷款本息未还清，不得退出联保小组。

2. 实施优惠担保费率

互助联保担保费率应明显低于市场担保费率，并可采取履约奖励机制：借款人按时还款，将一定比例的担保费返还给借款社员。具体标准由互助联保的社员大会确定。

3. 建立担保基金和担保风险损失准备金账户

担保基金由参与互助联保人缴纳的"股金"组成，担保代偿及风险损失准备金主要来源于担保费收入及财政、协作银行①及社会捐赠资金。同时，根据需要并通过合作社社员大会认可，由合作社为互助联保配置一定比例的担保损失准备金。

担保代偿及风险损失准备金账户的功能是，当借款人发生逾期或呆坏账时，首先承担代偿责任。而担保基金账户是在担保代偿及风险损失准备金账户不足以偿还逾期贷款时，承担代偿银行贷款责任。互助联保相关账户要委托银行托管，独立核算、公开透明、高效运行。

4. 担保业务风险管理

与合作社资金融通风险管理一样，合作社担保业务的风险管理的独特性在于风险管理环节前移。首先，是人的准入（先设立互助联保小组）。合作社要全面掌握社员的资信状况，并为每位社员办理农业保险。其次，是项目的准入。在借款人申请担保贷款后小组受理初步审查通过，信用合作部要对项目进行仔细考察评估并提供咨询服务（参见资金融通中的风险管控内容），签订担保相关合同。再其次，银行放款后要实施项目支持服务、跟踪和风险监管，直至正常解除担保责任或启动代偿后的追偿程序。最后，由信用合作部与当事人一起进行项目事后评估分析、总结。

要设定风险缓冲机制：在担保贷款逾期达到担保基金一定比例，或代偿贷款达到担保基金一定比例时，暂停新的担保业务，集中精力清收、追偿和总结经验与教训，动态优化风控制度。

---

① 可要求协作银行对互助联保贷款实施优惠费率政策，对于完全履约的贷款返还一定比例的收费，将其注入担保代偿及风险损失准备金账户中。

第三节 案 例

一、曹庄瓜菜专业合作社内部资金互助案例①

安徽省阜阳市颍东区口孜曹庄瓜菜专业合作社于 2007 年 7 月经工商局注册登记，现有成员 258 人，辐射带动周边 1000 多农户发展瓜菜种植，瓜菜基地面积已发展到 3600 多亩，合作社创建的"颍河"瓜菜品牌赢得了市场竞争力。该村先后获得省、市、区三级农委表彰，该村被授予西瓜种植省级专业示范村、市优秀农村科普示范基地称号，该专业合作社获得区级蔬菜生产基地建设先进单位称号。2010 年 4 月初，该合作社在成员内部开展资金互助。

（一）基本情况

合作社资金互助成员 100 余人，每人资格股 500～1000 元，社员共投入资格股股金 13 万元，投入流动股 8 万余元。区扶贫办投入扶持资金（公共股）10 万元，总计 30 多万元。

合作社的股金类别包括资格股（固定股）、定期股（流通股）、活期股和公共股。

关于资格股的相关规定：一是于本社开办时一次性吸纳，入股资金为社员自有资金且来源合法。资格股承担风险，对本社债务承担连带责任；二是单户持股比例不得超过资格股总额的 12%；三是经审核同意可以转让、继承和赠予；四是认购资格股的成员，经审核确认诚实守信、声誉良好，即为本社成员（股东）。

关于定期股（流动股）的相关规定：分为 3 个月、6 个月、9 个月和 1 年期等几种类型。百元起点，进退自由，不承担风险，按照银行同期同档存款

---

① 潘淑娟. 联合促发展合作兴三农——农村经济与金融调研报告 [M]. 合肥：安徽大学出版社，2012.

利率付息，遇有国家银行利率变动随之参照调整。

合作社公共股是单位和个人捐赠资金，合作社不对公共股支付本息。公共股名下的收益转入风险基金用于弥补风险损失和经营支出。

关于活期股的相关规定：曹庄瓜菜专业合作社成员随时存入本社的资金，按银行活期利率计息，不参与分红。

截至调查时，合作社资金互助已经开展8个多月①，累计借出资金26万元，借款社员共57人次，没有逾期和呆坏账。利息收入4351.08元，扣除资金互助开办费用（几乎是前8个月的全部支出）600多元外，全部结余纳入公积金积累。

（二）组织机构

资金互助会组织有股东大会、理事会、监事会等机构。章程规定：股东大会由全体社员组成，理事会与监事会成员相互独立不得交叉兼职。资金互助业务由理事会负责经营，监事会代表全体社员监督检查理事会工作。

1. 股东大会制度

（1）股东大会每半年召开一次会议，特殊情况可随时召开；（2）股东大会出席人数须达到成员总数2/3以上方可有效，大会表决时必须过半数通过，重大事项的表决必须有出席会议2/3以上的人数通过；（3）会议议事决定要做会议记录，出席会议的人员应在记录上签名。

2. 理事会制度

（1）理事会每月召开一次会议，特殊情况可随时召开，每次会议应邀请监事长列席；（2）理事会决议的重大事项应及时向监事会和成员大会报告；（3）理事会决议应做成会议记录，出席会议的人员应在记录上签名。

资金互助遵循"短期、小额、成员内部"的原则。

（三）贷款流程与贷款条件

1. 贷款流程

（1）借款人提出申请。

---

① 期间为2010年4~12月。

（2）协理员调查论证，填写借款申请表，借款人、担保人签章，协理员签署调查意见。

（3）理事长审批。

（4）交接抵押票据、办理借据签章，担保人、审批人在申请表有关栏目上签字后开具放款凭证，出纳员持放款凭证到当地信用社取款。

2. 贷款条件及其相关规定

（1）贷款范围为本社员，贷款短期为半年左右，贷款额度为5000元左右，贷款用途为购买农业生产资料。

（2）单户借款小于本社股金的5%，最高10户借款总额小于个人总股金的20%。

（3）资格股持有者借款小于资格股金的3倍，普通股持有者股金小于1万元的借款额，限在其股金的5倍以内，股金大于1万元的，借款额限在其股金的3倍以内。借款小于2000元的，采取信用担保；大于2000元的，采取质押、他人担保、5户以上联保。

（4）备付金要大于等于合作社互助金总额的20%。

（5）资金使用费与银行风险同期同档贷款利率齐平。此外规定，期限不足10天不计息；期限10天到1个月按月计息；期限3~9个月参照银行同期利率计息；期限9个月以上按照民间借贷利率计。如果因不可抗力因素导致逾期，借款人可以申请减免息或停息，但须经股东大会批准方可减免停息。

（6）3个月以内借款小于总股本额的30%。

（7）用于本社开展自营业务（农业生产资料与农产品的购销业务）的借款额度控制在合作社互助金总额的50%。

（四）风险控制

1. 实行五户联保的风险管理制度

资金互助会实行联保制度，借款小于2000元的，采取信用担保；大于2000元的采取股据质押、他人担保、5户以上联保。无论何种原因造成社员不能按期还款，合作社将先启动优先代偿资金抵还，优先代偿资金为：用借款人的股金和生产资金。不足额部分由借款担保人股金补齐。事后再根据借款人是否因不可抗力违约而根据规定处理。

2. 建立严格的现金管理制度

互助社没有专门的金库，资金存放在当地银行。为此，合作社制定了严格的现金管理制。一是成员入股或存款的资金先将现金存入当地银行或信用社，然后办理入股或存款手续。二是本社吸纳的存折或存单将随即存入专户，专户存折密码由专人保管，密码一般每月更换一次。三是本社每次存、取现金的凭证一律作为存、贷业务的原始凭据以便记账。四是本社现金保管员对业务往来情况要熟悉，发现在吸纳股金或资金投放过程中有越权或违规行为要立即向监事会报告。

3. 寓资金互助于生产合作之中

曹庄瓜菜专业合作资金互助社是建立在瓜菜专业合作社的基础之上的，坚持两社合一原则，资金互助社不仅向社员提供资金帮助，更是依托瓜菜专业合作社对社员进行有针对性的培训。培训内容有：西瓜培育、蔬菜种植等专业技术知识和市场营销、产品推广等市场营销知识。目的为了有效控制种植技术风险和市场销售风险。

（五）取得的成效

第一，在一定程度上满足了社员资金需求，提高了农民创业收入。资金互助社成立时，曹庄村经济发展正处在村民寻求转型创业热情高、资金短缺"路难行"的状况之中。合作社开展资金互助后，不仅为创业社员提供了资金融通便利，还帮助社员充分利用了专业合作社的市场资源，减少了生产资料购买的中间环节，拉近了产品与最终消费市场的距离，缓解了社员日常生产、生活方面的急需资金，增加了社员收入。同时，合作社规模也得到扩大，市场竞争力进一步提高。

第二，提升了社员诚信、互助意识。合作社信用合作是在社员自愿、民主的原则上开展的。建立在血缘、地缘关系上的社员互助担保，利用了社区关系网络机制，强化了互助精神，提升了社员诚信观念。通过贷款担保机制，社员深切感受到合作可以提高资金的可得性，资金风险与自身是否履约息息相关。理解了资金在所有权上的自有性与共有性、在使用上的互助性，形成珍惜自己信誉可以提高竞争能力的观念。现代市场经济伦理规则逐步深入人心。

第三，提高了村民自我管理和发展能力。曹庄瓜菜专业合作资金互助社在建立之初，曹庄村的第一书记就是发起人之一，村两委成员在合作社理事会、监事会都有位置。合作社的建立使整个曹庄村有了共同的经济基础，也因为有了共同利益而使村庄变得有凝聚力了。同时，在互助社的建立过程中，由于事前详尽的学习和准备，资金互助管理层既提高了政策理论水平，又拓展了与资金互助相关的专业知识，整体素质得到明显提高。

第四，引导民间金融规范有序运行。在资金互助社成立以前，由于资金短缺情况严重，农民从正规金融机构融资难，曹庄村的私人信贷较为活跃。但是由于私人信贷缺少规范，趋利性强，存在着种种隐患，影响经济的正常发展。资金互助合作社的出现，推动了了民间金融规范有序运行。

二、旺庄果品专业合作社商业信用合作[①]

山东省蒙阴县旺庄果品专业合作社是是由岱崮供销社井旺庄综合经营部领班创立的，2002 年开始运作，于 2007 年 7 月进行工商注册登记。目前[②]，该专业合作社共有社员 607 户 2300 人，蜜桃种植面积 10000 亩，固定资产总额 800 多万元，辐射带动周围十几个村的 3000 多户果农增收致富。2009 年被中国农产品加工与流通博览会评为最具影响力专业合作社。

旺庄果品专业合作社成立之初，面临的最大问题是社员缺乏资金；购买生产资料，没有讲价的话语权；鲜桃成熟上市只能以地摊价出售。合作社提出以"两条'战线'、三方合作"方式，建立商业信用合作模式。一是通过与生产资料供应商谈合作条件，就价格和账期达成一致，采取赊购运作模式。二是与鲜桃销售方谈判合作对接大超市，确立合作社鲜桃精品市场层次，运用均衡上市模式，稳定鲜桃市场价格。三是将从外部市场供销双方获得优惠交易条件转授予社员，建立了合作社与社员双向商业信用模式。设定一个"交互商业信用免息非结算期"，即向社员赊销所需的生产资料，账期从春天开始直至冬初市场鲜桃销售末期。其间销售鲜桃收入也不结算。鲜桃由合作

---

① 姜斐然. 内生型农村资金互助模式探究———基于山东省蒙阴县农民专业合作社的实证分析 [J]. 西南民族大学学报（人文社会科学版），2012（7）.

② 指 2011 年夏天。

社统一收购、统一销售，合作社按照市场价格上浮（每斤高于市场价 0.2 元以上）后与社员结计，在交互商业信用免结算期结束后，合作社与社员扎账清算，结清余额后交互信用结束。为保证鲜桃均衡上市，合作社还集资建立了冷藏库。

这种双向交互商业信用被认为是有利于多方共赢的创新之举：第一，有效缓解部分社员生产资金融资需要问题；第二，有效规避农资供应质量风险和价格波动风险问题；第三，冷藏库的投资保证了鲜桃精品市场定位，稳定了上市节奏，较好地应对了价格波动，实现了与销货商更好的合作。

由于双向交互商业信用的多赢效应，为进一步解决合作社社员资金融通问题，旺庄果品专业合作社成立了内部资金互助会。资金互助会的章程规定：第一，资金互助会以入社社员为服务对象，办理社内资金互助金业务。第二，设置专门管理岗位、配备专业管理人员开展和管理资金互助业务。具体的管理岗是现金出纳、资金业务和账务稽核三个岗。第三，制定专门的资金安全管理制度。主要制度内容有：不使用资金互助会资产或资金为合作社以外的经济主体提供担保和偿债连带责任；专业合作互助金不能用于进行固定资产购置、不能用于股票、基金、债券等风险性投资。第四，资金互助服务于社员小额生产性资金需求。第五，执行审慎经营原则，建章立制，通过规范的流程控制管理信用风险。

通过社员大会，旺庄果品专业合作社资金互助会还做出以下规定：第一，预留备付金不低于互助金总额的 10%；第二，单一社员用款额不超过互助金总额的 15%；第三，单一企业社员及其关联企业社员、单一农民社员或同一家庭及其他社员用款总额不超过互助金总额的 20%；第四，前 10 名大户用款总额不超过互助金总额的 50%；第五，每年提取不低于当年税后利润的 20% 的风险准备金。

目前①，旺庄资金互助会有社员 600 余名，社员基础股金 96 万元，合作社集体股金 4 万元，共计基础股 100 万元。合作社社员存款 400 万元。开展资金互助业务后，旺庄果品专业合作社实体经济业务稳步增长，得到了中国农业银行高度评价。农行与合作社建立了紧密的合作关系。农行对合作社提

---

① 指 2011 年夏天。

供集体备用信贷额度的授信 600 万元，对得到合作社担保的社员，每户备用信贷额度授信 5 万元。这样农行总共向旺庄果品专业合作社和符合条件的社员授信达到 2000 万元。这样合作社的融资能力在 2011 年达到 4000 万元以上。

三、随州互助担保合作社[①]

（一）基本情况

湖北省随州市裕国农业综合开发农民专业合作社位于湖北省随县三里岗镇吉祥寺村，成立于 2009 年 10 月，由裕国菇业有限公司、吉祥寺村共同发起，下辖香菇栽培专业合作社、贷款互助担保专业合作社、物流运输公司、旅游服务公司等。合作社注册资金 415 万元，有农民成员 3999 户，成员户均收入 2 万余元。

三里岗镇经过多年发展已经成为中国最大的香菇种植基地。但是资金短缺问题成为影响当地农民进一步扩大香菇种植，提升香菇加工业的主要难题。当地中国农业银行根据中国银监会和农业部联合下发的《关于做好农民专业合作社金融服务工作的意见》文件规定，积极落实该文件提出的"鼓励发展具有担保功能的农民专业合作社，运用联保、担保基金和风险保证金等联合增信方式，为成员贷款提供担保，借以发展满足农民专业合作社成员金融需求的联合信用贷款"。经过艰苦的努力，合作社与中国农业银行合作，于 2009 年发起成立了湖北省首家农户贷款互助担保合作社。

农户贷款互助担保合作社的业务架构是：在专业合作社的基础上组建自愿联保小组，平均每个小组 10 户社员左右，每户入股 5000 元。社员股金被称为"担保基金"，充当贷款保证金角色，农行提供循环贷款授信，按照社员入股金额可放大 10 倍，即单户农户最高可获得 5 万元贷款。联保小组社员

---

① 罗莹. 创新担保模式发展合作社 [J]. 中国农民合作社, 2013 (12)；张龙耀. 农民专业合作社融资：理论研判和案例分析 [J]. 中国农村金融, 2012 (18)；王文祺. 破解农户贷款难的新模式——随州农行助农民设立农户贷款互助担保合作社的实证研究 [J]. 湖北农村金融研究, 2009 (12).

可以获得优惠贷款利率，最低可低于金融同业贷款利率。贷款授信期限一般为 2 年，最长的可达 8 年，社员在授信期和额度内可以循环使用。

（二）主要做法

1. 创三个账户

第一，担保基金账户。担保基金账户资金来源于社员入股本金（股本金利息转入补偿担保基金账户），主要用途是在补偿担保基金账户不足以偿还逾期贷款时垫付农行贷款。第二，补偿担保基金账户。补偿担保基金账户资金来源于担保合作社的业务收入和股金利息收入。担保合作社业务收入为担保费。担保费是被担保农户在贷款时按照规定的费率向担保合作社缴纳的费用，其中，40% 存入补偿担保基金账户，用于偿还成员的逾期贷款。第三，费用管理专户。费用管理专户资金来源于担保费收入的剩余 60%。该专户资金用于担保合作社的日常开支费用，包括对工作人员的酬劳支付。结余用于增加担保基金、冲抵经营亏损、代偿支出和弥补呆账损失等。

三个账户反映的是担保合作社运行机制，这是贷款互助的基本机制。也是确保担保合作社正常运行的机制。

2. 逾期比例控制

明确逾期控制比例：担保贷款逾期率高于 10%，且担保合作基金垫付金额占基金总额 20% 以上时为担保资产质量预警状态。此时担保合作社停止为农户担保，与农业银行一起集中精力清收。当回到正常状态时，合作社恢复为农户提供担保的能力。

3. 创新代偿规定

创新的代偿规定建立了"大联保机制"，当发生特定情况时"大联保机制"启动。即当任意一个 10 人联保小组成员违约，经过行政、法律、经济等手段清收无果时，"大联保机制"分两步启动，首先由本联保小组成员按入股比例偿还欠款；代偿不足的部分，由专业合作社中其他参加联保的成员按比例代为偿还。

4. 风险管理

第一，道德风险规避。为了有效控制风险，合作社从人员的准入和退出两个环节进行有效控制。在准入环节把好人员准入关，从源头上甄别、剔除潜在的"机会主义者"。建立了"成员申请—联保小组民主投票推荐—合作社理事会议民主投票决定—理事长审批"的操作流程。在退出环节为防止"机会主义者"逃避责任，合作社规定在社员对其他成员贷款承担连带保证责任，在贷款本息未还清时，不得退出合作社。

第四节 案例总结：合作社信用合作自生动力

大量的调查研究报告显示，有规范制度设计的农民专业合作社内部信用合作有良好的自生动力，主要的自生动力来自以下几个方面：

第一，合作社内部信用的信息成本优势是农民专业合作社的内部信用合作持续发展的第一个内生动力。

按照信息经济学的理论，金融中介的发展在于其在相关市场中的信息成本优势。在地缘、业缘、血缘等多重关系交织下，农民专业合作社与社员的关系比其他经济组织与社员的关系要密切得多。在关系维度多、关系长度短的条件下，合作社及社员之间获取信息相对全面和快捷，因此具有明显的信息成本优势。

第二，授信人与受信人公平交易，是农民专业合作社的内部信用合作持续发展的第二个内生动力。田野调查中发现，许多农户"原来不敢想借钱的事，现在借了"，因为到银行借钱，"心里总是战战兢兢"，"低三下四"。在合作社里，社员不仅是借钱的人，同时是投资人和规则制定参与人，在合作社里借钱是受尊重的（是在"自己家的银行里借钱"）。

第三，信贷可得性对社员市场竞争力提升的示范效应，是推动合作社资金互助发展又一动力。中国传统文化核心内涵之一，诚实守信，勤劳致富。在来自社会各方力量的支持下，在"勤劳"的前提下，得到信贷支持的致富机会明显多于仅靠自我积累的致富机会。在乡土社会示范效应传播力量是强大的。

第四，增信机制创新，是农民专业合作社的内部信用合作持续发展的不竭动力。从曹庄瓜菜专业合作社的资金账户的免费托管设计，到旺庄果品合作社的"双向互动商业信用免息免结算期"的创新，再到随州吉祥村"补偿担保基金账户"与"担保基金账户"功能关系的设定，可以看出在给定"负面清单"条件下，创新将推动农民专业合作社信用合作有序发展。

此外，持续存在的外部金融抑制，也是促进农民专业合作社的内部信用合作的"动力源"。

早些年的金融抑制主要来自正规金融制度安排：如国家战略层次上的重工业优先导向、较单薄的农村金融机构体系、较高的金融市场准入门槛等，使得农村金融机构有营利空间，有对潜在的小微企业、农户生产者和农民的借贷需求予以忽视的"能量"。在"三农"经济快速转型发展、农村市场信贷需求快速增长、农村金融市场尚未形成良好的生态环境的条件下，农民专业合作社的内部信用合作将持续得到来自强大的内生需求支持。

第五章

农民合作社的社际信用合作

第一节　社际合作的微观基础

　　国际合作社联盟定义的合作制原则是：第一，自愿和开放的社员；第二，社员民主管理；第三，社员经济参与；第四，自主和自立；第五，教育、培训和信息；第六，合作社间的合作；第七，关心社区。我国农民专业合作社信用合作是否应该向合作金融发达国家那样开展社际信用合作？社际间信用合作社的微观经济基础是什么？社际间合作是否与前文讨论中定义了合作社开展信用合作的范围定义为最佳"合作金融社区"冲突？社际间合作原则是什么？这些问题是本节关注的重点。

一、合作社社际合作理论依据

　　西蒙（Simon，1958，1982）指出，有效地开发社会资源的第一个条件是建立"有效的组织结构"。诺思（North，1990）的制度变迁模型假定：在制度变迁中获取最大潜在期望利润，是诱导制度变迁主体行为的主要因素，这是变迁主体无法在已有的制度安排结构中获取的潜在利润。可以将潜在利润概括为：来自规模经济带来的效益、来自外部经济内部化带来的利润、来自风险和交易费用降低节约的成本等。在当前制度结构下，基于规模经济、外部性、风险和交易费用因素的制度创新边际收益为零时；同时，新的潜在利润可能出现在制度创新后，要获取新的潜在利润，就必须进行制度创新。实践表明，合作社组成联合社进行社际合作是一种新的制度创新，它可在单体合作社基础上进一步提高合作社及社员市场竞争力、议价能力，进一步提高组织化和经营化程度，为创新者提供获取由规模经济、外部性、风险和交易费用等带来的潜在利润。但是社际合作微观经济基础是什么？它的发展有什么规律性指向？

二、合作金融的"规模悖论"

金融交易与金融机构具有规模经济效应。金融交易规模的扩大不仅可降低经济交易成本、会计财务成本，提高风险的管理能力，还具有提高机构的市场声誉和市场竞争力的意义，但合作金融组织却面临"规模悖论"。

一是扩大规模中的信息成本约束。合作金融中的群体彼此间是以"有信用、讲信用"、有稳定的行为和心理预期性来实现有效风险控制的。合格的合作金融参与者的人都具备"3C"要素[①]：共同意愿（common will）、资金融通的共同需要（common need）、共同关系（common bond）。可以说合作金融组织主要是通过信用合作机制来降低会计成本和交易成本的。但是合作金融组织的经营范围一旦突破熟人社区，搜寻非标化的"软信息"的成本大幅提高，"声誉抵押机制"效用大幅降低，这些会导致信用合作机制基础弱化，出现"规模悖论"。二是民主管理中规模约束。任何组织的管理决策都可分为三个层次：组织战略决策、组织策略决策和组织经营决策。对于合作金融组织前两个问题均已解决，第三个问题须通过民主管理来实现。扩大合作信用组织经营规模有可能增加规模经济收益，但是在合作社组织中，规模过大会出现管理效率损失。在"进出自由"条件下，管理效率下降可能导致社员退出。这也使合作金融机构面临规模"陷阱"。三是金融"三性原则"中的规模约束。根据金融的"安全性、流动性、收益性"均衡原则，金融交易规模扩大有利于增强流动性，但在信息劣势下，扩大规模不利于提高安全性、

---

① 潘淑娟．农村合作金融重构路径分析——基于内外部治理关系解构视角［J］．学术界，2007（5）．

收益性，从而导致"安全性、流动性、收益性"失衡。

上述"规模悖论"使合作金融组织处于不稳定的均衡状态：当经济处于景气发展状态时，合作社的融资能力不能满足社员资金需求①（贺晨华，2006；中国合作经济，2012；包宗顺、曹明霞，2015）。当经济环境发生不利变动，由于在同一合作社中，社员在生产周期上具有同步性，并且基本面临同一市场环境和自然灾害条件，信用合作呈现较高的流动性风险状态。因此，从融资需求角度看，较小的"合作金融社区"、有限的金融资源时空配置能力与社员有效资金需求产生了冲突。需要有更大"合作金融社区"或更多可利用金融资源来建构更大的空间调剂资金余缺，分散和缓冲流动性风险，对冲风险损失。这是资金互助社社际合作的微观基础和"原动力"。

三、信用合作与合作社联合社的关系

在信用合作的发展历史中，资金融通首先是以满足社员生产生活资金需求为目的的。随着合作社组织成长壮大和合作金融风险防范能力提高，在发达国家，合作金融逐步出现兼营普通金融市场的资金借贷情况②，但是各国均出现以联合社作为合作金融组织社际合作的基本制度安排。这种现象可以通过"重复博弈"理论加以解释。

在合作金融组织扩大"合作金融社区"时面临以下选择问题：扩大"合作金融社区"的目标是满足社员有效融资需求？还是满足合作社社员获取更高收益的需求③？以后者为目标进行扩张可能带来"合作金融组织变性"——变为商业性金融组织。即在合作社社员以外吸收存款、发放贷款；以前者为目标，扩张的前提是融资的安全性。合作社融资安全性的基础仍然是"合作金融社区"的信息比较优势。正如前文分析，合作社的信息比较优势在于合作社与社员之间信息来源的"多维度"、信息传递的"短'长度'"

---

① 在极其众多的调查研究中，当讨论了信用合作社的"社员制、封闭式"都会反映合作社资金融通能力有限问题。

② 少数国家如法国、德国通过一定的组织制度和国家法律制度的支持和约束，合作金融组织体系与商业金融机构体系出现交集。

③ 根据马克思对资本的剖析，金融资本本身具有疯狂追逐"剩余价值"的全部基因：更高的资本杠杆率、更大的交易规模、更快的周转速度等。

和"重复博弈"。这使得合作社社内融资的交易成本低、履约程度高，使得扩张的边界最终选择了同具有"3C"文化基因的友邻合作社，建立"有效的组织结构"，实现有组织的"重复博弈"。于是由 2 个以上合作社共同出资，按照合作社原则构建的联合社应运而生。通过联合社，单一合作社在一定程度上突破了信息成本和民主管理带来的规模约束。但是满足金融"三性原则"对突破规模的需要是持续的。于是，我们看到在合作经济发达的国家，联合社组织体系一直延伸到整个国家地理范畴的边界。由于产业合作社也有强烈的社际合作需求，产业联合社的发展进一步强化了信用合作中的社际合作。在探索和创新中，主要国家形成了横连社区、纵贯地区和全国的三级"塔式"合作金融组织，并形成各层级合作社产权明晰、经营相对独立，社际合作中分工明确、功能齐全完备的，并有国家法律支持的联合社组织体系。

信用合作的社际合作，以联合社方式开展社际合作，除了具有拓展"合作金融社区"，构建更大的空间调剂资金余缺，分散和缓冲流动性风险，对冲机风险损失的效应外，以联合社方式开展社际合作，还有利于实现信用合作发展与合作社生产经营规模扩大的良性互动作用（具体分析见本章第三节案例）。

第二节　主要国家合作金融社际合作实践及启示

在合作经济发达的国家，均可以看到合作社社际合作制度化的典型形式——合作社联合社。不同国家合作社联合社的体系结构有不同，但通过联合社开展社际合作是各国的共同制度安排。

一、主要国家的合作金融组织体系架构

合作金融起源于德国，经过 150 多年的不断发展和创新，在欧美特别是德国、法国、美国、日本等发达国家形成了与其生存方式相适应的联合社产权结构和治理结构模式。

德、法、美、日四国农村合作金融组织体系分为三层，呈"塔式"结构。各国"塔式"结构都有各国"特色"，但特色背后有着共同的规律性指向。

（一）德国模式①

德国的金字塔式合作银行组织体系由基层合作银行、地区合作银行和中央合作银行三级法人构成。各级合作银行都是具有自主经营权的独立法人，三级银行通过自下而上的持股和自上而下的服务关系，组成强大的经济联合体。但上、中、下三级合作银行组织不像股份制银行体系那样形成领导和被领导、管理和被管理的隶属关系。各级合作银行在各自开展的合作金融服务中，形成了各自独有的资源优势、市场定位、业务功能特色、信息交换与服务对象，共同构建了强大的合作银行体系，并发挥着合作银行系统的整体优势。

首先，德国的合作银行联合体系有健全的资金融通和资金清算系统。这个体系为维护德国合作银行体系的资金的安全性流动性、收效益性发挥了巨大的作用。这个体系在调剂各层次合作银行资金余缺中，遵循的是市场经济有偿使用、安全与效率均衡等基本原则。地方合作银行既可以将多余的资金上存区域性合作银行，也可以从中央合作银行获得再融资服务；区域性合作银行也可以上存多余资金至中央合作银行，或者获取中央合作银行对区域合作银行提供再融资服务。同时，中央合作银行也可根据具体贷款项目情况与区域性或地方合作银行共同参与某个贷款项目。

其次，德国合作银行体系根据合作社法规定，建立了强有力的合作银行审计制度。各类合作银行每年都要接受独立的第三方金融行业审计协会的审计。一旦发现问题，金融审计协会有部分处置权和重要建议权。德国这一法律规定确保了合作银行系统稳健发展。

此外，德国合作银行体系另一个最重要的联合机制是完善的风险防范机制。地方合作银行的规模和实力一般较小，地方合作银行的支付风险是影响合作银行体系稳健经营的潜在风险。为此，德国建立了"合作银行体系＋联

---

① MBA 智库百科. 德国中央银行［EB/OL］. http：//wiki. mbalib. com.

邦中央银行"流动性风险支持体系。当地方合作银行出现流动性风险时，由区域合作银行和中央合作银行给予及时支持；当中央合作银行出现流动风险由联邦中央银行予以支持。合作银行体系和联邦中央银行的双重支持，有效避免了合作银行体系支付风险的发生。

（二）法国模式

法国的信用合作几经兴衰起伏变化更迭至今，形成了一个体系完备的信用合作体系。最具代表性的合作性金融机构是法国农业信贷银行。

法国农业信贷银行有着独特的发展历史。它是由全国94个省农业互助信贷银行和国家农业信贷金库联合于1926年创立。自创立到1988年，法国农业信贷银行体系属于半官方半民办的混合所有制合作金融机构体系。总行由农业部和财政部实施双重领导，而各省行以及所属地方信贷合作社为合作金融组织。其初建时期是国家控制和管理农业贷款的金融机构，后来成为联系政府和农业信贷、互助信贷机构的纽带。1988年法国农业信贷总行按照"非上市模式"实现了私有化，并在2001年通过资产重组实现合作金融与股份制企业的嫁接，转变为由39家地区合作银行为主要股东的（法人股、内部员工股和上市流通股并存）股份有限公司。

法国农业信贷银行由总行、地区银行及地方信贷合作社三级机构组成金字塔形体系，每层都担负着相应的职责。法国农业信贷银行总行资本金成立时主要由政府投入，以及每年法兰西银行拨付、慈善团体的捐赠构成。该行实行经理负责制，总经理由政府任命。其主要职能有：一是参与制定国家农业信贷政策；二是调控各区域农业信贷金库的业务。其具体业务包括管理各区域金库剩余的资金、为区域金库增加资金来源而发行有价证券、通过区域金库为长期项目发放贷款、监管区域金库业务等。而地区合作银行的主要股东是其旗下的2549家地方信贷合作社。地区银行是法国农业信贷银行的中层机构，属互助合作社。位于合作银行体系中层的地区合作银行，对上受总行的严格控制，对下行使对基层信贷合作社的管理权。基层信贷合作社是法国农业信贷银行的基础，是典型的、规范的合作金融组织，直接对社员负责。基层信贷合作社的社员包括农民、小工厂主及雇员等。主要信贷对象是农村中的家庭、手工业者、商人、自由职业者及中小企业。紧密的三级机构是法国合作金融体系有效实现了信用合作的社际合作。

（三）美国模式

美国的合作金融体系与德国相同，是自下而上出资、控股的产权模式。同时，美国的合作金融体系具有多元复合式的特点。最上层由联邦土地银行系统、合作社银行系统、中期信贷银行三大系统构成，联邦政府设立的农业信贷管理局对最上层的合作金融机构系统的经营活动进行管理监督。按照经济区域整个联邦被划分成 12 个农业信贷区，上述三大合作金融机构系统在每个信贷区均有分布，形成美国农村合作金融体系的中间层。三大合作金融机构中，联邦土地银行和合作银行的基层组织是拥有独立的法人资格信用社；联邦中期信贷银行的基层组织是生产信贷协会，基层组织构成美国农村合作金融体系的底层。

三大合作金融机构系统既相互联系又各自独立经营管理。在业务经营上有明确分工：面向农场主、农业生产者等提供不动产抵押贷款是联邦土地银行的主营业务。联邦中期信贷银行专门向农场主提供短期资金。合作银行专门为基层生产信贷协会和信用社提供信用，而基层生产信贷协会和信用社向社员个人放款。自下而上出资、控股的产权模式，有效地实现了信用合作的社际联合。

美国合作金融监督管理机构由代表政府监管的农业信用管理局、代表行业自律机构的各级信用合作协会和信用社资金融通清算中心和代表市场监管信用社互助保险公司构成。

（四）日本模式

日本是合作社经济比较发达的国家，其社际合作组织在经历 100 多年的发展后形成了自己的特色。日本在 20 世纪初期，还把日本模式带到韩国和我国的台湾地区。学界把日本、韩国和台湾地区三地模式称为"东亚模式"。

日本的农村信用合作组织可以用三个系统、三个层次来概括：三个系统指农业、渔业和林业系统；三个层次是指每个系统的机构都分下、中、上三个层次。最基层的市町村农业信用协同组合是最基层组织，都道府县的各种信用组合联合会是中层组织，全国性的农林中央金库为最上层机构。日本的

"塔式"合作金融机构体系是按行政区划设置机构层级的。即在全国设置农林中央金库、在都道府县设置中层级信用联合会，在乡村设置基层隶属农协组织的信用部。基层农协是既组织调节资金融通，又组织商品购销、技术服务和社区服务的合作经济组织。县信用组合只从事吸收本地农协存款、向本地农协发放贷款、提供担保等金融业务。农林中央金库是整个农、林、渔业系统的中央机关，负责调剂全国农业系统资金流通。

三个系统、三个层次各司其职、相互配合的三级的信用合作组织，构成覆盖全国、服务功能完善的体系。

此外，日本农协系统还有配套的存款保险制度、相互帮助制度和农业保险制度。这些门类齐全、功能完备机构体系在维护合作信用秩序、促进信用合作体系健康发展中发挥了不可替代的作用。

二、启示

尽管各国"塔式"结构的产权安排有所不同，但多实行自下而上的控股。在上下组织之间，除了相对清晰的职能定位外，各级均有经营自主权和独立的法人资格，并同时开展多层次的联合与合作。中间层在帮助基层合作金融组织实现社员利益共享和风险共担方面发挥了重要的作用。中央层次负责制定全国合作金融组织的发展战略，管理协调合作金融体系的运行，并在业务拓展、资金融通、支付清算、票据交换、风险监控、信息交流、人才培训等服务方面发挥了不可替代的作用。

"塔式"合作金融联合社体系是在实践中发展起来的，该体系对于实现信用合作社社际合作、维护合作金融组织稳定运行、提高整个系统抗风险能力、保护弱势群体利益，提高国家对合作金融组织的监管能力、促进合作经济以及农村经济的发展发挥了极其重要的作用。具体启示如下：

第一，社际间合作产权关系明晰。社际间的清晰的产权制度，可保持合作组织运行的完备性和各级组织之间相对独立性，可以保证整个合作金融体系能够在市场演化中，对市场弱势群体的利益保护机制实现动态平衡。

第二，各层级合作社职能分工明确。基层社以满足社员融资需求为主；中层联合社以服务基层社调剂资金（在更大的时空中配置资金资源、分散风险）、支付结算业务等为主，间或参与基层社项目贷款；高层联合社以防范合作金融系统风险为主要职责，并参与代表合作金融系统执行国家赋予的有关职责。

第三，不以营利为目的，坚持资金的内部融通。在各国各类合作社联合社的发展历史中，信用联合社是比较特殊的联合社，开展业务主要以合作社内部资金融通为主。这是信用合作的社际合作与其他产业合作社的联合社不同之处。其他产业合作社的社际联合直接目的首先是为获得更大的外部市场竞争力和规模经济效益，其次是为了降低服务成本，所以非信用合作的社际合作是在内外部两个市场上扩大规模。而信用合作社的社际合作深厚的微观基础在于金融功能，是为了创建更大"合作金融社区"，实现在更大的空间调剂资金余缺、分散和缓冲流动性风险，构建风险损失对冲机制，提高和健全合作金融系统资源配置效率、提供流动性与安全性等。

第三节　合作社社际合作案例

近年来，我国合作社社际合作已有大量案例出现，但是缺乏以信用合作为社际合作主要内容案例。在已有的合作社社际合作中，信用合作总是或隐或现在其他项目合作之中。林滢、任大鹏（2010）将社际合作模式归纳为社团性质的异质性联合和开展经营活动的同质性联合二类。任大鹏认为，从法律意义上讲，由异质性合作社组成的联合社是具有公益性的社团联盟组织。而由同质合作社之间组成的联合社，为适应市场竞争的需要，更注重组织本身的利益诉求。因此，同质性联合社是营利组织。实际上，任大鹏的定义可以表达为社团型社际合作和经营型社际合作。李玉文（2011）按照组织模式将合作社社际合作分为联合会、协会、联合社三类合作的方式。李玉文认为，三类社际合作模式从组织属性、行为目标、运作机制均有明显的不同。周振、孔祥智（2014）将我国农民专业合作社联合社表述为同业联合社与异业联合社等两种类型。赵铁桥等（2014）将联合社划分为：生产型、销售型、产业链型和综合型四大类。考虑到本课题研究目标，在下面的案例分析中，本书选取了经营型社际合作的 2 个联合社，这 2 个联合社分别是以产品为纽带和产业为纽带建立的联合社的社际合作。并将在此基础上，分别讨论联合社内存在的与信用合作有关的问题。

一、潍坊市志合奶牛专业合作社联合社案例[①]

（一）基本情况

山东省潍坊市临朐县是山东省最大的优质奶源基地之一，2006 年被中国奶业协会评为全国牛奶生产 50 强县。尽管临朐县的奶牛合作社，是推动当地奶牛产业的发展的重要力量，但由于合作社规模小、实力弱，在与强大的奶业企业交易中经常遭遇价格压榨、拖欠奶款等问题。2009 年，佳福奶牛养殖专业合作社与某乳品企业达成的协议，使合作社的销售实现突破发展。但不久该乳业企业凭借市场垄断力，将鲜奶收购价格比市场价每公斤少 0.2 元，因此佳福奶牛养殖专业合作社平均每月损失的利润达 1.8 万元。企业一方面压价，一方面拖欠支付奶款达 20 万元左右，欠款账期长达两三个月。由此，佳福奶牛合作社的正常运营受到极大的影响。这种状况造成奶农对合作社产生了极大的信任危机。迫于此，2010 年 8 月 18 日临朐县其他与佳福奶牛养殖专业合作社面临相同困境的 7 家奶业合作社，成立了潍坊市志合奶牛专业合作社联合社。

（二）联合的效果

志合奶牛专业合作社联合社的成立成为临朐县奶牛合作社发展壮大的新契机。

首先，合作社在产品市场谈判力明显提高。在成立当天，志合奶牛专业合作社联合社正式通知前违约乳品企业：由于企业长期采取压价、欠款的不公正方式对待奶农，联合社决定，从第二日起停止向该乳品企业提供鲜奶。当天晚上该企业总经理亲赴临朐与联合社进行协商，最终达成一致：一是即刻补发拖欠款（联合社 7 家合作社共计 120 多万元奶款）；二是签订协议保证以后绝不拖欠奶款；三是按照市场收购价格收购鲜奶。

---

① 牛立腾，周振，孔祥智. 再联合让合作社权益与效益双体现——关于山东省潍坊市志合奶牛专业合作社联合社发展分析［J］. 中国农民合作社，2014（10）.

其次，合作社的规模经济效益明显提高，特别是明显降低采购成本。以奶牛养殖所需最为重要的草料进口苜蓿草为例，联合社成立后，尽管采购价与单个合作社采购价（每吨3200元）相同，但是供应商通过协议承诺提供免费送货服务。结果每吨进口苜蓿草节省物流成本约100元。

再次，提高了技术更新的能力。联合社成立后积极扩大对合作社社员提供全面专业的技术培训服务。因为规模节约效应和联合社的影响力，联合社与山东广播电视学校达成协议共同创办临朐奶牛学校。奶牛学校为联合社增加技术人才队伍、提高奶牛养殖水平、保证联合社的健康长远发展提供了源源不断的智力支持。

最后，联合社有力推进了奶牛集约化养殖转型，初步建成多个现代化奶牛养殖基地。联合社对社员采取养殖基地托管奶农自有奶牛模式，这种模式既降低了农户的养殖成本，又提高了牛奶的产量与质量。此外，联合社创新市场营销手段，开拓销售渠道，延伸产业链。联合社在县城开办的"直销奶吧"成为奶牛合作社为创建品牌而直面终极市场的一个窗口，极大地提升了联合社的社会形象。

（三）存在的问题

第一，志合奶牛专业合作社联合社在继续扩大规模，新建和扩建奶牛养殖基地、奶牛小区时，面临着严重资金短缺问题。资金短缺问题难以从外部融资解决，急需通过联合社内部信用合作机制缓解资金短缺难题。第二，尽管联合社整体市场竞争力得到提升，但面对寡头垄断型的乳业产业市场，联合社既缺乏进一步的经营发展战略，又缺乏经营管理人才团队。第三，联合社组织缺乏市场准入法律支持，这成为联合社面临的严峻挑战。

二、武汉市荆地养蜂合作社联合社案例[①]

武汉市黄陂区养蜂历史悠久，有众多独立分散经营个体蜂农，至20世纪

---

① 雷震. 合作加联合，社新蜂业兴——武汉市荆地养蜂专业合作社联合社组建与发展 [J]. 中国蜂业，2013（8）；牛立腾，周振，孔祥智. 制度经济学视角下农民合作社的再合作——湖北省武汉市荆地养蜂专业合作社联合社案例解析 [J]. 人民论坛，2014（17）.

90 年代已经成为全国十大养蜂基地县（区）之一，但该地仅有产业资源优势，缺乏产业优势。《中华人民共和国农民专业合作社法》颁布后至 2011 年，黄陂区先后建立了 15 个养蜂专业合作社。"抱团发展"的合作社虽然在一定程度上缓解了"单打独斗"困境，但几年之后，小规模合作社制度优势已经充分释放，养蜂专业合作社和蜂业发展又处于新的瓶颈之中。单一合作社规模小，在抵御自然风险、创建品牌效应、开拓市场、提高经营管理水平等方面存在的劣势凸显。通过组建联合社整合社会和市场资源成为众多合作社的共识。在地方政府的大力支持下，以为成员社提供产品加工、市场销售渠道、资金互助等覆盖产前、产中、产后服务为目的的荆地养蜂合作社联合社应运而生。

（一）组织结构与运行机制

荆地养蜂专业合作社联合社通过联合社章程，构建了联合社股东代表大会、联合社理事会与联合社监事会三大治理架构。区内基层养蜂专业合作社的社员可以投资入股的方式加入联合社，首届联合社理事和常务理事的资格获得与出资挂钩，出资一万者为理事，三万元者为常务理事。监事会则由各专业合作社的负责人和蜂业协会的领导人组成。

荆地养蜂专业合作社联合社股东代表大会是最高权力机构，负责规章制度修订、任免管理干部人事、制定和审议工作计划等重大事宜。理事会是执行机构，任期三年。负责管理联合社的日常工作。监事会是监督机构，对股东代表大会负责，负责监督检查理事会及联合社工作人员的工作。章程规定监事会任期三年，可连选连任。

荆地养蜂专业合作社联合社依据章程，为社员提供覆盖养蜂产前、产中、产后各环节全面服务。

在产前，联合社重点提供集体采购及其采购后的相关服务。在产中，联合社重点服务内容，一是提供行业新技术与新品种信息资讯；二是引进、推广和培训交流新技术；三是积极发挥主动权制定行业养殖标准，检查监督实施落实状况。在产后，联合社在坚持基层社自营、自愿基础上，依据同等条件优先、优质优价等原则，为基层社提供蜂产品加工和销售服务。此外，为了减少产前、产中、产后的资金短缺困难，联合社组织开展的另一项社际合作是资金互助业务。

在公益服务方面，实施行业自律，建立行业统计数据库，申请国家相关项目。

（二）实践效果

荆地养蜂专业合作社联合社虽然成立时间不长，但已在资金、加工、销售、技术等诸多方面的合作取得了良好的实践效果，联合社的制度优势正逐步展现出来。

1. 组织化优势

组织化优势主要表现为：第一，行业规范化发展，合作社决策、执行、协调管理能力明显提高。第二，在一定程度上缓解了合作社社员融资难问题。联合社互助资金共 128 万元，其中，98 万元是社员入股资金、10 万元为黄陂区蜂业协会注资入股资金、联合社还获得武汉市项目扶持资金 20 万元。第三，提高了联合社的内部管理水平，从对基层社的信息反馈、沟通到专人报账、报税等都实现了规范化。

2. 社会化服务优势

联合社突出的优势是为地区蜂业产业提供了高层次的社会化服务：一是为基层社提供了系统的信息技术服务。联合社提供的信息技术服务除了最新科技养蜂信息，还有各地各类花期信息、各类蜂品价格信息及其影响蜂品价格信息的各类因素分析。二是整合了有关高校的智力资源，发起邀请华中农业大学、福建农业大学、国家蜂业协会的专家教授专门为蜂农开办专业知识讲座。三是组织开展资金互助业务，极大提高了联合社的凝聚力和服务水平。联合社实施资金互助封闭原则，只有入股社员才可向联合社申请贷款，获得贷款的条件之一是申请人所属合作社提供信用担保，并规定单一社员贷款额度最高原则上不超过 10 万元，单一合作社贷款额度控制在本社社员入股的股金之和。联合社依据贷款用途实行差别利率制度：用于蜂业发展的贷款年利率为 10%；用于非蜂业发展的贷款利率年 12%。

3. 拓展经营领域，建立自有品牌

2012 年，在外部资金资助下联合社出资 10 多万元，购置生产加工设备建立 4 个蜂蜜加工点，开辟 6 个代销点，建立可溯源品牌产品。

联合社在专家指导下，接受委托，组织出租蜂群为 3000 多亩棚栽草莓授粉，扩展和创新了经营模式。联合社注册了"黄陂荆蜜"，并且已经获得了"中华人民共和国地理标志保护产品"称号。此外，联合社在国家工商总局为"黄陂荆蜜"注册了"抿一口"商标，联合社产品已经进入中百超市，极大地增强了联合社的市场竞争力。

4. 联合社营利提高

2012 年在部分蜂农产品过剩下，合作社以保护价（超过市价）收购产品，全年利润达 13.8 万元。联合社通过向社员分红提高了蜂农收入，并提高了社员市场经济理念和遵循市场行为规范的自觉性。

（三）案例思考与评析

武汉市荆地养蜂合作社联合社是以产业链延伸为纽带组建立的联合社。联合社成立于 2008 年年初南方遭遇了罕见的雨雪冰冻灾害有关。当时黄陂区养蜂业受到了重创，但首先成立的 4 家合作社在指导蜂农抗灾上发挥了积极的作用，于是广大蜂农纷纷要求加入合作社。在黄陂区蜂业协会的直接领导和指导下，该区又成立了一大批合作社。几年后单一小规模合作社的制度优势释放完毕，组织化存在的潜在利润构成了联合社成立的最大动力。联合社成立后，资金互助合作在联合社协调内部和外部资源、提供技术与信息服务、拓展市场和延伸产业链等方面发挥了重要的作用。

现在，制约联合社进一步发展的约束，主要是资金短缺和专业经营管理人才短缺。前者主要源于联合社信用等级达不到金融机构融资准入门槛，而联合社内部互助资金规模较小。在人才方面合作社不仅内部缺乏，联合社也没有实力在市场聘用高素质人才。

三、案例的启示

（一）基本判断

根据上述两个案例研究者的研究，两个联合社有以下共性特征：

第一，通过联合社开展社际合作的直接动力，都来自市场对小生产者的挤压。他们的联合直接效果是提高了单一合作社市场交易的规模，进而提高了市场议价的能力。

第二，在市场竞争规律作用下，联合社在做大规模的条件下，均意识到必须按照市场竞争的要求，加大提高对成员社生产技术、信息、管理、市场营销的培训和服务水平，通过提高产品质量和合作社经营管理能力来提高竞争力。

第三，两个联合社都面临着资金短缺和融资困境。志合奶牛专业合作社联合社是以产品为纽带的横向联合型社际合作，他们面临的是垄断厂商。有后续调查报告反映，其他地区的奶牛合作社通过联合社合作挤压了牛奶加工企业的利润空间后，招致全国几家大寡头合谋，通过关闭市场①轻易击垮了奶牛联合社的合作，致使近两年成员社鲜奶销路出现问题，联合社投资建设的鲜奶检测设备，鲜奶冷链运储设施空置而出现资金风险。联合社在面对垄断寡头的合谋，既没有资金实力，也难以承担寻求法律救济所需要资金和时间双重成本。可能采取的措施就是进一步扩大联合社的规模，实现与寡头在本区的抗衡实力。而进一步扩大联合的重要问题仍然绕不过资金问题，这样，志合奶牛专业合作社联合社就陷入了一个"怪圈"。荆地蜂业联合社最初也是以产品为纽带展开社际合作的联合社。联合社面对的是普通的蜂产品消费市场，联合社从提供生产技术、信息服务、提供新品种和专业理论知识培训，到拓展产业链（蜂产品加工、蜂群出租）、创立产品品牌、开展内部信用合作等，采取了一系列提高联合社竞争能力的措施。联合社实现了以产品为纽带的社际合作，转向以产业发展为纽带的社际合作的模式。因此，联合社发展上升了一个台阶：进入谋划发展战略阶段后，资金问题成为制约其发展的最大瓶颈。

（二）进一步的思考

开展合作社社际信用合作是农民专业合作社发展到一定阶段的需要。这一需要与扩大合作社经营规模有关，与加大智力、技术和设施投资有关。前者是扩张式发展，后者是集约式发展，这一过程要同时伴随着农民社员的生

---

① 据调查 G、Y、M 三家企业在联合社成立的第三年，召开会议达成协议：不收购这家联合社的鲜奶，只收购养殖基地鲜奶。

产规模和发展模式转型才能得以持续。无论是扩张发展还是集约化发展都需要资金支持。在农民社员及合作社都不是正规金融机构的"好"客户的条件下，专业合作社及专业合作社联合社开展信用合作就具有非常现实的"需求"基础了。

第四节　社际信用合作内容设计

根据农业部经管司统计，2014 年全国上报的各类联合社已达 6000 多家。全国已有北京、重庆、山西、海南、江苏等十几个省份出台了地方性法规对联合社发展进行规范。实践中，联合社成立的路径有自下而上的联合，有在政府指导下自上而下的联合，也有来自地方政府、行业协会、基层合作社和企业法人多方促进的联合。但无论联合社是如何成立的，均在不同层次上得到地方政府的支持或扶持。有些地方甚至下达考核指标，以"拔苗助长"的方式"催生"联合社发展。

实体经济发展的需要是资金互助、社际融资互助合作发展的基本前提，在建立、健全社际合作组织体系的前提下，坚持为合作社实体经济发展服务是社际信用合作的基本原则。但就整体而言，社会对联合社相关问题还存在许多模糊认识，如信用合作如何在联合社框架开展？

一、社际信用合作的基本原则与准入条件

（一）基本原则

第一，坚持成员社自愿选择、民主管理原则。在联合社合作中，资金调剂合作应为单列项目。联合社成员必须自愿选择，并履行专门的手续后，方可参与联合社开展的资金调剂。因为各个基层社合作社发展水平参差不起，农民社员对金融的理解水平、风险承受能力和基层社信用风险管理能力都可能存在差别。联合社的资金融通也只有基于"3C"要素开展，即共同意愿（common will）、共同需要（common need）、共同关系（common bond），资金

融通的安全性才有坚实的基础。

第二，坚持信用社内部资金融通原则。由于我国合作社联合社发展正处于起步阶段，内部信用合作是联合社社际发展的新领域，并且是充满不确定的领域，必须遵循谨慎精神。在当前，联合社只有夯实生产、技术等其他方面的合作，才可以开展信用合作，而信用合作一定要将联合社成员社作为自己的"合作金融社区"。

第三，坚持不以营利为目的。如前文所阐述，金融资本天生充满逐利基因。以营利为目的，还是以服务社员融资需求为目的，将直接影响联合社信用合作的经营方向、信息与风险结构，在资金实力与风险管理能力不强的情况下，会影响信用合作的基本目的——满足社员融资需求目标的实现。

第四，坚持社际资金调剂原则。在发达国家，信用合作在联合社框架下不仅出现上级联合社直接为基层社社员提供融资或者参与基层社为社员提供贷款，而且有联合社通过发行债券、融资票据等工具借助金融市场募集资金和管理风险。这是在联合社发展演化过程中，合作社外部金融生态环境与内部经济金融实力交互作用的结果。在目前，我国联合社社际信用合作应该以成员社为合理边界。

第五，坚持风险可控原则。金融交易是跨期交易，结果充满不确定性。保持财务的可持续性是金融中介的基本要求，这一基本要求规定了联合社开展信用合作，要通过制度设计有效识别、度量、控制、分散、处置风险。

（二）联合社准入条件

（1）已在工商行政管理部门登记，具有法人资格。

（2）联合社运营规范，存续期原则上在 2 年以上；并且成员社规范开展内部信用合作达 2 年以上，资产质量良好。

（3）近 2 年联合社每一合作社年度经营收入平均在 300 万元以上，固定资产在 50 万元[①]以上。

（4）有符合监管部门规定数量和质量的专业管理人才。

（5）有完整的信用合作规章制度。

---

① 这是参考山东省的合作社信用合作的准入具体标准。由于我国地区经济发展差异较大，不同地区这一具体数据标准应有区别。

（6）有专项信贷资金。

（7）信用合作分账管理，单独核算，有完整严密的信用合作风险治理结构。

二、社际信用合作的组织架构

完备的组织结构是良好内部治理的基础。联合社要按照规范，设立社员代表大会、理事会和监事会。

（一）权力机构

根据国际经验，联合社必设机构是成员代表大会，成员代表大会是联合社的决策机构和最高权力机构。成员代表大会由成员社（基层社）的理事长组成，联合社通过章程规定成员代表大会的职权范围。

成员代表大会的主要职权包括：（1）审议、修改合作社联合社章程和各项规章制度；（2）选举和罢免理事长、理事、监事会成员；（3）决定和修改出资标准；（4）审议联合社发展规划和年度业务经营计划；（5）审议批准年度财务预算和决算方案，审议批准年度盈余分配方案和亏损处理方案；（6）审议批准理事会、监事会提交的年度业务报告；（7）决定重大财产处置、对外投资、对外担保和生产经营活动中的其他重大事项；（8）对联合社合并、分立、解散、清算和对外联合等做出决议；（9）听取理事长或者理事会关于成员代表变动情况的报告等。

成员代表大会会议要有规范的程序，包括通知、登记、提案审议、投票、计票、表决结果宣布、会议决议的形成、会议记录及其签名等。表决程序构成核心程序。由于表决程序既是基层社行使权利的过程，也是联合社决议形成的过程，因此，联合社章程要有关于有效成员代表大会决议程序的规定，具体规定包括：明确出席会议的成员比例数、投票方式、达到一定要求支持率的规定。

按照我国《中华人民共和国农民专业合作社法》规定，农民专业合作社成员大会有效出席人数应达到成员总数 2/3 以上。笔者认为，联合社在缺乏相关法律规范的条件下，我国的联合社应该参照该规定，以保护基层社的利益。在国际惯例中，简单多数表决和有下限的多数表决两种方式是成员代表大会的常用的表决方式。使用简单多数表决的事项多涉及联合社章程和法律规定范围内的事务有关；使用有下限的多数表决方式的事项，多与设计联合社章程外的事项有关。在投票权的分配上，基本遵循"一人一票"原则，但对联合社经营能产生重大影响的成员，一些联合社会通过章程赋予其较多的有上限限制的投票权。成员代表大会的会议分为年度会议和临时会议。年度会议每年至少召开一次，会议的召集由章程规定。必要时或经联合社章程规定的一定比例人数的成员书面提议可召开临时会议。遇有下列情形之一的，应当在 20 日内召开临时成员大会；30％以上的成员提议；执行监事或者监事会提议；章程规定的其他情形。

尽管在理论上，成员代表大会被赋予最高权力，但在实践中，所有权与经营权发生了分离，并且分离的程度日趋加大。于是一些联合社的章程出现了关于成员大会的条款出现防止"内部人"控制和防止成员代表大会的权力虚置的情况发生的规定。

（二）执行机构——理事会

理事会是成员代表大会的执行机构以及联合社经营管理业务执行及代理机构。其负责联合社的日常经营活动，对外代表联合社进行活动。理事会对成员代表大会负责，执行成员代表大会的决议。联合社理事会由章程载明的确定数量的理事组成，成员代表大会以投票方式或其他联合社章程允许的方式选举产生联合社的理事会。一般以无记名投票方法选举。理事会设理事长一名，可以设副理事长，理事长为联合社的法定代表人。目前，我国农业合作社联合社尚处于起步阶段，各地应该从实际出发，可根据规模大小设置理事会人数。

理事会负责领导整个联合社的业务工作。理事会按照法律以及联合社章程规定履行职责，不受其他任何指示、命令束缚。成员代表大会可随时解聘理事。理事的任期，就是理事会的存续期间。联合社章程多规定三年为一届。在一般情况下，理事可以连选得连任，但会受到连任次数的限制，以防止理事会被少数人操纵。为保持理事会成员数量的稳定性与合作社政策的连续性，建议借鉴发达国家成熟的经验：联合社的理事会每次换届改选新增 1/2 理事，这样既可以不影响整个理事会的分工框架，又保持理事工作的效率。理事对联合社负有忠诚勤勉尽责和代表联合社从事业务活动的义务。若理事在执行职务时，违反法律、章程及成员代表大会决议损害了联合社的利益，理事承担赔偿联合社损失的责任。理事可以因下列事由终止职务：第一，任职期满。第二，理事因个人原因申请辞职。理事辞职申请报给成员代表大会，理事会不能受理辞职。第三，理事因违反法律或联合社章程被罢免职务。罢免决议应该由超过成员代表大会全体成员半数审议并通过方能生效。第四，理事死亡。

理事会拥有下列职权：第一，组织召开成员代表大会并报告工作，执行成员代表大会决议；第二，制定联合社发展规划、年度业务经营计划、内部管理规章制度等，提交成员代表大会审议；第三，制订年度财务预决算、盈余分配和亏损弥补等方案，提交成员代表大会审议；第四，组织开展成员培训和各种协作活动；第五，管理联合社的资产和财务，保障联合社的财产安全；第六，接受、答复、处理监事会提出的有关质询和建议；第七，决定成员社入社、退社、除名、奖励、处分等事项；第八，决定聘任或者解聘联合社经理。

理事会会议由理事会会长召集，出席理事达半数以上方可开会；所作出的决议须有出席会议理事半数以上同意，方能可生效。理事会应当妥善保存理事会和成员代表大会的会议记录。

（三）监督机关———监事会

监事会是联合社为了避免理事会机会主义行为导致联合社整体和基层社利益受到损害而设立的监督检查机构。监事会由成员代表大会选举的监事组成。实践证明，监事会是监督联合社业务执行状况、联合社财务状况的必要机关。这种制度安排有利于约束理事会成员利用个人权利谋求私利。由成员代表大会、理事会、监事会三方机构，分别执掌经营战略、人事决定权、业务经营管理执行权及业务经营管理监督权，在联合社里形成权力分立所产生的制衡机制。监事会在克服"内部人控制"风险，从而达到内部自治监督目的方面发挥着专门的作用。

监事会是代表全体成员对理事及其他经营管理人员的经营管理及财务行

使监督权利。由联合社章程规定组成监事会的确定数额。为保证监察职能的有效发挥,章程应规定监事和理事不得交叉兼任。监事会人数(一般不得低于 3 名)、任期均应由联合社章程规定。监事可以连选可以连任。

监事会具有独立性,除了向成员代表大会负责外,不受制于其他任何机构和其他任何管理经营人员。监事会会议由监事会主席召集,需有半数以上的监事出席,会议决议需有参加会议的半数以上的监事通过方为有效。监事会职权主要包括:第一,监督理事会对成员代表大会决议和联合社章程的执行情况;第二,监督检查联合社的生产经营业务情况,负责联合社财务审核监察工作;第三,监督理事长或者理事会和经理履行职责情况;第四,向成员代表大会提出年度监察报告;第五,向理事长或者理事会提出工作质询和改进工作的建议;第六,提议召开临时成员代表大会。

包含信用合作部的联合社组织机构设置,如图 5-1 所示。

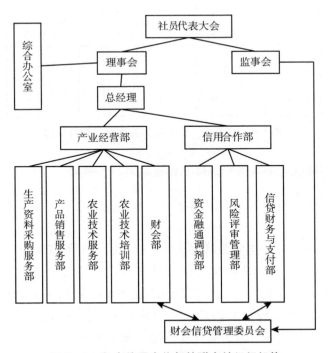

图 5-1 包含信用合作部的联合社组织机构

三、社际信用合作的"塔式"结构

"塔式"结构体系实际上是在基层组织的基础上，构建基于基层社际之间的资金调剂协调组织。

（一）"塔式"信用合作社际合作组织架构

"塔式"信用合作社际合作组织架构，如图5－2所示。

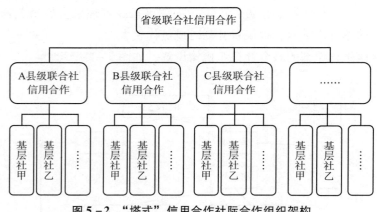

图5－2 "塔式"信用合作社际合作组织架构

（二）中间层与中央层级的体系构建的可行性路径

在信用合作的"塔式"结构体系中，核心是基层社、中间层和中央层的功能定位。

根据前文分析，本书认为基层社的功能定位：配置资金资源（主要以社内资金融通为主）、为金融风险/资产定价；中间层主要是提供流动性及其他衍生服务如咨询、支付等；中层联社组织在协调社际合作中举足轻重。与基层社和中间层功能差异较大的是中央层的全国联社（或合作金库或其他名称），在主要国家其不仅功能差异大而且功能扩大趋势突出：从资金余缺调剂职能，到组织发展战略制定、信息发布、运行管理、金融服务、监察监管、相关利益者协调、跨系统资本运作等职能，有的国家全国联社拥有代表政府管理合作金融组织的功能。①

国际范围内合作金融组织有 3 种发展模式：独立发展、与其他组织相互持股的关联的合作组织，专业合作社与合作金融组织一体化的综合合作社。一体化综合合作社，充分利用"集群效应"，最大限度地实现合作社之间的互助。并因为拥有成员的"真实经济交易信息"在扩大信贷规模、有效控制风险方面提供了最重要支持。一体化综合合作社不仅在区域内资金调剂、互助保险、为社员商业银行贷款提高担保等方面发挥重要作用，还在特色产品开发、技术创新、市场营销发挥着不可替代的作用。而在有效克服合作金融的"规模悖论"方面，关联的合作组织发挥了较好的作用。

四、联合社与地方政府的关系

农民专业合作社联合社创立属于制度创新，蕴含了巨大的组织化潜在利润。联合社制度创新有两个发展路径：诱致性创新路径和强制性创新路径。无论哪条路径，正确建立联合社与地方政府的关系，是联合社实现良好外部治理需要。

从相关的研究和调查看，联合社从发起、建立、注册、运行等初建期，到整合资源成长期，再到发展壮大成熟期，都处在与地方经济发展互相促进、互相影响的生态环境中。处于"三农"经济的转型发展阶段，地方政府对联合社生存、发展的影响是极其重要的因素，初期甚至能直接影响联合社"生与死"。根据苑鹏（2008）、李玉文（2011）、杨群义（2012）、周振和孔祥智（2014）等人的研究，联合社以产品和产业链为联合纽带的，大多数遵循的是诱致性制度创新路径。如果当地尚未出台地方法规，地方政府往往通过变通的方法帮助联合社"合法"出生。而调研发现，发展的较好的联合社均得到地方政府的大力支持。支持的形式有直接的资金赞助、税收优惠、提供办公场地等。甚至有的联合社在遭遇外部市场冲击时，是在地方政府帮助下走出困境的。

诱致性发展路径往往发生在生产经营同类或相似产品的合作社之中。这

---

① 潘淑娟，王刚贞. 中国大陆农村金融市场的抑制与破解［J］. 安徽师范大学学报（人文社会科学版），2010（5）.

类合作社由于单体农民专业合作社规模太小,在充分竞争的市场中仍是小生产者。在面对市场垄断力量时,他们有着共同的利益诉求。而在各自面对着共同的市场时,为了生存相互间往往会发生激烈的竞争,导致各自的生存空间进一步被挤压。共同的市场、共同的诉求,在受到外力冲击或组织化潜在利润出现时,他们往往会就联合起来规避残酷竞争、降低成本、扩大规模、提高市场竞争力等达成一致,诱致性合作社制度创新出现,形成一种自下而上联合。在这种模式中合作社是联合社制度创新中的第一行动集团。

强制性发展路径是地方政府发现了制约合作社发展的瓶颈,发现了制度创新的潜在利润。当一个地方没有足够多的经营同类产品的合作社,地方政府往往整合资源,将不同产品类型的合作社整合起来,建立综合性合作社联合社。在这种模式中地方政府往往成为是联合社制度创新的第一行动集团。

资金融通存在"外部性",信用合作的社际合作是在扩大"合作金融社区",随着"合作金融社区"的扩大,其"正负外部性"的溢出效应也存在扩大的可能性。由于"外部性"的存在,所以,政府不仅在联合社创立时发挥重要作用,在联合社运作中更要积极主动的干预,给予联合社以规范、指导和监督。政府要制定规范规则、实施有效监督和约束,以降低参与制度创新的成本,包括合作社的支付成本和社会支付的成本。通过政府干预既有利于提高农民专业合作社内部筹资能力,同时也有利于提高合作社外部资金筹措能力。目前,提高合作组织的资金实力实际上意味着提高合作社的核心竞争力。政府对于合作社联合社信用合作的支持与监督既不可或缺,又要保持联合社能坚持独立、自治、民主的精神(苑鹏,2008,2018)。

| 第六章 |
农民合作社信用合作风险管控

第一节 引 言

开展信用合作的农民专业合作社既是合作中介，又是信用中介。一般的信用中介会面临信用风险、利率风险、流动性风险、操作风险等主要风险。由于合作社不能吸储并且只能在封闭条件下开展信用合作，使得合作社与一般的信用中介面临的风险有明显的区别。合作社的封闭性可以使信用合作资产、负债的利差波动达成一致，使其在经营中不受利率风险影响；封闭性可以有效回避由于"存贷款时间错配"引发的流动性风险。合作社可能会面临信用资金供给不能满足信用资金需求的情况，但这种情况不属于流动性风险问题①。此外，封闭性也可以最大限度地规避操作风险和"道德"风险。综上，农民合作社信用合作面临最主要风险是信用风险，风险管理突出表现为对信用风险的有效管控。而信用风险产生的可能以下几个方面引发：一是由经济风险、市场风险、自然灾害风险等因素引发的违约；二是由于债务人经营管理能力不足，实际经营收入大大低于预期水平而导致的违约；三是由债务人道德风险所致的违约。

已有的实践表明，合作社要实现信用风险有效防范，需要基本具备

①　当然在信贷资产严重不良的情况下，可能发生因社员退社引发的"股权挤兑"型流动性风险，这类风险不属于本章讨论的内容。

三大条件：一是合作社形成"3C"机制，即参加者要具备共同意愿（common will）、共同需要（common need）、共同关系（common bond），即共同的合作意愿、共同的资金融通需要、共同的经济关系。二是良好的治理机制，即合作社要具备良好的信用合作的组织管理架构、信用合作文化、管理者的专业水平和利益分配模式。三是有效的风险管理方法。经济风险防范要把住信用项目的选择关。市场风险可以通过合理展期和提取市场风险损失准备金等方法应对。而由自然灾害引发的违约风险要通过建立由农业保险、政府救助、风险准备金以及联合社社际合作等系统性支持体系来抵御。

根据金融风险管理理论，信用风险管理包括"识别、度量、控制、处置"四大环节。依据功能和目的划分，风险管理包括预防性管理、过程性管理和风险损失发生后的控制性管理。风险处置方法主要有"分散、对冲、转移、自留"四类。风险管理主体包括组织的自我管理和组织外部监管。而外部监管主体又可分为行业自律的监管、来自市场的监管和来自政府部门的监管；外部监管环节又被分为准入监管、现场监管、非现场监管和监管处理等四个方面。各类风控主体及相关风控环节的差异见表6-1。

表6-1　　　　　　　　　　　各类风险管控主体比较

风险管控主体	农民专业合作社	农民专业合作社联合社	政府部门	保险公司
风险管控环节	识别、度量、控制、处置	监督、控制、处置	监督、控制、处置	度量、吸纳
风险管控功能与目的	预防性与过程控制性管理	预防性管理、过程性管理和救助性管控	预防性管理、过程性管理和救助性控制	预防性与过程控制性管理
风险处置方法	分散、自留	分散、自留	处置	补偿

农民专业合作社信用合作外部监管应该体现鼓励"普惠、共享和可持续"发展的价值理念。外部监管目标是促使农民专业合作社规范、持续、稳定地发展，并通过以下三大监管策略，实现监管目标。一是实行导向监管，促进农民专业合作社信用合作规范地发展；二是实行风险监管，促进合作社

信用合作稳健经营；三是实行政府、市场和行业协同监管，降低监管成本，提高监管效率。

由于农民专业合作社的分散性、差异性，资金借贷的非标准化等特点，在外部监管中，来自政府部门的监管重点在引导性准入监管。现场监管、非现场监管和监管处理等环节应该主要通过行业自律（在这里主要表现为联合社的监管）和市场主体（主要是参与风险管理的保险公司）监管。要借鉴国际经验，实现政府部门、联合社和保险公司三方协同监管。为支持和激励专业合作社的自生能力，政府部门可以设置风险损失补偿基金激励联合社建立完整、有效的风险监管流程与制度，积极努力控制基层社的信用风险；设置灾害风险补偿基金，鼓励保险公司利用市场机制为合作社分散和转移风险。

与一般信用中介不同的是，合作社面临信用风险主要是源于借款人的经营管理能力不足所致的产品市场决策风险和财务风险、由同类农产品生产者生产周期同步等原因所致市场波动风险、技术风险和自然风险。这些风险往往与借款者对社会经济环境、农业科技技术进步风险的认知能力等综合因素相关。上述问题可以概括为借款人经济竞争能力弱势。换言之，上述信用风险源于借款人的经营管理风险、经济风险和自然风险。前两个风险"亲周期性"特点明显。

由于农民专业合作社与借款社员都从事同一类农业生产或服务，在生产经营过程中，农民专业合作社借款人的信用风险往往与合作社的经营风险关系密切。当农民专业合作社发生经营风险时，若借款人的经营决策与合作社的经营决策一致，两者承受的风险基本相同。若发生经济风险及自然风险，风险也会同时影响合作社和借款人。但两者的差别也是存在的，农户属于自然人，农户的风险既包括生产经营中的风险，也包括生活中的风险，农民专业合作社风险仅包括生产经营中的风险。

因此，合作社信用风险管理是内部风险管理的基础环节，有效管理和控制信用风险是农民专业合作社可持续开展信用合作关键。农民专业合作社的信用风险管理方法和技术明显不同于一般金融机构的信用风险管理，本课题将研究讨论适应农民专业合作社特点的风险识别与规避、风险管理与控制、风险分散与补偿等技术和制度。

第二节　准入风险控制："条件"及标准化问题

准入是合作社信用合作外部风险管理的第一道环节，是讨论任一合作社是否具有开展内部信用合作的"条件"的逻辑起点。

一、"条件"量化与评级

（一）"条件"量化与评级的逻辑关系

2006年颁布的《中华人民共和国农民专业合作社法》明文规定，有条件的农民专业合作社可以开展信用合作。这一规定开启了农民专业合作社新的发展方向。实践中，农民专业合作社开展信用合作对于缓解正规农村信贷供给不足、提高农户和农村小企业的信贷可得性发挥了积极的作用。与此同时也有一些合作社因开展信用合作而陷入合作社发展困境。

从常识上看，"有条件"是农民专业合作社能否开展和能否可持续开展信用合作的基础。

首先，笼统地分析"条件"的内涵应该是指合作社自身经营实力和管理水平。这就提出以下几个不能回避的问题：拥有什么样条件的农民专业合作社才可以开展信用合作呢？"条件"如何刻画和如何量化？第一个问题实际上表明"条件"属于合作社自身的，第二个问题表明"条件"是有标准的、可评估的。这样在实践中"条件"必须可量化的刻画，并通过量化来引导和规范农民专业合作社开展信用合作。

其次，从专业合作社经营角度和信用合作运行机制看"条件"，评估应该是动态的。动态的评估应归到外部监管中。合作社在经营中不断地与外部交换"能量"，在持续、不断地"汲取、支付能量"的循环中，合作社本身或者"条件"不断优化或者恶化，当然也可能不变。

最后，建立一个适用于国情的农民专业合作社开展信用合作的"条件"标准，不仅可以规范我国农民专业合作社的经营活动，而且"条件"标准实际上是对农民专业合作社信用评价与评级。那么，问题就转化为现阶段的农民专业合作社建立评级指标体系，并可将这一指标体系与合作社开展信用合作的事前准入标准、事中风险评估标准和退出标准综合对接。这对于建立、健全农村金融体系稳定和规范发展都有着积极推进作用。

（二）关于信用评级方法

信用评级作为规避风险、规范市场秩序的手段进入市场已有 100 多年。目前，已经形成相对成熟的信用评级指标体系和评级方法。随着全球一体化程度的加深，金融市场波动性加大，信用评级也一直处于不断创新状态。从市场常用的"骆驼法"、基于形成信用要素的"5C"要素法，到运用统计方法的 logisitic 分析法、因子分析法、神经网络法、判别式分析法等，还有基于现代风险管理的理论方法也应运而生，如 Credit Metrics 模型、KMV 模型、Credit Risk＋模型等。近几年大数据、云计算技术等信息管理技术也开始逐渐被引入信用评级领域。所有的技术进步都是希望能克服既有信用评级方法中存在的主观性强、对总体的概括总结能力弱的缺点。但是，各类信用评级技术都有自身难以逾越的约束。例如，"骆驼法"运用需要被评级对象有完整和规范的财务信息；以统计技术和现代金融风险管理理论为基础的评级方法要求被评级的对象有详尽的金融市场交易信息；大数据、云计算等技术在信用评级中的运用既需要有基于网络的庞大数据源，又需要有完善而有效的法律支持体系。后两类方法离农民专业合作社似乎很遥远，现阶段"骆驼法"也缺乏"大显身手"的条件。

（三）农民专业合作社信用评级的探索

农民专业合作社很难被一般金融机构作为被授信主体看待，因此，在征信市场发达国家很难看到对合作社的信用评估指标体系和评级方法。相应的研究也很罕见。在征信体系和征信市场正处于成长阶段的中国，也没有针对农民专业合作社设计的信用评估体系。2010 年农业部印发《农民专业合作社示范社创建标准（试行）》后，学界及中国人民银行一些地方中心支行在有关农民专业合作社信用评级的理论研究中进行了积极而有益的探索。刘伟林等（2011）、李立之（2012）分析了开展农民专业合作社信用评估的意义，他们认为，对农民专业合作社的信用评级可以解决融资中的信息不对称问题；可以将不同信用等级的合作社区分开，择优给予信贷资金支持；可以提升合作社社员信用意识和水平。许国平（2013）提出，对农民专业合作社的信用评级要坚持三大原则：一是兼容性原则：农民专业合作社的信用等级审评应设置统一标准，能满足各类农民专业合作社评级需求。二是独特性原则：在指标体系设置方面，要体现农民专业合作社这一经济主体的运作、经营特点。三是定性与定量相结合以及动态调整的原则：农民专业合作社信用评级体系的建设，要分别按照财务标准和非财务指标及标准，进行综合审评和信用等级的确定。还有人在评价指标体系构建和评分级别上进行了初步的研究。

在经济较发达地区，一些农村金融机构和工商管理部门尝试为农民专业合作社开展信用评级。2010 年 11 月 26 日《经济日报》报道了浙江省杭州市余杭区发布的第一份农民专业合作社信用评级报告。

总体上，相关研究仍处于探索阶段，但是已有的研究和实践为农民专业合作社信用合作的"条件"标准化研究提供了很好的借鉴。

二、农民合作社信用合作评级指标体系构建

（一）指标选取原则

农民专业合作社信用合作评级将是政府及相关监管机构对于一家合作社是否可以开展信用合作的重要评价依据。所以在实际构建评级指标体系的过程中，对于指标的选取必须遵循以下原则，以保证指标体系可以达到预期的效果。

一是全面性原则。评级指标体系中所包含的内容要将影响被评对象信用状况的各种因素都尽可能地反映出来，指标应该涵盖合作社的财务状况、经济状况和社会资本等各项因素，既要评价过往的业绩，也要有对未来发展的预测。

二是科学性原则。在评级指标体系当中，各个指标之间既不能重复又不能矛盾。指标选取中的各项数据应该有统一的计量口径、统一的测评标准。评级指标权重的确定，既要有理论依据，又要具有可比性。

三是动态、静态结合原则。农民专业合作社的发展是动态的，评级指标体系应该能够将农民专业合作社经营绩效与管理状况的发展反映出来。在选取指标时要实现动态指标与静态指标的结合，静态指标反映现状，动态指标预测未来发展。

四是可操作性原则。要避免构建过于复杂的指标层次，避免选择数据资料的不易获得的指标，计算公式应简单合理、逻辑清晰，评价过程可操作。

（二）信用合作评级的实践考量[①]

农民合作社开展信用合作不仅应考量从法规上设置准入条件，还应考虑社员的参与意愿，从本质上来说，二者的考量在逻辑上是一致的。一方面，农民合作社自身的经济状况既是准入条件设置的重要因素，也是社员是否信任合作社而愿意参与的重要因素；另一方面，合作社或者理事长的社会声誉也是农民合作社信用合作在实践中能否真正运作起来的重要影响因素。

1. 经济状况的评估

经济状况是考量农民合作社信用合作评级的重要因素。农民合作社是农民为获取经济利益而共同合作的组织，经济效益关乎合作社自身的可持续经营和社员的收入水平，是农民合作之根本。"皮将不存、毛将焉附"，合作社若自身无法保证实现可持续经营和社员的收入水平，经济效益水平不高，则其经营是不稳定的，同时其信用合作也是不稳定的。因此，在不考虑其他因素影响的前提下，经济效益水平越高的合作社，其内部开展信用合作的基础越稳定。

2. 社会声誉的评估

社会声誉是农民合作社无形的资产。与有形资本相比，"社会声誉"是虚拟的东西，但若运用得当，对农民合作社来说可能重若千金。具体

---

① 潘婷. 农民合作社社员正规融资可得性研究［D］. 北京：中国农业大学，2016.

来说，社会声誉主要包括正式层面的社会联系与非正式层面的社会口碑两个方面。

（1）政治联系。作为被大力发展的一类经济组织，各地政府都给予农民合作社相当力度的扶持，其形式多种多样的，如直接的项目资金扶持、机械设备的实物扶持、项目的牵线搭桥等。然而这些扶持的资源是有限的，因而对农民合作社来说是稀缺的。为了能够提高对农民合作社的支持效率，各地的政府相关部门都会设定一定的条件，通过这些条件的筛选，选定扶持和嘉奖的目标。从某种程度上来说，这些条件是能够反映合作社综合发展状况水平的。并且这种"筛选"经由政府相关部门操作，具有一定的公信力的。

（2）社会口碑。当地普通农民的口碑也是农民合作社发展状况的一种评估。这种社会口碑往往表现在农民对合作社的参与度上。农民合作社合理规范的发展、有效的利益联结机制设计能够保证其经营的稳定性和可持续性，若合作社发展规范、利益分配合理，社员将积极参与。并且，农民合作社的社会口碑也是政府相关部门考虑扶持和嘉奖的重要条件。

第三节　农民合作社信用合作评级的量化估值

在前文分析的基础上，本节拟对农民合作社信用合作评级进行量化，为此本节探讨的内容主要包括三部分：一是样本调研设计和数据说明（见本书附录一）；二是对样本数据进行的统计性描述分析；三是量化样本合作社信用合作评级。

一、农民合作社样本的统计描述

对农民合作社样本的统计描述是农民合作社信用合作评级的基础。通过整理实地调研的资料数据，有助于了解各地农民合作社的发展背景、发展模式、发展水平等，有利于梳理影响农民合作社开展信用合作的相关因素，是农民合作社信用合作评级的前提。

通过以上对样本合作社发展状况的统计描述①，可以得到以下几点：

1. 合作社发展地域间差异较大

首先是经济发展水平的差异。从人均收入水平来看，浙江省和山东省的农民是经济收入较为富有的省份。安徽、山东、四川、黑龙江同为农业大省，但农业产业规模上也存在差异，山东省和四川省的农业产业规模更大一些。涉农贷款在一定程度上能够反映出金融对县域经济发展的支持状况，从样本统计来看，作为农业大省的山东省和四川省对县域经济的支持水平较高，值得注意的是浙江省作为样本省份中农业产业规模最小的省份，对县域经济的发展支持力度也较高。结合农业 GDP 和涉农贷款余额指标，各省农村地区金融深化度存在较大差异，农业产业规模最小的浙江省农村地区金融深化度最高，农业产业规模较大的山东省和四川省农村地区金融深化度也较高，而同为农业大省的安徽省与黑龙江省农村地区金融深化度较低。

其次是地域间农民合作社的发展状况也有较大的差异。作为合作经济发展水平较为领先的浙江省，样本农民合作社的平均发展规模（注册资金、社员数量、固定资产规模）较其他省份小。四川省样本合作社多以土地入股、生产销售统一管理的合作方式使得大多数社员没有生产性的融资需求。

2. 合作社间与合作社内部的异质性均较为显著

合作社运行状况从平均水平来看，样本合作社的运营时间都不长，大都在 5 年以下；以现金注资的组建方式为主，其次是土地注资方式；合作社年营业收入大多在 500 万元以下，属于小微企业规模运作。从运行的差异性来看，样本合作社在注册资金、社员规模、固定资产规模方面的差异性较为显著。

样本合作社成员结构异质性较为显著，首先表现为合作社的产权集中度较高，绝大多数的产权由少数股东掌握；其次是股东的股份差异也较大，即使是少数掌握股份的股东，其拥有的股份差异也较大；此外合作社的运作大都由合作社的发起人或股东管理。

---

① 具体分析过程见附录二。

3. 合作社与社员的利益联结较为松散

能人/大户领办是样本合作社组建的最主要模式，产品销售是合作社与社员间最主要的合作方式，这表明合作社与社员间的利益联结大多以销售过程的利益联结为主，而样本合作社以按股份分配收益的利益分配方式表明其与社员更多是一种销售买断型的合作，利益联结较为松散。合作社的主要收益主要由少数入股的社员分享，普通社员主要获取了进入市场的权利和销售渠道，并没有享受到农业生产组织化程度提高带来的市场竞争力增强、规模经济的收益。

4. 声誉对合作社的发展影响较为重要

调研数据表明，大多数样本合作社的理事长拥有相对普通社员较高的学历背景，且具有各类享有一定社会认可的身份，如技术人员、基层组织干部、党员、劳模、人大代表、政协委员等，根据我们在调查访谈中的了解，理事长的能力和声誉对作为小微型企业的农民合作社的发展发挥了较为重要的作用。同时，根据对调研资料的分析，能够获得政府相关部门扶持和评优的合作社大都较为注重经济效益的实现，以及对当地的社会口碑。

三、农民合作社信用合作指标体系构建[①]

本部分尝试设计评估农民合作社信用合作评级指标体系，在五省调研样本数据的基础上，探讨农民合作社信用合作评级指标体系的量化，为评估农民合作社开展内部信用合作提供一定的借鉴与参考。在具体研究上，本书拟运用结构方程模型中二阶因子分析的实证方法[②]，通过 Amos 17.0 软件构建"信用合作评级"指标的量化方程，最终实现农民合作社信用合作评级的量化。

（一）信用合作评级指标体系构建及描述性统计分析

1. 指标体系构建

在前文分析的基础上，本书按组织特征、利益联结与社会影响力三类指标构成合作社信用合作评级指标体系（见表6-1）。

---

① 合作社信用合作评级指标体系构建见附录三。
② 信用合作评级估值方法见附录四。

表 6 - 1　　　　　　　农民合作社信用合作评级指标体系设计

一级指标	二级指标	指标代码	价值评判标准
组织特征	成立时间（年）	X_{11}	$1=(0, 2]$；$2=(2, 5]$；$3=(5, 10]$；$4=(10, 15]$；$5=(15, 20]$；$6=(20, \infty)$
	社员人数（人）	X_{12}	$1=(0, 10]$；$2=[11, 50]$；$3=[51, 100]$；$4=[101, 200]$；$5=[201, 500]$；$6=[501, \infty)$
	固定资产（万元）	X_{13}	$1=[0, 50]$；$2=(50, 100]$；$3=(100, 300]$；$4=(300, 500]$；$5=(500, \infty)$
	营业收入（万元）	X_{14}	$1=(0, 20]$；$2=(20, 100]$；$3=(100, 500]$；$4=(500, 1000]$；$5=(1000, \infty)$
利益联结	二次返利	X_{21}	$0=$否；$1=$是
	金融支持	X_{22}	$0=$否；$1=$是
	共同销售	X_{23}	0；$1=(0, 50\%)$；$2=[50\%, 100\%)$；$3=100\%$
社会影响	受过扶持	X_{31}	$0=$无；$1=$有
	示范社	X_{32}	$0=$非示范社；$1=$县级；$2=$市级；$3=$省级；$4=$国家级
	理事长声誉	X_{33}	采用累加制，$0=$无；$1=$党员；$2=$劳动模范/人大代表/其他；县级以上荣誉称号逐次加1分
	理事长学历	X_{34}	$1=$小学以下；$2=$初中；$3=$高中/中专；$4=$大专；$5=$本科及以上
	合作社/理事长获得过贷款	X_{35}	$0=$未获得；$1=$获得过
	农村金融深化度	X_{36}	$1=$黑龙江；$2=$安徽；$3=$四川；$4=$山东；$5=$浙江

注：1. 所有数据以 2013 年年底为统计口径。

2. 政府及相关部门给予合作社的扶持形式是多样的，难以在不同形式间进行比较，本书中，仅以受到过扶持和未受过扶持作为区分。

3. 农村金融深化度 $=\dfrac{2013\text{年末各省份涉农贷款余额}}{2013\text{年各省份农业 GDP}}$，对各省份农村金融深度数值进行排序而得。

2. 描述性统计分析

本书运用 SPSS 20.0 软件对样本观察变量进行描述性统计分析（见表 6-2）。

表 6 - 2　　　　　　　信用合作评级模型观测变量的描述性统计分析

观测变量	均值	标准差	最小值	最大值	偏度	峰度
成立时间	2.79	1.175	1	6	0.863	0.636
社员人数	3.48	1.472	1	6	- 0.111	- 0.960
固定资产	0.29	0.458	0	1	0.915	- 1.188
营业收入	2.55	1.521	1	5	0.343	- 1.398
二次返利	0.29	0.458	0	1	0.915	- 1.188
金融支持	0.45	0.500	0	1	0.193	- 2.005
共同销售	1.94	1.090	0	3	- 0.628	- 0.923
受过扶持	3.42	1.357	1	5	- 0.703	- 0.734
示范社	1.62	1.377	0	4	0.116	- 1.338
理事长声誉	3.42	1.357	1	5	- 0.703	- 0.734
理事长学历	3.13	0.992	1	5	0.075	- 0.314
合作社/理事长获得过融资	0.52	0.502	0	1	- 0.064	- 2.039
农村金融深化度	3.42	1.357	1	5	- 0.703	- 0.734

从结果来看，13 个观察变量的均值来看，样本数据没有处于最小和最大的极端状况。从标准差来看，所有观察变量标准差没有存在较大差异。从偏度来看，所有观察变量的绝对值都小于 1，不属于大于 3 的极端偏态。从峰度来看，11 个观察变量（成立时间、社员人数、固定资产、营业收入、二次返利、共同销售、受过扶持、示范社、理事长声誉、理事长学历、农村金融深化度）的绝对值均小于 2；2 个观察变量（金融支持、合作社/理事长获得过融资）的绝对值分别为 2.005、2.039，但均小于 10，这表明所有观察变量都没有出现严重非正态，可以采用最大似然法拟合结构方程。

（二）信用合作评级模型的研究假设及样本可靠性检验

1. 研究假设

根据以上分析，本书进行如下假设：

假设 1：信用合作评级可以通过组织特征、利益联结、社会影响来测量，这三个潜变量与信用合作评级成正比。

假设 2：组织特征可以由成立时间、社员人数、固定资产、营业收入来测量，并且这四个观察变量与组织特征值成正比。

假设3：利益联结可以由二次返利、金融支持、共同销售来测量，并且这三个观察变量与利益联结度成正比。

假设4：社会影响可以由合作社受过扶持、示范社、理事长学历、理事长声誉、合作社/理事长获得过融资、地区农村金融深化度来测量，并且前五个观察变量与合作社社会影响力成正比。地区农村金融深化度与合作社社会影响力成反比[①]。

2. 样本可靠性检验[②]

运用 SPSS 软件，采用克龙巴赫 α 系数（Cronbach's alpha）对潜变量（信用合作评级、组织特征、利益联结、社会影响力）进行信度检验，其中信用合作评级信度和组织特征的信度接近 0.6，信度是可接受的，表明从总体上来说，该影响力指标体系是可靠的。

（三）信用合作评级的估值实证

1. 验证性因子分析[③]

验证应因子分析是量化信用合作评级估值的基础，其主要目的是为了探讨农民合作社信用合作评级指标体系中的各分指标是否具有更高阶的共同因素存在。只有分指标之间存在更高阶的共同因素，才能够表明构建的信用合作评级指标是适合的。

验证性因子分析的结论表明：

（1）模型整体适配度较好。

（2）组织特征、利益联结、社会影响之间存在中高度相关。

（3）所有路径系数通过显著性检验。

因此，验证性因子分析得出的结论是：可以进行二阶因子建模。

2. 信用合作评级的估值

在验证性因子分析的基础上，本部分构建二阶因子模型，二阶因子即为

---

① 一般来说，地区农村金融深化度越深的地区，其经济和金融发展水平越高，金融市场细分越细、金融机构定位越准确，因而当地农民个人获得正规贷款相对更加容易些，农民合作社产生的影响力就相对小一些。

② 农村合作社可靠性检验见附录五。

③ 验证性因子分析内容见附录六。

信用合作评级，一阶因子包括组织特征、利益联结、社会影响。下文分别论述估值过程。

（1）理论模型。

二阶因子分析模型（见图6-1）包括4个结构变量，分别为合作社组织特征、利益联结、社会影响、信用合作评级。变量之间的单向箭头表示决定因素的构成，即潜变量"组织特征"由观察变量"成立时间""社员人数""固定资产""营业收入"构成；潜变量"利益联结"由观察变量"二次返利""金融支持""销售比例"构成；潜变量"社会影响"由"受过扶持""示范社""理事长声誉""理事长学历""合作社/理事长获得过融资""农村金融深化度"构成。最终，二阶因子潜变量"信用合作评级"为待估计值，由一阶潜变量"组织特征""利益联结""社会影响"构成。

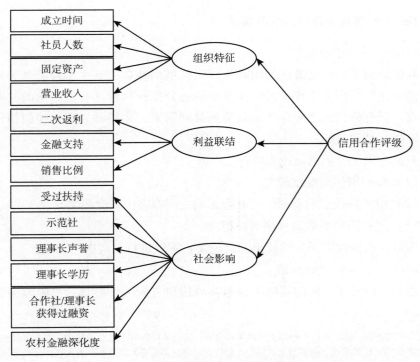

图6-1　信用合作评级理论模型

（2）信用合作评级模型的适配性检验。

表 6-3 是农民合作社信用合作评级模型的适配性检验结果。比较模型拟合指标值和可接受值，就绝对拟合指数来说，χ^2/df、RMSEA、AGFI 都在可接受值的范围之内，说明样本数据与信用合作评级模型拟合度较好；就模型的增值拟合指数来说，NFI、CFI 达到了标准要求值，进一步说明信用合作评级理论模型有较高的拟合程度。总之，信用合作评级模型较好拟合了课题组田野调查所获得的数据，本模型构建合理。

表 6-3　　农民合作社信用合作评级模型整体适配度的检验结果

评价项目	实际 SEM 拟合值	结果
χ^2/df 是否小于 2	1.59	是
RMSEA 值是否小于 0.08	0.079	是
AGFI 值是否大于 0.9	1.0	是
NFI 值是否大于 0.9	0.959	是
RFI 值是否大于 0.9	0.930	是
IFI 值是否大于 0.9	0.984	是
CFI 值是否大于 0.9	0.984	是

（3）信用合作评级模型的拟合结果。

信用合作评级模型参数估计值的 $C.R.$ 值对应的 P 值均在合理范围，表明可以采用潜变量之间的回归系数来验证前文提出的假设，标准化路径系数的大小能够反映影响程度的大小，信用合作评级模型各个潜变量间的回归结果及测量模型结果见表 6-4。

表 6-4　　信用合作评级模型的回归结果

模型	路径	系数估计值	$C.R.$ 值	P 值	标准化系数
结构模型	组织特征←信用合作评级	1.000	—	—	0.920
	利益联结←信用合作评级	0.196	7.444	0.000	0.916
	社会影响力←信用合作评级	0.190	2.785	0.005	0.949

模型	路径	系数估计值	C. R. 值	P 值	标准化系数
测量模型	成立时间←组织特征	0.423	6.088	0.000	0.540
	社员人数←组织特征	0.618	7.068	0.000	0.554
	固定资产←组织特征	0.601	7.450	0.000	0.523
	营业收入←组织特征	1.000	—	—	0.870
	二次返利←利益联结	0.586	3.407	0.000	0.353
	金融支持←利益联结	1.000	—	—	0.542
	共同销售←利益联结	1.607	3.905	0.000	0.422
	受过扶持←社会影响	0.776	3.296	0.000	0.435
	示范社←社会影响	5.060	2.931	0.003	0.955
	理事长声誉←社会影响	3.118	2.834	0.005	0.463
	理事长学历←社会影响	1.000	—	—	0.249
	合作社/理事长获得过融资←社会影响	0.665	2.711	0.007	0.331
	农村金融深化度←社会影响	−1.178	−2.003	0.045	−0.214

注：C. R. 值相当于 t 统计量。如果 C. R. 值的绝对值大于 1.96，则系数估计值通过显著性水平为 5% 的检验，如果 C. R. 值的绝对值大于 2.58. 则系数估计值通过显著性水平为 1% 的检验。

①组织特征、利益联结、社会影响与信用合作评级存在正相关关系，验证了假设1。

②成立时间、社员人数、固定资产、营业收入与增信影响力的关系为正，验证了假设2。

③二次返利、金融支持、共同销售与利益联结的关系为正，验证了假设3。

④受过扶持、示范社、理事长学历、理事长声誉、合作社/理事长获得过融资与社会影响的关系为正，农村金融深化度与社会影响的关系为负，验证了假设4。

（四）信用合作评级的估值方程及量化

根据信用合作评级模型标准化系数，得测量方程模型：

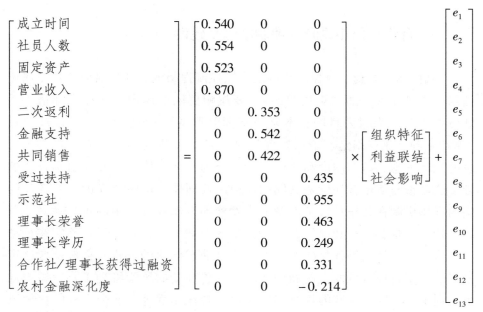

$$\begin{bmatrix} 成立时间 \\ 社员人数 \\ 固定资产 \\ 营业收入 \\ 二次返利 \\ 金融支持 \\ 共同销售 \\ 受过扶持 \\ 示范社 \\ 理事长荣誉 \\ 理事长学历 \\ 合作社/理事长获得过融资 \\ 农村金融深化度 \end{bmatrix} = \begin{bmatrix} 0.540 & 0 & 0 \\ 0.554 & 0 & 0 \\ 0.523 & 0 & 0 \\ 0.870 & 0 & 0 \\ 0 & 0.353 & 0 \\ 0 & 0.542 & 0 \\ 0 & 0.422 & 0 \\ 0 & 0 & 0.435 \\ 0 & 0 & 0.955 \\ 0 & 0 & 0.463 \\ 0 & 0 & 0.249 \\ 0 & 0 & 0.331 \\ 0 & 0 & -0.214 \end{bmatrix} \times \begin{bmatrix} 组织特征 \\ 利益联结 \\ 社会影响 \end{bmatrix} + \begin{bmatrix} e_1 \\ e_2 \\ e_3 \\ e_4 \\ e_5 \\ e_6 \\ e_7 \\ e_8 \\ e_9 \\ e_{10} \\ e_{11} \\ e_{12} \\ e_{13} \end{bmatrix}$$

结构方程模型：

信用合作评级 $= 0.920 \times$ 组织特征 $+ 0.916 \times$ 利益联结 $+ 0.949 \times$ 社会影响

根据标准化路径系数，计算出各样本合作社信用合作评级指标数值（数据见附录二）。

第四节 基层合作社的风险管理

由于合作社借款人的信用风险，与合作社及社员的经营风险相关密切，与经济风险和自然风险同步，合作社的内部风险管理是信用风险管理与一般信用中介不同。根据本书调研观察和文献研究，我们认为基层合作社信用风险管理体制应由：建章立制、培训教育、流程制定、信贷决策评估辅导、借贷项目管理和风险损失处置五大环节构成。

信用风险管理的五大环节可分三大组成部分：一是事前的"上层建筑"构建环节；二是事中的信贷项目准入环节和借贷后项目管理环节；三是事后风险显现处置环节。

一、合作社信用风险管理制度体系建设

"风控建章立制、风控组织构建、风控流程制定、社员培训教育"属于信用合作风险管理的"上层建筑"。要旗帜鲜明的体现合作社内部信用的性质："不以营利为目的、不是救济而是服务"的内涵，即合作社通过"建章立制、流程制定、培训教育"将"3C"要素与信用风险管理必不可少的诚信理念、诚信制度和守信行为融合为一体，使全体参与信用合作的社员认可参与信用合作就是共同构建信用共同体，认同"互助、共济"的信用合作机制在合作社社员经济能力发展和合作社发展中的重要意义。形成"应知、应会、应遵循"的规则，要挂在墙上、记在心里、落实在行动上。这一环节特别是社员的培训学习应是动态优化的过程，合作社应该定期针对信用合作过程发生的新问题、新现象和新的风险管理工具，组织社员培训学习，优化既有的规章制度和信用合作流程等，使合作社的信用风险防控能力不断提高。

具体的制度主要包括以下内容：

一是风险管理组织机构职责。组织机构由理事会、信贷风险管理委员会和信用业务部三层组成。理事会是风险管理领导层，负责制订和审议合作社的风险管理规范措施，并监督规范措施的实施；负责制订和审议合作社的信贷政策和信贷条件，并监督实施；负责审议控制额度的信贷项目，审批因系统性风险导致的信贷项目展期及呆坏账核销等重大事项。信贷风险管理委员会负责审批规定额度的信贷项目；受理信用业务部上报的应由理事会授信额度的信贷项目申请；负责监督和指导信用业务部门开展日常业务。信用业务部负责受理、审查与调查社员提出的贷款项目申请；负责为拟立项项目提供辅导、咨询服务；贷款发放后负责贷后管理和各种支持服务；负责撰写贷款结项后的项目总结报告；负责对拟展期的项目进行审查等。

二是具体规章细则。具体规章细则由参与信用合作的准入条件、信贷项目的准入条件、贷款流程、单一社员单笔贷款及累计贷款额度的规定、违约惩罚规定；资本充足率规定、不良资产占比暂停贷款规定、风险损失准备金提取规定、贷款展期规定、资金托管及现金管理规定等构成。

　　三是其他支持性制度。社员退出信用合作的规定、信用合作信息披露与被告规定、贷款保险制度等。

二、信用风险管理制度的实施

　　信贷项目准入环节在一般金融中介那里属于事前的风险管理，是金融中介搜寻潜在的合格借款人的过程。而合作社的信用合作全部是"内部人交易"和"关联交易"，基于前文分析，借款人风险与合作社风险具有非独立性特点。所以在信贷项目准入环节，合作社实际上是要参与借款人的信贷项目选择和决策。

　　第一步，帮助借款人正确选择借款用途所涉及的项目。如果项目是合作社正在进行的项目，比如，合作社应市场订单需要扩大产出规模的项目，可被认为是低风险项目。若是合作社社员自己开发的项目，则合作社信贷管理人员要尽可能与借款人一起分析项目技术上的可行性、财务上的可行性、可能面临的风险及其风险控制预案。这一过程既是信贷准入过程，又是信贷项目风险识别与控制的过程。

　　第二步，确定借贷额度和在借项目管理。在合作社制度约定的最大借款额度之内和相应的担保措施落实的条件下，量化评估借款人可能承受的风险损失，确定适度的借款额度，并为借款人制订风险损失预案。在此过程中帮助借款人建立最佳杠杆率的观念。贷款发放后，合作社要主动对借款项目跟进检查和动态风险评估，以便及时发现可能的风险情况，并适时采取补救措施。在这个过程中，合作社要本着"以社员发展为中心"的管理理念，通过"嵌入式"专业指导，充分发挥借款人的积极性、主动性、创造性进行风险管理。合作社信用管理部门要为每一个结项的贷款项目进行项目"复盘"总结。要总结经验，分析不足。典型经验要在合作社内交流分享。

　　若出现不能如期还款的项目，风险管理就进入第三环节，即事后的风险资产处置环节。在传统的银行风险管理规则中，不能按期还款的项目都属于不良资产，并按照违约的时间长度将其划分为："逾期、呆滞、呆账"三类。这一不良资产类型的划分原则的默认前提是，无论是什么原因不能执行事前签订的贷款合同的资产就是不良资产，借款人就"涉嫌"失信。随着市场化程度加深和金融交易中不确定加大，最新的银行不良资产评价标准，倾向于根据借款人的真实还款能力，而不是将贷款还款时间作为唯一的判断标准。在新标准下，借贷资产在合同未到期时可能被判定为不良资产，也可能将贷款合同到期借款人仍未还款的资产不列入不良资产。尽管这种评判带有主观色彩，仍然被巴塞尔国际银行资本协议所推崇。在以"内部交易"和"关联交易"为特点的合作社信贷资产"不良"与否的判断标准中，在不存在道德风险的前提下，一定不能以合同约定的时间为"唯一的"标准。所以当贷款合同到期，借款人未能履约还款，信用风险管理部门经过授权，要针对具体原因进行分析。由于借款人不能如约还款的可能的原因有：第一，借款人产出丰收，只是因为产品销售时间不当，价格缺乏竞争力①，如果当时销售可能大幅度降低销售收入；第二，因为借款人生产技术问题，使借款人未达到预期的产出产量，产品销售收入低于借款额；第三，由于自然灾害原因，使借款人未达到预期的产出产量，产品销售收入低于借款额；第四，借款人的产品出现供大于求的系统性市场风险。

如果是第一种情况，则不应将信贷资产界定为不良。对于第二种情况，信用合作风险管理部门要帮助借款人总结经验。找出问题所在②，要求借款人采取有效措施偿还借款，并可根据合同规定执行担保条款。第三和第四种情况对于农民专业合作社来说属于系统性风险，合作社的风险管控体系中应该有针对系统性风险管理的具体措施。此外，风险管理部门可根据程序和规定，对此类贷款合同进行展期。对第三类和第四类情况的处理方式不仅不会导致合作社内部"信用纪律"涣散，而且对打造"信用共同体"有着非常重要的积极作用，这是合作社内部信用合作的天然优势。

三、支持性基础设施设计

1. 设立风险损失金或呆账准备金制度

合作社要设立信用风险损失准备金制度或呆账准备金制度。通过社员大

---

① 农业种植产品在收获季节往往价格最低，而延期销售会获得很高的销售价格。养殖也有最佳的销售时间"窗口"。

② 这一问题解决的最佳方式在贷后的管理服务中。

会确定准备金提取的方法和比例、准备金的使用标准与流程，并设立专门账户专户存储。以平滑由于自然灾害因素等带来的损失，维持信用合作的正常运营。

2. 确立借款人参加保险制度

在贷款准入条件中确立：借款人必须参加人身意外伤害保险，保险第一受益人是合作社。同时，积极创造条件，与保险公司开发小额信贷保险、巨灾保险等保险产品，利用保险工具管理自然风险、分散市场风险。

3. 建立合作社社际资金调剂制度和风险损失准备基金

在联合社条件下，涉及资金调剂可防范流动性风险；联合社风险损失准备基金可大幅度提高抗信用风险能力。

4. 建立由财政资金支持的风险损失基金

依据风险准备金来源性质，将上述风险损失准备基金的使用条件、流程、比例额度进行合理设计，使其成为维护信用合作系统稳健运行的安全网。

第五节　联合社对基层社的风险管控

在合作金融发达的国家和地区，在法律体制支持下，已经形成健全而较为有效上下联动的风险监管体系，联合社对基层社有现场监管和非现场监管机制、审计监督机制、存款保险、信用保证基金及其与政府相关部门的协同风险监控体制。在我国台湾地区，除了有上述机制外，还独具特色的设立了信贷风险防控"辅导"体制。中国大陆由于专业合作社联合社正处于起步发展阶段，不能照搬但应该借鉴上述国家和地区经验和教训，构建符合当前国情的联合社与基层社上下联动的风险管理机制。因此，构建联合社信用风险防控监管体系可以分为近期规划和中远期规划。

一、近期：形成分工合作的县级联合社风险管控协同体系

由于县级联合社拥有的相关资源优于基层社，因此，联合社在信用风险管理制度体系建设、流程制定、风险识别与度量指标确定、信用合作准入和

专业辅导等基础设施建设方面承担主导责任。由于在产权结构上，基层社持有上级联合社的股权，并且都是相对独立的法人机构，因此，联合社与基层社不是上下级关系，相应的联合社对基层社的风险管理和金融监督要通过制度体系来实现。

县联合社应就信用风险管理制度体系、内控流程、风险识别与度量指标确定、信用合作准入条件、风险管理部门设置、权责界定等，在县政府有关部门（如金融办）指导下提出方案，交联合社社员大会充分讨论、通过方可实施。

在信用风险管理部门中，风险监督审查部承担主要职责。其主要职责有：①审核本联合社内专业合作社开展内部信用合作部的设立申请，指导、帮助内部信用合作部筹建和开业。②审核社内信用合作部股权变更、停业整顿、撤销、关闭等方案。③考核与评价社内信用合作资产质量指标和风险控制指标的执行情况，评价内部信用合作的经营状况与风险管理效果。④现场检查社内信用合作部风控流程的执行。⑤督促和指导制订和修正风险防范、控制与化解方案；对不能有效控制和化解经营风险的社内信用合作部，及时提出处置意见（见图 6 – 2）。

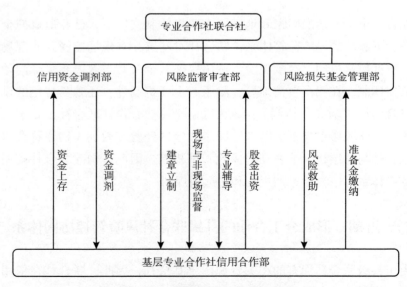

图 6 – 2   县级联合社风险管控协同体系

信用资金调剂部负责在日常资金调剂业务中监督基层社的风险状况，重点是对信用风险的预警管理。同时，信用资金调剂部应定期对基层社的专业管理人员进行辅导，或应邀就具体信贷项目提供辅导和咨询服务。

初期，联合社是否设立风险损失基金管理部是可以选择的。因为，如果没有政府资金支持和外部捐助，只有当联合社的信用规模较大时，才有条件设立该部门。若是有条件设立该部门，联合社社员大会要就风险损失准备金的缴纳比例、使用审批程序、对象、条件等作出具体规定。风险损失基金管理部在风险管理中主要承担以下主要责任：①对基层社的合规经营与风险管理绩效进行评估；②定期对基层社进行内部稽核；③受理使用风险损失准备金的申请和初步审核；④负责对使用风险损失准备金的项目或基层社跟踪检查。

二、远期：构建"塔式"信用合作风险监管体系

从合作金融发达国家的实践分析，"塔式"结构的兴起是内生性的制度变迁使然，源于基层社的信用结构和交易规模约束。单体合作社不可能大规模扩大自己的"合作金融社区"，但资金跨期配置的安全性、流动性、收益性与资金融通的时间跨度、数量及其空间规模正相关。"塔式"体系正是通过组织制度创新突破了单体合作社在时间、数量和空间的约束，在实现合作金融交易规模扩大的条件下，有效地控制了信用风险。在国家法律制度和财政、税收制度支持下，这种扩展可以直至整个国家范围。

| 第七章 |
农民专业合作社信用合作
公共政策支持

公共政策是公共权力机关在以大局统筹为出发点，为解决特定社会问题以及调整相关利益关系经由政治过程所选择、制定和采取的政治行动，是与法令、措施、办法、政府规划、规定等密切关联的综合政治行为。从本质的意义上看，政府是将公共政策作为一种工具来调整社会公共利益的。在这个角度上，整个公共政策过程就是一个公共利益分配过程。本章讨论的农民专业合作社信用合作公共政策问题，循着公共政策需求、公共政策过程、主要国家经验借鉴和政策建议的逻辑展开。

第一节　农民专业合作社信用合作
公共政策需求分析

一、基于政策目标的政策需求分析

研究公共政策支持农民专业合作社信用合作问题，首先要明确农民专业合作社信用合作在未来农村金融体系中的定位，其在农村金融体系中的定位是处于补充地位？还是"新的增长极"？经过长达30多年的金融体制改革，目前已经形成了以农业银行、农业开发银行、农村商业银行（及农村合作银行、农村信用社)、村镇银行为主角,层次分明、系统庞大、实力雄厚的、市场占有率高的农村金融体系。农民专业合作社信用合作应该属于多层次农村金融体系中的增量部分。增量部分的份额有多大,有两个分析视角:一是静态视角,二是动态视角。即静态要看现有农村金融供给与潜在的金融需求"缺口",以及潜在金融需求的"缺口"能否在农民专业合作社信用合作中被激活成为"有效需求"。按照中国人民银行和中国银监会的统计数据,2014 年底农户贷款余额 5.4 万亿元,占全部贷款余额 6.4%。根据许多学者调研估算,农户有 1/3 没有资金需求,而有需求的被满足比重在 2/3。若假设有需求即为最大需求缺口,2014 年这个额度是 2.7 万亿元。如果取 2/3 额度为农民专业合作社信用合作的有效需求,则额度为 1.8 万亿元。考虑到 2015 年底全部农村金融机构(包括 665 家开业的农村商业银行、89 家农村合作银行、1596 家农村信用社和 1153 村镇银行以及农村贷款公司和农村资金互助社等其他新型金融机构)的资产规模是 22.1165 万亿元[1]。从这个视角看,静态缺口份额规模是比较大的。动态视角考察即是从农民专业合作社发展未来在农业产业现代化中的份额,及其对应资金信贷交易供求规模,这一规模可以预见的是非常可观。参照发达国家合作经济与合作金融的互相促进发展的轨迹看,如果农民专业合作社信用合作能够顺利发展起来,可以预测其会成为农村金融体系中不可忽视的组成部分。

《中共中央关于制定国民经济和社会发展第十三个五年计划的建议》(简称《建议》)在关于金融发展规划内容提出:"加快金融体制改革,提高金融服务实体经济效率。健全商业性金融、开发性金融、政策性金融、合作性金融分工合理、相互补充的金融机构体系。构建多层次、广覆盖、有差异的银行机构体系,扩大民间资本进入银行业,发展普惠金融,着力加强对中小微企业、农村特别是贫困地区金融服务"。这不仅明确指出了农村金融改革阶段性目标(即:第一,建立多层次、广覆盖、分工合理、互相补充的金融机构体系;第二,大力发展服务于农业、农村、农民特别是贫困地区普惠金融,提高金融服务实体经济的效率),并蕴含着大力发展合作金融的目标。理由是,在新一轮农

---

① 数据均来自中国人民银行和原中国银监会网站。

村金融体系改革的过程中，农村信用社已经逐步脱下"合作金融"外衣①，2007 年以来登上农村金融舞台的专业农村资金互助社，作为新型农村金融机构在当前农村金融体系中，几乎只有象征意义。而在市场推动下发展起来的、并没有"合法"身份农民专业合作社信用合作却呈现出生机气象。本着支持创新、包容发展、守住不发生区域性金融危机"底线"的理念，近几年国家对农民专业合作社信用合作，即"兼业合作金融"给予了一定的支持与鼓励。考虑这一背景，在解读《建议》提出的"健全商业性金融、开发性金融、政策性金融、合作性金融分工合理、相互补充的金融机构体系"的政策内涵，可以相信农民专业合作社信用合作在政策的大力支持下，其潜在的需求被激活，并将在促进农民合作社生产经营发展中发挥积极作用。而合作社生产经营的发展又将进一步对合作社信用合作发展产生良性激励。农民合作社信用合作将是农村金融体系发展的"新的增长极"，将与其他金融机构一道在农村金融市场中发挥着不可替代的作用。据此农民专业合作社信用合作政策支持目标，应该定位于积极鼓励、支持发展农民专业合作社信用合作上。

二、基于公共政策价值导向的政策需求分析

从逻辑起点出发，在回答政府支持农民专业合作社的价值理念与导向问题之前，首先要回答的是，政府为什么要支持农民专业合作社？再回答政府为什么要支持农民专业合作社的信用合作？通过对既有研究成果的检索，可以看出学界依据公共产品理论、新制度经济学、信息经济学理论对前一问题研究是基本达成共识的。这就是：第一，尽管农业是国民经济的基础，但受制于人与自然的能量交换规律制约，农业具有明显的弱质性，面临着比其他产业更高的自然风险和市场风险，借鉴农业发达国家的经验，政府必须对农业实施扶持政策。第二，农民是具有弱势的、人数众多的群体。其弱势源于所在产业的弱质性、生产要素禀赋短缺（"人地紧张"和知识存量低下），以及小生产者的市场弱势等。在"共同奔小康"的国家社会发展战略背景下，农民只有得到公共政策支

---

① 在人民公社政企合一的组织体系建立后，农村信用社就走上与合作金融渐行渐远的演化进程中，由于制度变迁的路径依赖规律，农村信用社已经不可能回归"合作金融"，新一轮改革为农信社制定的改革发展方向是"商业性社区银行"。

持才可能成长为平等的市场主体和社会公民主体。第三，农民合作社是现代农业经营组织，有助于提高农业集约化、经营化和社会化，扶持合作社可以促进农业发展、提高农民收入，并且具有公共政策意义上的导向性：推动农业的集约化、组织化、专业化和社会化。第四，用产业组织发展的尺度度量，农民专业合作组织仍然是弱小的农业生产者，按照库克构建的合作社的五阶段生命周期理论①，胡伟斌、黄祖辉、梁巧②（2015）认为，我国的合作社组织大多处于第二阶段，即组织设计阶段。现阶段市场缺乏合作社企业家，这一阶段合作社若缺乏政府扶持，很难面对激烈的市场竞争。第五，只有在公共政策的支持下，合作社组织才可以起弥补组织效率不足的作用，更好地维护社会公平。

这一方面公共政策的价值理念是匡正市场失灵，提高农民专业合作社市场竞争能力和抗风险能力。价值导向是引导合作社发展壮大，在农业现代化发展中更好地发挥农业集约化、组织化、专业化和社会化的功能作用。

关于如何支持农民专业合作社发展，学界存在分歧，但在"政府引导，市场运作"这一原则上是有一致的认识的。

对于"政府为什么要支持农民专业合作社的信用合作"这一问题，除上述理由之外，学界根据金融发展理论、金融结构理论，从解构农村金融市场存在的金融抑制、农村资金流出与三农"贷款难、贷款贵"并存、正规金融市场"供求错配"、民间金融生态环境不良、农村金融供求"低水平均衡"等现象入手，对金融支持政策的需求进行了比较充分的讨论。近年来有许多学者（何广文、苑鹏、任大鹏、徐旭初、薛桂霞、赵铁桥等）从发展现代农业，提高国家粮食安全、提升农产品质量、强化农业科技创新驱动，到推进新农村建设、统筹城乡发展等方面讨论农村金融创新与农村合作金融支持问题。此外，王曙光（2008）从全要素发展角度讨论了合作社信用合作发展中的政策支持问。

目前国家对农民专业合作社政策支持的价值导向是：积极促进。国家正在通过支持包括农民合作社在内的新型农业经营体系，来加快现代农业发展、推动农业更好更快实现现代化。对农民专业合作社在开展信用合作政策价值

---

① 库克将合作社的生命周期分为"经济合理性、组织设计、成长—繁荣—异质性阶段、识别和自省、选择"等五个阶段。

② 胡伟斌，黄祖辉，梁巧. 合作社生命周期：荷兰案例及其对中国的启示［J］. 农村经济，2015（10）.

导向上是规范发展。2014 年国务院办公厅《关于金融服务"三农"发展的若干意见》明确指出，虽然"近几年我国农村金融取得长足发展"，但"总体上看，农村金融仍是整个金融体系中最为薄弱的环节"。而意见中关于合作金融部分用的措辞是"规范发展农村合作金融""支持农民合作社开展信用合作，积极稳妥组织试点，抓紧制定相关管理办法""在符合条件的农民合作社和供销合作社基础上培育发展农村合作金融组织"等。可以认定政策支持的主基调是"规范"发展。由于缺乏全国统一的法律框架，农民专业合作社信用合作处于"无法"可依状态。在缺乏法律依据的条件下，经营者、指导者、监管者均无法区别和辨识"创新"与"违法"的界限。一旦合作社信用风险管理失当，不仅会影响合作社的信用合作，而且会严重影响合作社实体经济的正常经营。如何在缺乏规范标准中，"规范"农民专业合作社信用合作的健康发展，在实践中是很难操作的。所以，尽管政策价值导向十分明朗，若缺乏具体政策，对规范农民专业合作社发展的支持也难以落在实处。

三、基于公共政策长期效应的政策需求分析

公共政策是政府在以统筹大局为出发点，为解决特定社会问题以及调整相关利益关系而采取的政治行动，是与法令、措施、办法、规定等密切关联的综合的政治行为，其政策供给需要关注相关领域的政策需求。

许多农业高度发达国家的经验表明，农业现代化发展得益于农民合作社的发展，而农民合作社的发展得益于国家的系统性政策支持。在系统性政策体系中技术、市场和金融成为最重要的三大支柱。其中适应合作社发展需求的农村合作金融体系均是在国家财政支持下运行发展的。其主要原因是，在农村金融市场体系中农村金融既是"私人产品"，又具有很强的外部性。农村金融风险源既有源于市场风险、自然灾害风险因素，又有源于债务人经营管理能力低下和债务人机会主义、不道德行为的选择。前者是系统性风险，在没有政府的支持和完善的保险市场①支持条件下，这类风险没有"对冲机制"，农业生产者是此类风险的"终极承担者"。这对于处于国民经济基础环

---

① 实践经验显示，此类保险产品及其市场的形成也需要政府的支持。

节，且弱质的农业是极为不利的，对从事弱质产业生产的弱势农民非常不公平。

而源于债务人经营管理能力低下和债务人机会主义、不道德行为难以甄别，是导致农村广泛存在金融抑制的主要原因。这本质上是由农村金融市场规模狭小，特定的市场信息结构、较高的信息搜寻成本等因素导致的市场失灵。市场失灵使正规金融体系交易处于"低水平均衡"状态。"低水平均衡"意味着处于现代化进程中、需要大量金融支持的农业生产者得不到资金支持。不仅如此，在没有合作金融条件下，农民的闲置资金进入正规金融机构，逻辑上一定是流出农村的，权威的统计数据也支持这一判断。

基于上述原因，发达国家在农业发展中，公共政策在合作社发展中发挥了长期、重大的推动作用。

在中国农业现代化发展战略中，农民专业合作社作为新型农业经营主体，金融是其最主要的需求之一。但由于金融是跨期的资源配置，充满了不确定性。金融可持续发展基于金融的"三性原则"——安全性、收益性和流动性的均衡。在缺失风险对冲机制①和农村金融市场"低水平均衡"的条件下，由公共政策支持满足农民专业合作社对金融的合理需求是符合国家社会经济发展战略大局和国家长远发展利益的。

由于金融产品的市场属性和农村金融市场的失灵存在，公共政策在支持农民专业合作社信用合作发展的同时，要构建金融风险分散与补偿机制、抑制"道德风险"和机会主义，必须构建协同发挥作用的"一揽子"政策组合。通过系统的政策组合，达成以下政策目标：一是实现农民专业合作社信用合作"合法性"，制定合作社信用合作规范；二是支持和引导合作社在有效需求基础上创造有效供给，以破解正规金融体系中存在的"均衡陷阱"；三是支持和引导农民专业合作社信用合作实现有效风险管理；四是积极引导农民专业合作社信用合作，实现实体经济发展与金融经济发展的逻辑自洽。

四、基于生命周期理论视角的政策支持需求

根据库克关于合作社的生命周期理论，合作社的生命周期被分为五个阶

---

① 理论上市场风险可以通过期货交易实现对冲，但由于农民专业合作社的规模较小，缺乏参与期货交易的经济上的合理性。因此，到目前为止，还鲜有合作社参与期货交易的报道。

段，第一阶段为经济合理性阶段。合作社在这阶段处于组织的创设阶段，此阶段要解决设立合作社规模化经营，通过集体行动来增强市场谈判力，实现"买得便宜一点""卖得贵一点""贷款容易一点"等规模经济效率提升。第二阶段为合作社的组织设计。这阶段的合作社制在经营过程中遇到组织治理问题，需要通过建章立制，规范组织性质和治理结构。第三阶段为合作社成长—繁荣—异质性阶段，这阶段合作社通过前两阶段的成长，市场竞争力和影响力不断提高，合作社在某些领域甚至开始占据主导地位，会吸引更多的新成员进入，并且合作社在面对市场交易中能深切感受资本的力量，会吸纳异质性成员[①]加入。规模的扩大和成员异质性程度的增强使合作社内部的治理成本随之提高。第四阶段为合作社的识别和自省阶段。此阶段合作社要逐渐决解因合作社的所有权、决策权和收益权、剩余索取权与控制权、经营决策权发生变化而不断提高的内部治理成本以及由此造成的低效率。第五阶段为选择阶段。这时合作社面对自身和市场环境的变化，面临选择合作社组织未来发展路径的问题。一般的，此阶段的合作社有三种发展方向供选择：一是通过组织再造，优化原有的治理和运营机制和流程，或引入外来理事会成员、聘请职业经理人管理组织等；二是改制转型成为公司制企业；三是退出、清算。

倪细云（2013）研究认为，合作社在不同的生命周期阶段，其组织的经营发展中面临的问题是不同的，但在"资金、人才、土地、市场、技术、管理和其他"等影响因素中，最不稳定的因素是"资金"。陈莎、陈灿（2013）认为，合作社在不同的生命周期中，信任机制不同，初期是"关系信任机制"发挥作用，这阶段合作社难以在外部金融市场获取资金融通。在成长阶段中"制度信任机制"逐步开始发挥作用直至发展到发挥主导作用阶段，合作社向成熟阶段转型。这一阶段合作社的资金来源仍以内部融资为主。随着规模不断扩大，合作社进入成熟阶段，"系统信任机制"在这一阶段起主导作用，当系统信任机制起主导作用时，合作社逐步拥有外部融资能力。制度信任以关系信任为基础，而系统信任又以制度信任为基础。他们的案例解剖表明，当合作社进入系统信任机制阶段时，外部的政策环境对合作社系统信

---

① 异质性成员加入合作社并非"中国特色"，而是国际合作社发展中的普遍现象。

任机制影响巨大，合作社外部融资能力大小仍与政策支持息息相关。

农民专业合作社信用合作所需要的政策支持在不同的生命周期阶段是不同的。从宏观角度观察，目前农民合作社大部分处于生命周期的第一和第二阶段，少部分进入第三阶段。现阶段合作社开展信用合作业务需要公共政策支持、引导和规范，使其实现财务上可持续和风险可控的基本诉求。当规模、效率和市场影响力达到一定程度，信用合作也可能面临着"识别和自省"和进一步发展的"选择"问题。西方国家和我国台湾地区信用合作演化的轨迹都充分展示了这一情景。所以政府对农民专业合作社信用合作的政策支持要涵盖农民专业合作社信用合作的全部生命周期，构建能在全周期里给予合作社信用合作以支持、规范和引导的政策体系。而当前以"摸着石头过河"方式提供的政策支持，会助长"机会主义"行为大行其道。

第二节 美国、日本、德国①三国的主要做法

由于我国新型合作金融体系正处于起步构建阶段，从公共政策演化角度考察发达国家有关合作金融支持政策，对构建由商业金融、政策金融、合作金融组成，实现分工合理、互相配合、运行高效的农村金融体系，有着不可忽视的借鉴价值。

美国农业土地富裕，农业人口较少，其农业经济生产经营组织是以大土地农场为特征，其农业合作金融体系是在美国政府直接干预和参与组建方式形成，并基于信贷期限设置合作金融机构体系。日本农业是以小农户精细生产为基础，合作金融基于农林渔产业分业运营模式，其"塔式"三层级合作金融体系是通过自下而上和自上而下两条路径耦合而成。德国是合作金融的发源地，其自上而下形成的合作金融体系已成为各国学习的标

---

① 德国是世界合作社发祥地，其由国家、地区、基层三级机构组成的"塔式"组织结构体系，及其保障该体系运行的相关法律、行业规范等成型于19世纪中后叶。战后作为社会主义国家的东德，农村合作社仍是农业生产的基本组织模式，后期农村合作社逐步向集体农庄转型，但仍然实施土地私有制。两德合并后，原东德的集体农庄和合作社运行机制实施并轨改革。所以本文考察的"德国"不包含两德分离期间的东德。

杆。本节通过对几种截然不同农业生产组织模式和不同的合作金融发展路径的解构，分析公共政策在其中发挥的重要的组织、引导、维持、保护、监督等作用影响。

一、对美国的演化考察

经过近一个世纪的发展，美国形成了一个层次丰富、体系完备的农业合作金融系统。政府对于农村金融合作社的公共政策工具主要包括立法规范、政策扶持、项目支持，以及提供技术培训服务等。在整个发展进程中，可以清晰看到国家支持如何体现在其相关法律、法规的制定与修正中，公共政策如何及时调整以适应合作金融组织治理、机构体系整合、金融工具及金融市场创新的。这些使合作金融体系在为农业、农民提供有效的金融服务推进农业现代化的同时，顶住多次金融危机的袭击，与商业金融、政策金融并存发展下来，并在农村金融领域保持着比较竞争优势。

（一）美国的合作金融体系

1986 年以前，美国的合作金融体系可以概括为 "3 + 3" 模式，第一个 "3" 是指由中央合作金融机构、地方（区域）合作金融机构和基层合作金融机构构成的三个层级，第二个 "3" 是指合作银行、联邦土地银行、联邦中期信贷银行三大类合作金融机构系统。"地方" 不是以州为单位，而是按照美国联邦储备委员会 12 个货币经济区的区划，分成 12 个农业信贷区，在每个农业信贷区中分别建立相应的联邦土地银行、联邦中期信贷银行和合作社银行，这样，美国的互助合作性质的金融体系就由 12 个联邦土地银行，12 个联邦中期信贷银行和 13 个合作社银行（其中一个是中央合作社银行）组成。

土地银行产生的背景可以概括为两个方面，一是在 19 世纪晚期美国农业出现大规模农业危机，农产品严重过剩，大批中小农场主破产，农业经济进入衰退；二是大规模的农业机械化需要大量资金，而商业银行提供的资金条件——利率和抵押条件苛刻，使得中小农场主难以承受。为了帮助中小农场主解决融资问题，美国政府借鉴欧洲经验，进行政府干预，发起成立联邦土地银行，初创时资本金中政府股金占 80%。当初政策预设的目标是，通过一种交易结构让当时已经存在的农场信贷协会转型为农民合作经济组织，让农户最终拥有信贷协会和联邦土地银行①。这一目标和交易结构体现在 1916 年的《农业贷款法》的规定中："农户向土地银行申请的每一笔贷款都要拿出 5% 的金额，用于购买信贷协会的股票"，"信贷协会再按农户的认购股数向所在区的联邦土地银行购买相等数目的股本"。政府通过上述方式出售股权，逐步将联邦土地银行建立时投入的初始股金连本带息收回，实现退出。这样美国政府就实现了建立属于农户所有的合作制土地银行的政策目标。联邦土地银行既为中小农场主提供了低利率的中长期贷款，又渐进地实现了农场信贷协会和土地银行的合作化。到 1982 年，联邦土地银行在全国共有的 482 家联邦土地协会。

美国的合作社银行最初也是属于联邦政府所有，也是通过借款人购买股票的方式实现了属于借款者所有的合作制。合作社银行向合作社贷款，用于帮助农业合作社实现农产品销售扩大，农产品出口提高，推进农业生产资料供应，开办其他与农业业务有关的活动。贷款分三类：第一类为固定资产贷款，即为合作社购买开展生产所需的土地房屋、设备等提供贷款，期限最长可达 20 年。第二类为经营性贷款，即为借款人购买其所需的生产资料和经营费用而提供的贷款，期限短则几个月，长则一二年。第三类为商品贷款，即为借款人提供因商品销售所需的周转性资金，该贷款多为季节性短期贷款。贷款条件规定，借款合作社要按应付利息的 10%~25% 的比例来认购合作社银行的合作股股票。贷款利率由合作社银行根据贷款类型和期限而定，采取成本浮动的贷款定价方式。中央合作社银行在合作银行体系中，负责办理各农贷区合作社银行之间调剂资金等。同时参与各合作社银行的大额贷款或独家承办跨地区大额贷款。

为了解决土地银行资金融通问题，满足农业中短期信贷需求，1923 年通过的《农业信贷法》规定，土地银行可以通过发行债券筹集资金。《农业信贷法》并规定，在全国 12 个货币区域建立联邦中期信贷银行，每家中期信贷银行股本金由财政部筹集。联邦中期信贷银行不直接给农户贷款，而是通过

---

① 沃伦·李，徐唐龄. 美国的农业信贷系统［J］. 农村金融研究，1987（5）；邵挺. 美国联邦土地银行的演变及启示［J］. 中国发展观察，2015（9）.

主要经营信贷的"批发"业务，和给农业合作社银行、商业银行等信贷机构提供期限为 3 个月到 3 年之间的"贴现"业务满足农户资金需求。中期信贷银行可为当地生产信贷协会放款，也为其他金融机构办理农业贷款票据贴现业务。中期信贷银行在促进农业发展中的作用不可低估。联邦中期信贷银行创建和制度设计，发挥了双重效应：既满足了农场主对中短期信贷资金的需求，又提高了合作社从商业银行获取短期农业贷款的能力。

1929 年的大萧条严重损害了联邦土地银行和联邦中期信贷银行，有一半以上联邦中期信贷银行倒闭。罗斯福政府通过了《紧急农场抵押法》，允许对农场主贷款展期，并降低土地债券融资利率。经历几十年的发展，1971 年修改、颁布的《农场信贷法令》使联邦土地银行的贷款自主性和灵活度极大增强。1980 年颁布的修正案又进一步增加了对新农场主、小型农户的政策支持力度。1987 年出台的《农业信贷法》决定，由联邦政府出资成立农场信贷保险公司。同时法案将合并 12 个地区的联邦土地银行和信贷银行为 12 个农场信贷银行。建立了以联邦农业抵押公司为中介的农地和农房抵押的二级市场，来拓展农场信贷银行的资金来源，盘活庞大的农场贷款存量。截至 2014 年，联邦农业抵押公司净资产达到了 7.82 亿美元。1996 年，联邦农业抵押公司在当年通过的《农场信贷系统改革法》的支持下，获得发行抵押支持证券的权利。因为具有隐性的政府担保，联邦农场信贷系统发行抵押支持证券受到市场普遍欢迎。在 2008 年的金融危机中，美国的合作金融体系表现出较强的抗风险能力。

美国整个农业合作信贷系统均得到政府的税收优惠支持。其中 1971 年发布的农业信贷法中规定，土地银行、中期信贷银行除交纳不动产税以外，其发行的有价证券：票据、债券、信用券等均免税。合作银行也享有一定的税收优惠。

（二）美国的合作金融风险监督与管理体系

在银行业演化中，美国形成了由联邦注册和州注册的"双层银行体系"，包括农业合作金融机构在内的信用社监管也形成了"双层""多头"风险监管体制。农业信贷体系（FCS）由农业信贷管理局（FCA）负责监管。同时，以合作金融机构为服务和监管对象的监管还有行业自律协会、资金融通清算中心和互助保险集团。监管从农业信贷体系（FCS）的准入、经营过程、退出全程形成一整套完备的制度体系和程序规范。

美国农业信贷管理局和每个农业信贷区的农业信用委员会分别对所辖的农业信贷体系进行监督和管理。农业信贷管理局（FCA）根据金融机构的评级系统标准对农业信贷体系机构进行风险分级。至少每18个月对农业信贷体系各机构检查一次，在检查评估中，农业信贷管理局（FCA）既评估农业信贷体系中的每个机构的个体风险和该机构体系本身的风险，还要评估单一机构体系对整个农业信贷体系将产生的影响。此外，农业信贷管理局还会进行持续监督和临时检查，重点监督高风险机构。严格的监管使农业信贷体系全面重视风险管理。如发现某个农业信贷体系机构存在风险，FCA就会立即采取行动予以纠正，从而确保农业信贷体系的安全性。

根据《联邦信用社法》有关条款规定，美国设立了信用社存款保险基金。《联邦信用社法》规定，在联邦注册的合作金融机构强制性参加信用社存款保险基金，在州注册的信用社自愿参加。信用社存款保险基金不仅为合作社的社员提供存款保险还对经营中发生资金困难的信用社提供资助。一般情况下，参加保险的信用社缴纳保险金为存款总额的1%，必要时需要再增加其存款总额的0.08%补充保险金。存款保险基金由第三方会计师事务所审计、联邦政府承担信用保证。存款保险基金享受免税优惠。

1935年美国成立的信用合作保险集团属于商业性的保险公司，主要任务是为信用社及其会员提供贷款保护险、伤残险、忠诚险、财产险和储蓄寿险等各种保险。它专门为信用社提供保险服务，并倡导合作组织以低保费、低利润和互助理念为经营指导，保证信用社在发生各种资金损失时获得补偿。信用合作保险集团成立以来，在补偿信用合作社的风险损失、提供风险保障方面发挥了重要作用，促进了合作金融事业的稳定发展。

此外，为了实现系统的稳健经营，美国农业合作信贷体系制定了严格的利率管理制度。整个系统所有机构的利率都必须按照利率形成规则制定。利率制定主要考虑以下因素：应计入贷款最低的直接费用、风险准备金与费用、占用经济资本的量及服务费用等，并规定利率要确保经营安全。联邦土地银行和中期信贷银行的利率由银行委员会制定，并上报农业信贷管理局批准。利率类型有三种：固定利率、浮动利率（要确定浮动区间）和按照农业、与农业有关的企业、农村住宅的贷款分类方法确定的差别利率。合作社银行的利率由银行董事会制定并经农业信贷管理局批准。

（三）美国农业合作信贷系统演化的特点

1. 注重通过途径进行"顶层设计"，充分彰显公共政策的导向性原则

由于美国的国情使然，长期以来联邦政府和州政府在分享政治、经济权利中一直竞争激烈。在经历过货币政策宏观调控体系发展波折后，美国农业合作信贷系统在发展过程中，始终坚持以"顶层设计"为主要内容的"立法先行"原则，明确公共政策的价值理念。1916 年第一部《农业信贷法案》明确提出"农贷系统的使命是确保为美国农业和农村经济发展，提供持久、安全、稳健和可靠的信贷资金支持及相关金融服务"。《1971 年农业信贷法案》则进行了更为详细和明确的描述："通过为农牧民和涉农企业提供充足、有建设性的信贷支持和相关的金融服务，提高农牧民的收入和福利"。针对由政府资助创建、未来转型为合作性质的农业信贷体系的转型技术路径进行了制度安排。如针对土地银行的法律规定：农户向土地银行申请的每一笔贷款"都要拿出 5% 的金额，用于购买信贷协会的股票"，同时"信贷协会再按农户的认购股数向所在区的联邦土地银行购买相等数目的股本"。后来针对中期信贷银行也做出相类似的法律规定。类似的规定将政府资助农贷系统资金的退出和引导农业信贷机构合作化转型的实现，不机械的与具体时间挂钩。这样安排既确保了农业信贷系统合作化转型的制度安排"不走形"，又使转型与实体经济发展的资金需求、农贷系统发展的稳定节奏巧妙链接，充分体现了"公平与效率"的统一。

2. 高度重视公共利益调整

从美国农业合作信贷的公共政策过程看，是一个共识构建、议程设置、政策制定、政策实施、政策评估与调整的过程。过程关注在不同经济环境下不同的行动者的利益，适时调整公共政策。初建阶段社会达成共识，支持农场主发展经济是符合全社会公共利益的，政府出资创建未来将转让给众多农场主的土地银行，为农场主提供优惠利率的长期贷款。当大萧条发生后，农贷系统面临灭顶之灾，政府通过法律让陷于困境的农场主通过延长贷款时间，渡过难关。当农业合作信贷机构与商业性金融机构有更多关联时，政府实施

建立由政府信用担保的存款保险基金。在合作金融近一百年的发展过程中，从土地银行和中期信贷银行的法案制定、修改，到 1926 年为合作社提供了反托拉斯豁免的条款，再到支持合作金融系统与现代金融市场的对接等，充分体现了美国农业合作信贷的公共政策对公共利益的高度关注。

3. 构建完备的组织体系服务农业合作信贷体系

管理和服务农业合作信贷体系的政府机构是农业信贷管理局，它由联邦农业信贷委员会的主任与办事人员组成。联邦农业信贷委员会由具有充分代表性的人员组成。委员会有 13 名委员，其治理结构仿照美国联邦储备委员会的体系构建。其中 12 名委员分别由各农业信贷地区的合作系统银行与生产信贷协会酝酿提名，经参议院同意并建议美国总统任命。而第 13 位委员则由农业部长选派代表充任。来自 12 个农业信贷地区的委员每人任期 6 年，每年任免 2 人，由各区的土地银行、生产信贷协会和主要向区合作社银行借款的合作社等，分别在两个区各提出一名人选，作为当年新委员会成员候选人。

农业信贷管理局负责监督检查银行与协会业务经营活动，督促国家政策法令在合作信用系统的贯彻执行，并保证和维持该系统的清偿能力。设在华盛顿即哥伦比亚特区的农业信贷委员会办事处和农业信贷管理基金，是联邦农业信贷委员会主任处理日常业务的机构，其基金通过操作系统内银行与协会的股票买卖，对系统提供流动性资金支持，以满足借款者紧急贷款的需要。对于股票买卖后发生的股权变动的银行与协会，农业信贷委员会按相关法律予以适当调控。

二、对日本的演化考察[①]

（一）日本的合作金融体系

最初，日本的农村合作金融组织体系是自下而上自发产生的。后在公共

---

① 徐俊. 各国农村合作金融体制比较研究 [D]. 沈阳：辽宁大学，2015；袁方成，蔡杨. 合作与共赢：20 世纪日本农协发展的观察与启示 [J]. 江南社会学院学报，2009（2）；官爱兰，孙志博. 新农村金融：日本经验与中国的路径选择 [J]. 世界农业，2010（11）；温信祥. 日本农村信用担保体系及启示 [J]. 中国金融，2013（1）.

政策支持下，自上而下地形成独具特色的农村合作金融体系，这个体系几乎覆盖了日本的全部农民家庭，该体系在农业产业现代化进程中发挥了重要的作用。

明治维新以后，日本农业受到资本主义大工业严重冲击，生产者借鉴西方经验组织合作社抗争。日本农村合作金融"赖母子会""报德社"等自发性农民金融组织就是在此背景下出现的。在1900年前，日本已形成了生丝和茶销售、肥料采购、信用等三种合作经济组织雏形，成为近代农业协同组合发展的基础。

1900年，日本实际上开始了通过公共政策构建农业合作经济组织的社会进程。明治政府学习借鉴德国1871年合作社法，制定了《农业产业组合法》，在市、町、村各层次推进农业协同组合的建立。到1915年，日本90%以上的市、町、村都建立了农业产业组合。

而现在日本的农村信用协同组合体系是由成立于"二战"中的农协组织转型而来。当时的日本国家机器一切为侵略战争服务，农协组织也不例外。1947年日本政府颁布《农业协同组合法》，重建农业生产协同合作组织，形成市町村、都道府县和全国三级组织架构。建成了可称为"两重结构、三个产业系统、三个行政层次"的农村金融体系：两重结构是指农村合作金融和农村政策金融；三个产业系统是指农业、渔业和林业系统；三个层次是指在基层的市町村，设立农业协同组合信用部，在中层的道府县设立农渔林信用组合联合会，在全国设立统领性的机构，这个机构既是合作金融机构又是政策金融机构——农林中央金库。其股权结构采取农户入股参加农协、农协入股参加信联、信联入股农林中央金库的模式。三级机构均是独立法人，它们实行独立核算、自主经营、自负盈亏，在这个系统内它们有明确分工和定位，在业务上互相关联、支持与配合，上一级对下一级组织的业务活动负有指导责任。

三个层次的信用合作组织按照合作金融机制建立起协调运行、相互支持的体系。基层农业协同组合，直接与农户发生信贷关系，主要业务是为农户办理存贷款、保险等。并按存款的一定比例向上级信用组合联合会缴纳资金。信用组合联合会作为基层农协与中央金库的桥梁，要将自身业务的剩余资金上缴农林中央金库。根据《农林金库法》的规定，农林中央金库在全国范围内承担着信用协同组织机构之间的资金融通、调剂、划拨和清算。资金主要来源于信用组合联合会的中央金库，其贷款对象是信用组合联合会和涉农大型企业。此外，政府还批准中央金库向社会发行农林债券，吸收资金以满足涉农中长期资金需求。它还有经营外汇业务的权利。1959年之前，农林中央金库因政府出资是个半官方组织，1959年，政府出资退出，农林中央金库成为纯粹的民间金融组织。在"二战"后经济恢复阶段农协系统的合作金融组织为农业发放的贷款份额曾达65%的比重，对农业的恢复和发展做出了非常重要的贡献。

此外，农协系统的存款保险制度、相互帮助制度、农业保险制度也是维护农村合作金融正常运行的配套制度体系。

（二）日本政府对合作金融体系的政策支持

考察日本农业合作信用组织的发展、演化历程，也能看到与美国政府相似的公共政策模式。

第一，建立了较健全的农村合作金融法律体系。日本的合作金融立法，注意保持农协金融法律地位的制稳定性和连续性，有效地发挥了对农业合作金融发展的支持作用。1909年日本通过修订《产业合作社法》，开启了日本劝业银行等机构向信用合作社提供融资的途径。经过几十年的发展和"二战"以后国民经济重建的需要，日本政府在1947年、1948年先后颁布了确定农、林、渔业农协法律地位的《农业协同组合法》。《农业协同组合法》是一项针对农协发展而制定的专门法律。该法律明确规定农协是特别法人，不是普通的经济团体或政治团体。农协拥有法人财产权、自主经营权和民主管理权，其相应的权利不受行政干扰。该法还规定农协是服务协同成员的、不以营利为目的的经营团体，农协各种事业所获收入归农协成员所有。该法详细规定了农村信用协同组织的经营范围、监管事项和权限等，还对农协的成立、管理、解散等各个方面做了详细的规定。这部法律为农协金融体系的稳健运营提供了保证，是日本农协得以发展的最重要的法律。此后，基层、中层信用协同组织按照农、林、渔三个产业归属进行了重组。经历这次重组改革后，三个农业产业合作社遍布日本全国各地。此外，为农协合作金融健康发展制定的法律有《农林中央金库法》《临时利率调整法》《农协财务处理基准令》等。在信用协同发展的过程中，日本政府根据社会发展和外部环境变化，及时修改和完善了《农业协同组合法》《农林中央金库法》等相关法律。

第二，实施综合政策支持和促进农协金融发展。日本政府持续实施的一系列的支持政策主要有：一是政府委托农协金融代理发放收购本农协生产的农副产品的收购贷款和其他政策性贷款，以增加农协金融组织金融服务收入，提高农协金融组织的凝聚力；二是规定基层农协的存款利率可以高于普通银行利率，贷款利率管制程度优于商业性银行；三是给予贷款利息补贴以降低信用协同贷款风险；四是对于信用协同实施优惠税收政策，免征其营业税、所得税和固定资产税；五是允许信用协同将分红计入成本；六是实施宽松的监管政策允许信用协同的资本充足率低于其他商业银行。

第三，建立完备的金融风险防控体系为合作金融体系保驾护航。该体系包括农业信用保证体系和农业保险体系。债务保证和融资保险两级系统共同构成农业信用的保证体系。保证系统参与方是：农业信用基金协会、受托金融机构和借款人。保险系统参与方是农、林、渔业信用基金协会与全国农协保证中心（温信祥，2013）。保证体系中债务保证由农业信用基金协会运作和实施。债务保证的信用基金来源分别来自政府（政府出资占1/3）、借款人缴纳保证金（占4%左右），其余由农业信用基金协会筹集。发生坏账后，经农业信用基金协会审查同意后，由农业信用基金承担代偿责任。融资保险由农、林、渔业信用基金协会的保证保险与融资保险和全国农协保证中心的再保证构成，其资金来源是：农、林、渔业信用基金协会，政府和各个农业信用基金协会。融资保证保险承担因偿债人发生意外导致的违约责任，融资保证保险也对融资机构发放的大额涉农贷款等提供直接贷款保险。再保证中心是以社团法人形式成立的机构，其成员结构是：基金协会、信联、农林中央金库，其主要职责是对基金协会的担保提供再保证。债务保证和融资保险两级双重担保系统，有效分散了系统内的贷款风险，较好地解决了系统内的担保问题。在2002年终止存款保险制度后，日本农协信用协同建立了以农林中央金库负责统一运用和管理的相互援助基金。相互援助基金来源于农协信用协同，农协信用协同按照存款的10%上缴资金，该资金作为专项援助资金，当某个农协金融的经营出现问题时，可通过农林中央金库申请获得一定数量的低息贷款，用于提高协同的短期流动性或清偿力以便渡过难关。

日本是个自然灾害频发国家，农业保险体系是有效管理农业信贷风险的不可或缺的重要部分。1947 年 12 月日本政府合并《家畜保险法》和《农业保险法》，完善了农业保险法律保障体系。根据《农业灾害补偿法》，日本形成了市町村到全国三级农业共济体系。三级体系分工明确、互相衔接与补充，在农业灾害补偿的各个环节发挥了重要的作用。

第四，建立了农村金融双重监管体制。日本合作金融监管实施由金融监管厅（其负责监管所有金融机构和金融市场）和农林水产部门共同监管的双重监管。金融监管厅承担主要监管职能，各级农林水产部门设置金融科对农林中央金库的进行监管，农林水产省在六个大区设置农政局，监管辖区内县信联，都道府县农政部监管辖内农协合作金融部。此外，农林中央金库、农业信用保证体系和农业保险体系、存款保险制度、相互援助制度以及各级农业协同组合的监事会等构成系统内部的风险监管。

三、对德国演化的考察[①]

德国是世界合作金融发祥地，美国、日本两国的合作金融体系构建都直接借鉴了以德国为首的欧洲经验。

（一）德国的合作金融体系

德国农村金融体系以合作金融为主，其他农村金融机构为辅。农村金融体系分工明确：其中，商业银行提供中短期贷款，政策金融为符合农业政策的项目提供长期低息贷款，合作金融提供短期周转性贷款。在整个农业信贷中，合作金融占有 60% 以上的市场份额。

德国的合作银行体系呈"塔形"结构，顶端是德国中央合作银行，中间层是 3 家区域中心合作银行，底层是 250 家地方合作银行（莱夫埃森银行和大众银行）和 2 万多家分支机构。德国中央合作银行本身不经营零售业务，其业务范围是面向合作银行体系内部开展下列业务：①实现系统资金综合平

---

① MBA 智库百科．德国中央银行［EB/OL］. http：//wiki.mbalib.com；周衍平，陈会英，赵瑞莹．对德国农协会的系统考察［J］.中国农村经济，2007（8）.

衡；②与其他银行一起开展联合放款业务；③为系统内银行提供证券服务业务；④为系统内银行提供支付结算业务；⑤为系统内银行的国际业务提供支持。德国合作银行系统的中间层是3家区域中心合作银行。地区中心行的股东是基层行，客户也主要是基层行。中心行主要向基层行提供下列业务：吸收存款准备金和闲置资金、提供贷款、办理转账结算业务，充当基层行与中央金库的中介。根据需要中心行可以为区域内的客户提供支票业务、国际结算、信用证、进出口信贷业务服务。中心行还可以为基层行提供证券业务服务和支持。中心行业务经营可以跨区域。德国合作银行系统的底层是250家地方合作银行（莱夫埃森银行和大众银行）及两万多家分支机构，基层合作银行和分支机构直接面向社员提供金融服务。

德国合作银行系统建立了较完备的存款保险系统，该系统分两个部分：一是联合保证系统，即在中央合作银行和成员行之间建立相互担保协议。二是保证基金系统，由各经营行出资（每年缴纳一定比例费用）建立保证基金。系统内合作银行一旦出现风险问题，可以根据约定获得保证基金提供的有息或无息贷款。

（二）德国政府对合作金融的支持

依据制度经济学理论分析，德国合作社和合作银行发展走的是"内生性"成长路径。在19世纪工业革命时期，合作社被认为是由社会慈善机构帮助小生产者设立互助、自助组织。德国第一个农业合作社是1848年由赖夫艾森创建于莱因州，随后合作社运动在德国兴起。1867年，德国颁布了第一部《合作社法》，规定了强制性审计制度，即合作组织在成立之前必须经由审计协会审计核准，成立之后仍然需要接受该协会的监督和审计，这种严苛的审计制度帮助农业合作组织在早期就特别重视规范、有序发展。随后几十年德国农业合作组织迅速扩大。第二次世界大战使德国合作组织遭遇重创。合作组织在农业发展中的独特作用使德国政府在战后大力支持合作社的恢复和发展。1948年代表着农业合作组织整体政治经济利益的德国赖夫艾森协会（DRV）成立，1972年德国赖夫艾森合作社国家联盟（DGRV）成立，赖夫艾森合作社国家联盟是联结农业生产、手工业生产和合作信贷3类合作组织的最高机构，自此德国农业合作组织走上了规范化、现代化发展之路。目前，几乎所有的德国农民都是一个或多个农业合作社成员。

农业协会组织是德国在工业化发展阶段形成的多元化、多层次的产业合作组织。既有公法协会又有私法协会，既有区域性协会又有专业性协会，既有县乡基层协会又有联邦层次国家协会。农业协会的发展使德国农业成为一个高度组织化的产业。特定的社会背景形成了有德国特色的政府与合作社的关系。首先，德国政府是德国合作金融发展的规范者。德国在1934年便建立了合作社的强制性准入审计和定期审计制度。除准入审计外，对合作社实行的全方位定期审计，既包括对合作社制度建设、经济效益审计，也包括对是否增进成员利益的审计。此外，还审计合作社开展的业务咨询及对管理人员的培训等。实践证明，合作社准入审计有效地提高了合作社的规范发展。根据朱伟革（2007）和国鲁来（2010）的研究，定期审计一是帮助合作社内、外部利益相关者正确评价合作社的经营状况；二是帮助提高合作社领导水平、提高对合作社领导的有效监督和制约。其次，德国政府积极制定政策支持合作金融的合理需求。德国政府通过赖夫艾森协会了解合作金融发展中面临的政治经济问题和合理的政策需求。在尊重合作银行"自助、自我负责和自我管理"原则的前提下，提供有力的政策支持帮助合作银行系统在法律规范下实现组织目标。

再次，政府提供直接的财政信贷支持。政府的财政信贷政策主要低息贷款和直接补贴。在政府的支持下，德国农村金融体系为农业发展提供了大量的优惠信贷资金支持，德国农业只占德国 GDP 总值的1%，但农业贷款却占金融机构贷款总额的2.5%。而用于农业补贴的财政支出是170亿马克，往往达到 GDP 的5%。农业贷款为德国农业现代化和竞争力的提升发挥了重要的作用[1]。

最后，政府提供有引导作用的税收支持。德国对合作金融组织实行税收普惠制度，惠及从组织设立到日常经营各环节。例如，新建的合作金融组织在前10年内，每年享受15339欧元的法人税免税额度；在经营过程中，国家对合作金融组织减免营业税和机动车辆税；合作金融组织为农业企业提供咨询服务等可免交法人税等。

---

① 相关数据转引自：余志海. 德国合作银行的"合作"之道 [J]. 银行家，2014（1）.

政府还资助一些组织长期为合作社组织提供信息咨询、搜集、发布等，支持合作金融组织为成员提供良好的培训咨询服务。

（三）风险监管与控制

第一，完备的监管体系。德国建立了依托联邦中央银行和行业审计的金融监管体制。对合作银行的监管法律依据主要是银行法、商业银行法和合作社法。德国从业务监管、行政监管和审计监管三个方面对农村合作银行展开监管。监管要求合作银行组织结构要遵循合作社法，业务经营要遵循商业银行法。德国联邦中央银行是业务监管主管部门，联邦财政部的联邦金融监管局是行政监管主管部门，德意志联邦合作社审计联合会及区域性审计协会负责审计监管。联邦金融监管局设立专门的部门，负责农村合作金融机构准入监管和日常行政监管。合作金融机构制定和实施的规章制度以及重大决策，实施前必须与联邦监管局协商达成一致。合作金融机构日常业务有联邦中央银行负责监管，监管包括信息收集、报表分析、贷款报告等等。而联邦合作社审计联合会重点负责事后监管，通过对合作金融机构经营状况的合规合法性、安全性和效益性进行审计来实现。审计结果须报送相关管理部门。

第二，内外协同监管。德国金融监管局是合作银行的法定监管机构，面对数量庞大的合作金融机构，采取了以下措施实施有效监管。一是政府授权协助监管。德国央行分支机构众多，专业人才济济。在监管中德国央行利用这些优势，具体承担对合作银行的现场检查和评估。二是强化同行监督力度。德国合作银行通过全国协会公开会员银行重要信息、提示风险，较好地实现了体系内相互监督。三是社会审计监管。从1934年起，为增强审计结果的公正性与可信度，德国规定合作银行年度财务必须由具有优秀声誉的8家区域审计协会之一审计。四是利用金融市场加强监督。德国促成了合作银行参与市场交易，公开发行债券，实现了扩大融资渠道，利用金融市场监督机制的目的。

第三，建立合作银行存款保险机制。1934年德国建立了合作银行存款保险制度（早于法定存款保险机制）。存款保险制度形成了三大机制：一是德国合作银行全国协会的会员银行应按存款比例缴纳保险基金；二是合作银行存款保险追加赔付机制；三是合作存款保险预防机制、处置机制等。该机制建立后从未对外赔付，也没有一家合作银行破产。

第四，完善流动风险防范机制。德国合作银行建立了流动性风险"双线"支持机制，即由德国央行加入的流动性风险防范三级支持体系与合作银行体系信贷保证（风险）基金三级支持体系并存机制。在央行加入的流动性风险防范三级体系中，区域合作银行和区域中央合作银行负责共同支持地方合作银行的流动性，联邦中央银行负责支持中央合作银行的流动性。合作银行体系信贷保证（风险）基金规定：地方合作银行每年按信贷资产 0.1% ~ 0.2% 的比例向区域审计联盟缴纳保证基金，当某家合作银行被兼并重组时，资金缺口由保证基金分级全额补偿，区域审计联盟集中的保证基金负责补偿地方合作银行缺口，德国全国信用合作联盟（BVR）集中的保证金负责补偿区域合作银行和中央合作银行的缺口。

第五，完善行业自律组织。德国合作银行的行业自律组织是德国全国信用合作联盟（BVR）。德国全国信用合作联盟的会员来自各级合作银行以及隶属中央合作银行的各专业合作金融公司。信用合作联盟的主要职责是向会员提供信息服务，协调、沟通合作银行与政府各部门的关系，开展合作银行宣传及公共关系管理，管理信贷保证基金。德国信用合作联盟与生产合作社联盟和消费合作社联盟共同成立了德国全国合作社联合会，该联合会的主要职能是审计和培训，审计主要是对合作社的全国性和区域性经营机构直接进行稽核审计，如对中央合作银行和 3 家区域性合作银行的审计，同时负责培训指导区域性审计联合会的审计人员，培训各类合作社组织的高级管理人员。

四、总结与反思

（一）三个国家合作金融体系演化的总结

从历史演化过程分析，在政府公共政策干预、扶持合作金融发展的历史进程中，三个国家的共同之处是：通过立法规范、财政支持、税收优惠、风险监督与管理体系构建等政策支持，确立并实现了农村合作金融体系健康可持续运行的公共政策目标；三个国家都建立了包括培训、咨询在内的强大的综合支持体系，从而呈现出扶持、引导和干预并重的公共政策。

但是由于历史的起点不同，国情不同，美国、日本和德国的合作金融体系，各自走过独具特色的成长发展路程。

美国是市场经济高度发达的国家，政府自诩最少干预市场。但美国的合作金融体系发展是从借鉴欧洲，特别是德国的经验，在政府积极推动下建立起来的。从近一百年美国农业合作信贷体系演化、发展历程看，不仅当市场失灵无法实现制度供求"出清"时，能看见政府的"积极而又强大的干预之手"，而且政府在公共政策构建时将合作原则的传播巧妙"嵌入"体系的设计、运行、监管、维持、创新与发展等各个环节之中，自上而下构造了美国农业合作金融体系。最突出的是美国政府近乎将"构建农业合作金融体系"当作"BOT"① 项目来做，让农民在寻找资金支持的过程中，在理解和接受合作金融原则的条件下，成为合作金融体系的"细胞"。在长达几十年的历史进程中，这个"BOT"项目基本实现最初设计的目标。其独特的合作金融成员资格获取的路径设计，既成为政府出资所形成的股本渐进退出路径，又成为传播合作金融理念，教育培训社员的极佳方法。按照美国联邦储备委员会的地区结构组建农业合作信贷体系的最高管理组织，体现了在国家层面对该农业合作信贷体系的高度重视；从专门立法到与相关法律的对接，体现了"顶层设计"的严谨性；从资金来源与运用的规定、税收优惠、经营监管、财务与信用风险外部审计、利率制定权限规定等过程的管理、服务与监督，均体现了公共政策对农业合作信贷体系的扶持、保护和引导，最终形成了按照农业信贷资金的期限长短分工合作、通过传统金融工具（发行定向债券）和创新金融工具（资产支持证券）对接公开金融市场的、"多头多层次"的合作金融体系。

美国的农业合作金融体系依据经济地理区划和资金使用期限划，划分出每个合作金融机构的"合作金融社区"，故本书将美国涉农合作金融体系称为"农业合作金融体系"。

日本作为东亚国家，传统儒家文化影响深厚。合作社初创建时正值日本社会"明治维新"启动的大历史时代，这为源于西方合作思想的传播提供了

---

① BOT（build-operate-transfer）即建设—经营—转让。是政府和私营企业共同参与基础设施建设，向社会提供公共服务的一种投资方式。只不过在美国政府参与建立的农业合作金融体系中是政府反向转让给参与的私人。

极好的社会条件，同时使日本合作金融体系有着坚实的合作思想基础。日本政府较好地借鉴了西方国家公共政策规则，通过立法"顶层设计"，自上而下用使用行政管理的力量，建立起日本的农村合作金融系统。结合本国土地等生产资源稀缺以及以小农户生产为主的国情，按照农业产业分工建立综合农协组织体系，将信用合作嵌入实体合作经济和农村社区之中，运用"范围经济规则"开展信用合作，较好地实现了合作金融发展直接为实体经济服务的目标。其综合农协组织的服务随着合作经济发展壮大，从最初的统一销售、集中采购、生产指导、信贷支持、社员培训，到投资理财、社会服务（包括社会保险、医疗保健、婚丧嫁娶，到老年人福利服务等），服务范围不断扩大，在农协发展转型等各个环节，政府公共政策都在发挥协调、引导和规范的作用。

日本是在自然地理社区的基础上，再根据产业分工划分出每个农村合作金融机构的"合作金融社区"的。故本书将日本涉农合作金融体系称为"农村产业型合作金融体系"。日本的农村产业型合作金融体系通过发行债券和基金方式实现了与公开金融市场的对接。

德国是世界合作金融发祥地，通过自下而上的方式成长起来。德国合作金融组织起步发展阶段，正是德国自由资本主义向垄断资本主义过渡发展阶段，传统农业遭受到工业化的严重打击，社会矛盾激化。代表着被压迫阶级的社会主义、合作经济、民主与自由等各种理论思想，在社会上广泛传播。舒尔茨创立的城市信用合作社、莱夫埃森以慈善精神创建的"自助、自我负责和自我管理"的合作社得到广大弱势群体的响应。在此过程中合作经济精神内涵得到广泛传播，德国涉农合作金融体系在早期农业组织化的过程中起到了社会标杆作用。所以德国涉农合作金融的公共政策是从规范合作金融发展起步的。突出的是第一部合作金融法规制定了"强制审计"规定，并一直延续至今。这一具体公共政策的价值理念是，"自助、自我负责和自我管理"的社会经济组织必须在不违背民商法价值准则的基础上开展经营。随后，随着合作经济组织对农业发展的支持和对社会矛盾缓解的作用不断体现，德国的公共政策在规范合作金融发展的同时，不断加大对合作金融发展的支持。同时，德国法律严格限制合作银行向社员分配利润，禁止市价转让投资份额（社员退股只能由合作银行平价回购）。国际货币基金组织（IMF）的研究发现，由于合作银行客户大多是银行股东，相比商业银行，合作银行一方面更容易获得客户信任，另一方面也更了解客户。公共政策的优惠支持和权益约束均衡，再加上有效的风险管理与控制，最终成就了德国合作金融在农村金融体系中的主导地位。

德国涉农合作银行体系的"合作金融社区"是依据社区划分的，而在农村城市化过程中，很多社员已经不是职业农民，所以可以称之为"农村社区合作银行体系"。

从美国、日本、德国三国合作金融体系创建和发展的历史轨迹分析，在宏观上可以找到三个国家公共政策价值理念相同，而政策导向重心有别的原因。从常态工具看各国大体相同：通过建立健全合作金融立法，规范合作金融发展，保护利益相关者的合法权益；通过财政奖励、补贴政策和税收优惠政策鼓励创建和发展合作金融；通过金融监管机制维护合作金融市场稳定，提高合作金融体系的抗冲击能力；建立专门的政府机构对合作金融机构提供服务、管理咨询和政策沟通等，更好维护公共政策过程机制。更重要的是各国根据国情和合作金融发展环境的变化，适时调整不合时宜的具体政策，以保证公共政策处于符合公共利益目标的方向上。

从微观上看三个国家的合作金融体系及其相关的公共政策都有坚实的社会思想基础。从本质上讲，公共政策是利益性的。特定的公共政策效果取决于利益相关者的参与程度，利益相关者的参与程度取决于利益相关者对相关政策的理解和认同。日本和德国农村合作金融体系创建阶段正处于国家经济结构工业化和社会政治法制化的变革阶段，合作社思想在资本主义国家广泛传播，社会形成了对合作社制度的认同。相关法律一旦体现了这种认同，便会得到利益相关者特别是农民阶层的高度认可，使得合作金融体系能在法律规范下持续稳定的发展。而美国政府在推进合作金融理念是颇具匠心的，政府全额出资建立合作金融股权转让机制，通过实施类似"倒 BOT"方式①，

---

① 经典的 BOT 是私营企业参与基础设施建设，向社会提供公共服务的一种方式。是指政府部门就某个基础设施项目与私人企业（项目公司）签订特许权协议，授予签约方的私人企业（包括外国企业）来承担该项目的投资、融资、建设和维护，在协议规定的特许期限内，准许可其融资建设和经营特定的公用基础设施，并准许其通过向用户收取费用或出售产品以清偿贷款、回收投资并赚取利润。政府对这一基础设施有监督权、调控权，特许期满后，签约方的私人企业将该基础设施无偿或有偿移交给政府部门。

实现合作金融精神、原则、机制的推广，有效实现了合作金融公共政策的实施与合作金融体系成长相得益彰的目标。

（二）对我国合作金融实践的反思

经过 40 年的发展，中国全面深化改革取得重大突破，经济发展取得巨大成就，农业、农村发展不断迈上新台阶。但是困扰广大农业生产者多年的农户小生产模式仍"如鲠在喉"的缺陷感受深刻。实现农业组织化、集约化、专业化、社会化已经成为现实的、广泛的需求。新型农业经营主体在参与农业组织化、集约化、专业化、社会化中迫切需要资金支持，他们是合作金融公共政策的需求者，他们是合作金融公共政策利益相关者群体中利益关系最密切的群体。此外还有地方政府管理部门、金融监管部门和商业金融机构等构成合作金融公共政策利益相关者群体。

作为新型农村金融机构，鼓励农村资金互助社发展的政策在 2006 年已经正式推出，并且近十几年里中共中央、国务院每年共同发布的"一号文件"中，均有鼓励合作金融发展的精神。但是在 10 余年的发展中，全国新进入农村金融市场的、由中国银监会授予许可的农村资金互助社仅有 40 多家。由于农村资金互助社被当作银行类金融机构来监管，导致获得监管部门授予许可的农村资金互助社经营成本居高不下，基本上处于举步维艰的状态中。而由农民专业合作社自发开展的信用合作又因为缺乏统一的规范标准，发展参差不齐。既有被誉为引领农民脱贫致富的先进典型；也有因各种原因导致的资金链断裂"跑路"的案例；而许多自发开展的信用合作的合作社，理论上处于"不法"状态。

公共政策理论认为，当公共政策进入执行阶段，公共政策就进入了关键环节，这也是利益相关者关注的焦点。执行者运用各种政策资源既宣传、解释政策，又推动政策试点、实验及其协调控制等，努力将政策内容转化为预期的政策目标效果。但在这一过程中所涉及的利益关系错综复杂，经济利益与政治利益、局部利益与整体利面、眼前利益与长远利益等各种利益关系可能统一、可能矛盾，也可能存在背离。"利益类型多元化导致了利益相关者的多样化，公共政策过程则是多个利益相关者的博弈"（王立、王峥、王永梅，2012）。实践中的多方博弈缺乏稳定的均衡点，是导致中国新型农村合作金融发展受阻的直接原因。这与新中国成立后合作金融曲折发展的历程密切相关。早期合作金融发展史就等同农村信用社的发展史。在历史中，农村信用社发展历史和合作基金会发展过程在全社会范围内留下了不清晰、不准确的记忆①；在现实中，农村信用社转型、省联合社组织的形式让非专业人士难以准确界定合作金融。另外，实践中"异质性合作社"开展的信用合作发展既呈现出的"中国特色"，又呈现出"地方特色"。什么是合作金融？在利益相关者群体中和社会中并没有形成共识，这与美国、日本、德国三国合作金融创建期间，社会上广泛传播合作社理论知识与合作社原则形成较大的反差。再加上中国社会法治建设正在进程中，文化知识水平相对低②的广大的农业生产经营者，缺乏对合作金融公共政策知识关注和自觉遵循法律的行为习惯，许多举办资金互助的合作社和参与资金互助的人不懂合作金融的基本原则，不了解或选择性不执行"社员制、封闭性和民主管理"基本原则；有些人甚至把资金互助社当作银行来经营，曲解"举办资金互助社"为"农民自己办银行"。这样使许多非获授权的农民资金互助社相关当事人的权利与义务处于"自由合同约定"的"自治"之中。在这一情况下，出现信用风险管理薄弱，风险不断累积直至爆发事件，或者出现恶意"老赖"，或者发生不法资金交易，甚至非法集资导致资金链断裂就不足为怪了。

从公共政策过程角度思考这一现象，我们认为，目前有关合作金融的公共政策在"顶层"的价值导向和政策目标都是明确的，是基于社会的政策需求制定的。在"底层"合作社开展信用合作的目标指向也是明确的。但对于实现合作金融目标应遵循规范性治理的重大意义的认识、认同和践行缺乏扎实的基础。一方面，合作社对开展信用合作充满积极性；另一方面，对规范风险管理，加强信用合作治理缺乏足够的重视。而居于中间的地方政府（主要指乡镇、县有关部门）对于这一政策的态度大多不够明确。导致上、中、下三个层次在推进合作金融健康发展中难以形成合力的原因，一是与信用合作稳健运行、有效治理等不可或缺的价值导向与行为规范缺乏广泛传播有关；二是由于城乡二元化发展和乡村社会贫富阶层在一两代人的时间内快速分化

---

① 笔者在检索相关文献时，发现在 2010 年的金融博士论文中还有将农村信用社当作中国的合作金融组织来讨论。在中国知网中，2015 年公开发表的文章还有将农村信用社当作合作金融机构的。

② 参见国家统计局统计数据。

和"撕裂"，导致处于的底层的农业生产经营者急于脱贫致富，大多处于高度重视"可见、可得"的短期利益的浮躁状态；三是鉴于历史的教训，农民形成了对新生事物遵循"听、看、议、试、信"的行为特征。在上述所有的步骤中最看重"试"，通过"试"得到实惠后才信服参与。但是合作金融是资金的跨期配置，与农业生产种养殖新技术、新品种的"可见可得"增收效益不同，其效益是风险效益。社员在信用合作初期体会到的是，贷款的"可得性"大大提高，存款比银行存款利率高的"好处"。而资金借贷所要求的"安全性、流动性、收益性"很难在短期"一试"中完全"可见可得"。因此，在基层合作社形成了对开展信用合作的强烈需求的同时，比较忽视信贷风险管理的倾向。

合作金融公共政策是政府针对市场失灵而采取的干预政策，在美国、日本、德国三国的政策体系中，既有属于利益调整类型的政策如财政补贴、税收优惠等，又有以维护公共利益为目的的规制类政策。而在我国合作金融公共政策中，目前，无论是利益调整还是规制约束的具体政策的各方面都无具体的、可操作的政策。地方政府大多态度不明朗，既有畏惧风险的因素，又与缺乏可操作的政策工具有关。

第三节　关于推进专业合作社信用合作发展的政策思考

一、建立健全促进信用合作发展的政策体系

关于支持农民合作社开展信用合作的政策研究文献是相当丰富的。本书重点讨论如何通过公共政策促进合作金融知识、合作金融原则、合作金融规范在全社会传播，积极促进合作金融政策价值构建，促成合作金融利益相关者对合作金融政策价值形成共识；加快构建、完善和健全的合作金融支持公共政策的实体内容。现将学界的相关研究共识梳理归纳如下：

第一，要加快相关法律的"顶层设计"。农民专业合作社信用合作是对

现行农村金融体系改革发展的深化，是涉及几亿农民的重大公共政策。金融交易需要法律规范，合作金融是特殊的金融交易，在实施鼓励发展策略下，可能因缺乏法律规范或者因"法不责众"导致不法金融交易"合法存在"。这一方面使法律失去严肃性和权威性，另一方面不利于法治国家的建设。

第二，要优化实施多年的对金融机构信贷支农的奖励政策。要像奖励各类农村金融机构一样奖励农民专业合作社信用合作的业绩。

第三，要建立农民专业合作社信用合作风险管理与防控机制，要尽快明确农民专业合作社联合社制度及其内部风险控制规则；建立合作社巨灾信用合作损失保险制度，通过政府支持，构建由保险参加的农业巨灾信用风险分散机制；建立由多部门参加的市场风险补偿基金制度，以实现对系统性市场风险的分散。

第四，明确各级地方政府的引导、管理和监督职责及其负责具体操作的相关部门，推进社会组织加入外部管理和监督体系。

第五，可以借鉴美国政府在合作金融体系构建中使用的"BOT"模式。目前，可以借助中国供销社体系实施"BOT"模式。

二、高度重视合作金融价值与规范的传播与构建

本节中的"合作金融价值与规范"，主要包括建立在合作经济宗旨基础上的信用合作原则①、合作金融经营原则。已有的研究和实践表明，公共政策绩效是多主体合作行动生产的结果，绩效是对比政策实际结果与期望值之间的判断，是利益相关者对政策结果的评价，同时是一种价值建构。"达成价值共识才能提高政策绩效"（霍春龙、邬碧雪，2015）。由于公共政策执行过程与评价过程呈交叉重叠、循环往复状态，"公共政策绩效可视为政府与多元利益相关者合作生产的过程，同时又是对政策绩效的改进过程"（霍春龙、邬碧雪，2015）。完善的信用合作公共政策体系，包括合作经济理念、制度、法律以及信用合作的治理机制等不可或缺的价值导向，可以实现合作金融规范广泛而有效的传播，特别是使合作金融体系的利益相关者真正理解合

---

① 1984年信用社世界理事会正式制定了指导性的信用合作原则，即：民主原则、社员制原则、主动承担社会义务原则。

作金融至关重要，这不仅是影响合作金融公共政策推行、绩效和目标实现的最重要的基础，在当前中国社会经济发展条件下，公共政策"价值建构"还是达成公共政策"价值共识"、推进公共政策贯彻执行、有效解决政策过程中价值冲突的基础。

（一）信用合作公共政策相关利益主体价值冲突分析

1. 信用合作公共政策相关利益主体

综观合作经济发达国家信用合作公共政策，大体上分为信用合作法律制度、财政税收政策、金融保险政策、咨询管理培训政策等法律政策体系。法律制度方面通过制定专门和相关法律，界定合作社的法律地位，目的是促进和规范合作社健康发展。财政政策大体分为：财政奖励、财政补贴、税收优惠、政府委托采购等；金融保险政策主要有：专项贴息贷款、政府政策性委托贷款、合作金融存款保险、风险损失补偿基金、金融监管等；咨询管理培训政策主要有专业人才学历教育、合作社发展咨询、日常性专业咨询和培训等。

目前我国逐步构建的相关政策可以分为五大类，第一，资助、补贴类。如财政捐赠合作股金、信用合作交易税收优惠、特定项目融资财政贴息、政府委托政策性贷款等。第二，风险管理及损失补偿类。如联合社制度、风险损失准备金等。第三，监管类。如信用合作准入、合作金融合规监管（封闭性、社员制、民主管理）、信贷资产风险监管、信用合作收益分配监管等。第四，合作金融治理类。如信用股权结构、治理结构、风险管理流程、基层社与联合社治理、合作社监管、与信用合作相关的咨询与培训等。第五，其他支持类政策。如土地及资产评估与抵押、土地承包权经营交易、信用合作统计与绩效评估等。

由此可以看出，信用合作公共政策利益相关者大体可以分为：政府政策制定、执行、监督部门，相关法律部门，受到政策支持体系影响和约束的市场主体如银行、保险公司、培训机构、咨询机构及非营利性组织等；合作社组织及其社员。

但是，综观上述政策体系，目前我国合作金融相关法律杂乱无章、层次体系混乱，特别是缺乏总纲性的合作金融法律对各类信用合作主体进行规范，对利益相关者的利益加以协调。

2. 各利益主体对信用合作公共政策选择偏好分析

在上述政策执行过程中，可能会出现不同利益相关者间的价值冲突。根据美国、日本、德国等国家的经验，在合作金融发展早期，商业银行金融机构基本上不是利益冲突者，因为这一部分市场的信贷需求对金融机构而言不是"有效需求"。到合作金融发展成长期和成熟期，商业性金融机构往往成为合作金融的服务商，它们通过为合作社提供支付结算或资产证券化等服务获取收益。因为合作金融发展形成新的市场需求和服务对象，因此咨询培训机构及非营利性组织是信用合作社组织成长的利益分享者。

合作社组织是信用合作公共政策下的高度利益相关者，在其他条件不变下，合作社只有在正确"建构价值"，进而形成正确的"价值共识"才能很好地获取公共政策利益[①]。正确"建构价值"对合作社而言是有看得见的成本的：时间成本和学习培训成本——包括学习资料、师资费用、培训场地等。

地方政府部门也是高度利益相关者，但是它们与合作社组织利益分享维度不完全一致。当合作社组织能很好"建构价值"，形成正确的"价值共识"，并通过有效风险控制，推进合作金融和合作社事业健康发展，进而推进农业的集约化、组织化、专业化和社会化时，在这些成绩取得的过程中，政府的相关部门会得到上级部门的表扬。换言之，合作金融健康发展给政府部门带来的收益是工作政绩的提高。但是工作政绩哪些是与信用合作相关，难以甄别。因为，当农民参加合作社，需要资金时往往与扩大生产规模、引进新技术和新产品等有关。政府的成本主要是在指导、咨询、监督、协调中发生的时间成本和行政费用。由于上述成本除了提供明确的合作金融培训外，其他均是混合在各项行政工作中发生的，难以以会计的分析视角加以甄别。在合作社不开展合作金融时，对于地方政府有关部门而言，一方面，减少了指导、咨询、监督、协调的时间和费用支出；另一方面，因合作社和农民缺乏资金收入受到压抑而影响政绩。由于农民收益增加或减少与是否开展合作金融有关（不像使用新品种、新技术等），难以甄别，所以在这一条件下，

---

① 合作社正确"建构价值"、进而形成正确的"价值共识"是其遵守法律底线，坚持为社员服务宗旨的最重要的保证，这是杜绝发生非法集资、违规扩大"合作金融社区"的基石。这样才有可能可持续发展，持续得到公共政策利益。

政府相关部门对农民合作社信用合作开展与否，最关心的是会不会"发生区域性金融风险"问题。农民合作社信用合作在以下条件下容易发生信用风险：一是当合作社组织不能很好"建构价值"，进而未形成正确的"价值共识"，导致合作缺乏应然性规范理念和实然性信用治理规范，出现"非法或不法行为"；二是当合作社缺乏有效的风险控制管理能力，导致出现严重"坏账"；三是发生严重的自然灾害或者农民合作社产品市场风险。上述三种情况严重时可出现"区域性金融风险"，当出现"区域性金融风险"时，地方政府相关部门利益将受到损失，甚至严重损失。为了更好地分析合作社与政府相关部门对公共政策的态度，分析"价值建构"与"价值共识"对合作金融公共政策导向绩效和长期经济福利改善绩效，借助博弈论的分析方法，进一步展开深度分析。

（二）合作社与政府部门对信用合作公共政策的博弈

社会契约论认为，政府的权力来自全体公民的委托，是为代表和体现公共利益而行使的。因此，政府在行使公共权力过程中没有任何个人或团体利益。换言之，理论上政府及其工作人员是完美的利他主义者，但现实中除了因认识偏差外，由于存在政绩考核，政府及其官员并非完美的利他主义者，存在"被导向"偏好。由于政府在制定、推广、落实各项具体政策时，存在着"公共利益"与"政府部门利益"的偏离现象，改革开放以来，这种背离场景时有发生。这一状况使人们认识到，尽管不存在根本利益的背离，但在特定的条件下，在针对特定政策的贯彻落实时，少数政府部门特别是基层地方政府部门，做出"扭曲性"行政行为，出现将部门利益置于全局利益之上的现象，影响了党和国家大政方针的有效贯彻落实。

1. 模型的假设条件分析

设博弈方分别是地方政府（县及乡镇）与农民合作社组织，那么他们的博弈是对信用合作公共政策的态度进行博弈。由于合作金融立法缺位，农民合作社开展信用合作缺乏明确的"准入"通道。已开展信用合作的合作社能否得到地方政府部门的认可？未开展而想开展信用合作的能否得到地方政府部门的引导和扶持？主动权在地方政府部门一方。由于地方政府与合作社对对方的信息了解均处于不完全状态，所以该博弈为不完全信息博弈。

假设一：地方政府对信用合作公共政策本身的政策价值导向和相关激励与约束政策（包括合作社信用合作风险状况对政府部门自身的考核的影响）充分了解。

假设二：地方政府对合作社是否实现"价值构建"并认同"价值共识"无法准确判断。同时，对合作社内部是否具备风险管理能力并能够有效执行风险管理制度，无法准确观察。

假设三：合作社以实现可持续为目的开展信用合作。

假设四：合作社对自己是否实现"价值构建"并认同"价值共识"充分了解，对能否有效执行风险管理制度非常清楚，但是对合作社内部是否具备风险管理能力无法准确判断。

2. 地方政府的效用函数分析

从假设一出发，在合作金融法律缺位，同时缺乏公共政策实施细则的条件下，地方政府部门在是否支持农民合作社开展信用合作中处于主动一方。地方政府有两种选择：积极支持农民合作社开展信用合作；不支持农民合作社开展信用合作。选择哪一项，取决于地方政府的效用函数目标。在仅考虑是否支持农民合作社信用合作的选择时，地方政府的效用函数静态目标可刻画为两个情况：

将第一种选择设为 Ug_1，表示当农民合作社符合开展信用合作条件时，政府有效支持农民合作社开展信用合作为有效履职。

将第二种选择设为 Ug_2，即表示当农民合作社不符合开展信用合作条件时，政府不支持农民合作社开展信用合作为有效履职。且有：$Ug_1 = Ug_2$。

实践中，政府是否有效履职是以上级部门考核为准的。

无论在 Ug_1 条件下，还是在 Ug_2 条件下，地方政府的工作绩效会发生动态变化。理论上，信用合作会促进农民合作社经济收入和社员收入提高。假设在 Ug_1，当农民合作社经济收入和社员收入提高时，地方政府动态的效用函数值 $Ug_1 \rightarrow \Delta Ug_1$，$\Delta Ug_1 > Ug_1$；在 Ug_2 条件下，ΔUg_2 不变，即 $Ug_2 = \Delta Ug_2$。由于存在以下明显的事实：

首先，地方政府部门支持信用合作难以获得明确量化的政绩。

合作社信用合作的成功，可有以下主要标准：第一，满足农民生产资金需求；第二，提高农民收入；第三，没有发生信贷风险；第四，从上级考核角度看，信用合作使合作社生产效率大幅提高，甚至地方产业因此获得带动与发展，地方经济发展水平也因此受益。根据国际经验，单一的农民合作社无论是信用合作初期还是成熟期，由于资金来源的封闭性，很难完全实现第一个标准。第三个标准是显而易见的。第二和第四是一个缓慢的过程，并且比较难甄别。因为农民收入提高和地方经济发展水平提高均是综合多方面因素作用的结果，如引进技术带来新产品的市场机会、社会服务带来的生产成本节约、经济周期和国家政策影响等。因此，政府部门难以从工作政绩提高的部分中精确划分出是否因支持信用合作发展而带来的，上级部门难以通过量化考核明确地评价信用合作政策贯彻情况。

其次，地方政府部门支持信用合作承受的风险巨大。

农民合作社并非专业运作金融业务的经济体，在开展信用合作活动时缺少实战经验，一般在如下三种情况下容易发生信用风险：一是当合作社组织不能很好"建构价值"，进而未形成正确的"价值共识"导致合作缺乏应然性规范理念和实然性信用治理规范，出现"非法或不法行为"；二是当合作社缺乏有效的风险控制管理能力，导致出现严重的不良资产；三是发生严重的自然灾害或者出现农民合作社产品市场风险。上述三种情况严重时可出现"区域性金融风险"。

信用合作一旦发生信用风险，不仅合作社与社员的经济利益受损，由此而产生的负"溢出效应"将会数倍放大影响：从地方经济发展角度来看，合作社所在地的合作经济实体的可持续发展可能受到牵连，严重时会拖累地方经济发展的速度；从区域金融发展角度来看，合作社信用风险发生后造成负面影响，严重时有发展成为"区域性金融风险"的可能。在信息传播迅速的当代，这些信息经过媒体的报道，将引起上级金融监管部门和政府部门的重视，如果风险损失比较大，会给地方政府部门带来严重的惩罚和负面影响。这种惩罚和负面影响较为严重地损害地方政府部门的利益，对地方政府的政绩造成不可逆的影响。这里将风险成本设为 R。

最后，地方政府部门支持信用合作需要持续投入各种其他成本。

由于地方政府对合作社的信息了解处于不完全状态，支持合作社开展信用合作首先需要投入一定的调查成本（记作 S），主要包括确切获取合作社相关信息、核实这些信息等。

同时，即使是达到地方政府部门理性条件的合作社开展信用合作，政府部门也需要对其进行培训、提供指导与咨询，这部分成本是在调查成本付出之后支出的，记作 T。

在前期的调查和培训成本支出后，合作社正式开展信用合作活动中，政府部门还需要动态地、持续地对其进行监督，这一监督成本（记作 M）的支出将伴随着信用合作业务的开展而持续投入。

因此，地方政府支持信用合作的总成本 $C = R + S + T + M$。

需要指出的是，在上述的成本投入中，除了提供明确的合作金融培训外，其他均是混合在各项行政工作中发生的；且只要合作社开展信用合作，对地方政府来说，这种成本的投入将会是持续的，并对其他的开支产生"挤出效应"。

而在 Ug_2 条件下，地方政府没有 $C = R^① + S + T + M$ 的支出，同时，由于信用合作收益是不确定和难以量化的，所以，我们认为将 Ug_1 与 Ug_2 相比，$Ug_1 < Ug_2$。

同时，一般情况下，即使地方政府部门投入了上述的精力与成本，也无法完全消除发生信用风险的可能，而一旦发生信用风险，其造成的后果将使地方政府付出更为巨大的风险成本，且 R 远远大于（$F + C$），即 $R \gg (F + C)$。对于地方政府来说，对农民合作社信用合作开展与否，最关心的是会不会"发生区域性金融风险"的问题。

即使有单体合作社或若干合作社信用合作成功，地方政府并因此得到上级政府的嘉奖，由于这类奖励往往都是"普惠"到一级政府或相关部门。而一个合作社信用合作失败会引起更大的影响，因为金融风险存在负的"溢出效应"，一旦信用风险处理不当，信用风险扩大成区域性的金融风险，将会给地方政府部门带来严重的惩罚和负面影响，所以这种惩罚则是以"重点突出"形式的追责经济管理部门及其具体当事人的。

分析结论是：在当前的考核体系下，地方政府缺乏选择支持农民合作社开展信用合作的积极性。

---

① 在 U_2 条件下，未被支持的信用合作出现风险，也可能出现出现拖累地方经济发展的严重事件，但在往往以"非法集资"论处的情况下，责任追究不属于政府经济管理部门。

3. 农民合作社信用合作效用函数分析

前文假设合作社对自己是否实现"价值构建"并认同"价值共识"充分了解，对能否有效执行风险管理制度非常清楚，但是对合作社内部是否具备风险管理能力无法准确判断。因为社员与合作社是否有密切的利益联结机制（主要通过利益分配机制反映），合作社是否有正常的信息沟通渠道、内外部监管和培训机制是清楚的。由于信用合作是内部资金跨期融通，在不存在道德风险的条件下，借款人的还款能力，主要受制于社员及合作社的经营风险、技术风险、市场风险和自然界的巨灾风险，且不存在对冲机制。可以认为合作社可持续开展信用合作需要在正确的"价值导向"和"价值共识"基础上建立合作社的信用风险三大机制："3C"机制、合作社治理机制、风险管理人才机制来规避。在当前条件下，这需要有地方政府部门或社会组织对合作社开展金融合作规范的培训、指导与监管以及农业生产技术咨询和各种经营管理培训，帮助合作社构建和完善"三大机制"。

由于合作社是分散的小生产者组织起来的，对于农民参加合作社而言既是生产规模的扩大，又是生产函数的改变。他们需要资金支持，但是他们的信用状况得不到正规金融的支持。根据前文假设四，在信用合作公共政策面前，农民合作社的效用函数目标是提高抗风险能力，实现信用合作可持续发展，其效用可分为两种情况：

（1）合作社充分认识规范开展信用合作的重要性，积极争取得到地方政府支持，以实现信用合作的风险管理能力。我们设其为 U_{C1}。

在 U_{C1} 条件下，得到地方政府支持，一是可以有效规避了法律风险；二是可以得到培训、指导；三是可能获得优惠的经济政策；四是在地方政府的监管下可进一步提高信用合作的规范性从而提高抗风险能力。进一步地，在 U_{C1} 的假定条件下，农民合作社信用合作又分两种情况：得到地方政府支持，设其为 U_{C11}；没有得到地方政府支持，设其为 U_{C10}。

（2）合作社缺乏通过地方政府帮助规范开展信用合作，以提高抗风险能力重要性的认识，认为地方政府干预（由于缺乏认识，这类合作社把政府的支持看作"干预"）会降低风控能力，影响信用合作收益。我们将这类情况设其为 U_{C2}。

因此，合作社的效用函数就分为三种情况：U_{C11}、U_{C10} 和 U_{C2}。由于得到地方政府支持，可以有效规避法律风险，可以得到培训、指导，可能获得优惠的经济政策，这样 U_{C11} 与 U_{C10} 比较，U_{C11} 条件下的合作社与 U_{C10} 条件下的合作社相比，可提高抗风险能力。但是政府支持包括优惠性政策和规制性政策，规制即监管对于合作社而言相当于缴纳"隐性税收"，所以，在其他条件相同时，U_{C11} 管理成本高于 U_{C10} 和 U_{C2}。

同样，U_{C10} 条件下的合作社在观念上认识到规范开展信用合作的重要性，可以认为 U_{C10} 条件下的合作社自律能力和风险管控能力大于 U_{C2} 条件下的合作社。在假定 U_{C11}、U_{C10} 和 U_{C2} 三类合作社信用合作收益率相同条件下，三类合作社以风险管理能力为目标效用函数的值呈下列排序：

$$U_{C11} > U_{C10} > U_{C2}$$

而发生风险的概率排序为：

$$U_{C11} < U_{C10} < U_{C2}$$

尽管 U_{C11} 管理成本高于 U_{C10} 和 U_{C2}，由于 $R \gg C$，所以，U_{C11} 效用函数值大于 U_{C10} 和 U_{C2}。

4. 博弈结论

地方政府相关部门基于政绩考核而担忧"区域性信用风险"发生，倾向于选择不支持农民合作社开展信用合作。农民合作社信用合作在缺乏政府支持和规范条件下，风险概率远高于有支持、有规范地开展信用合作。

又由于规范与监管相当于"隐性税收"，在缺乏"价值构建"基础的条件下，积极寻求政府政策支持的合作社农民合作社，也存在只想要政策优惠条件，不想要外部监管的倾向。

上述两种情况都会带来社会福利的损失。

因此，在农民专业合作社信用合作的相关公共政策体系中，一定要有关于信用合作"价值构建""价值共识"的政策内容安排。这些内容主要表现为，第一，申请开展信用合作的农民合作社必须接受若干时间的关于合作金融理念、制度安排、风险管理与监管等内容的培训，建立开展信用合作的准入评估和年度检验制度。第二，县乡两级必须对所有的农民合作社进行合作金融知识培训，必须为已开展信用合作的合作社培训专业风险管理人员，并设置专门干部来指导农民合作社开展信用合作。第三，农民合作社申请信用合作分为两级申请：所属乡镇政府和县级政府，初审符合条件，乡政府相关部门必须为其提供上述内容培训，考核，评估合格后方可开展信用合作。第四，在合作社开展信用合作的第一年，乡镇政府有关部门要有专门的"辅导员"帮助解决信用风险治理问题。第五，要修正对地方政府的政绩考核和履职考核机制，使地方政府积极而有效地落实中央政府的大政方针。

　　建议尽快建立健全合作金融培训体系，推进合作金融价值规范的传播与构建。政府可以通过采购方式，较快地实现合作金融法律知识、合作社原则相关知识、金融风险管理专业知识等培训体系的形成。通过培训提高利益相关者在上述理论、知识方面的水平，在价值观念方面形成对合作金融的认同。此外，还应该使受训者了解国际合作金融发展历史，了解新中国成立后合作金融发展中的经验与教训，从而理解、掌握农民专业合作社信用合作规范。

参考文献

[1] 巴泽尔. 产权的经济分析 [M]. 费方域, 译. 上海: 上海三联书店, 1997.

[2] 白钦先, 谭庆华. 论金融功能演进与金融发展 [J]. 金融研究, 2006 (7).

[3] 鲍静海, 吴丽华. 德、法、美、日合作金融组织制度比较及借鉴 [J]. 国际金融研究, 2010 (4).

[4] 曹明霞, 包宗顺, 刘明轩. 农村金融供需环境对农民资金互助社发展的影响分析——基于结构方程模型的实证研究 [J]. 金融监管研究, 2015 (6).

[5] 陈晨. 安徽阜阳农村资金互助组织的调查 [J]. 东方企业文化, 2011 (9).

[6] 陈国兴. 温州农村合作基金会调查报告 [J]. 农村金融研究, 1993 (2).

[7] 陈林. 三位一体服务三农: 新型合作化的经验与理论 [J]. 马克思主义与现实, 2015 (1).

[8] 陈莎, 陈灿. 生命周期视角下农民专业合作社的信任问题研究——基于胜利果乡农民合作社的案例分析 [J]. 南方农村, 2013 (11).

[9] 陈锡文. 当前中国农村改革发展的形势及面临的问题 [J]. 中国经贸导刊, 2012 (8).

[10] 陈锡文. 农村发展与金融改革 [N]. 21 世纪经济报道, 2013 (6).

［11］陈锡文．农民合作组织内部的资金互助组织要严格遵守三条规矩［J］．农村工作通讯，2015（2）．

［12］陈锡文．农业供给侧结构性改革的几个重大问题［EB/OL］．http：//www．aisixiang．com/data/100704．html．

［13］D．盖尔·约翰逊．经济发展中的农业、农村、农民问题［M］．北京：商务印书馆，2004．

［14］丁静静．江苏省农民专业合作社融资的影响因素研究［D］．扬州：扬州大学，2013．

［15］杜晓山．以普惠金融体系理念 促进农村金融改革发展——对中西部农村地区金融改革的思考［J］．农业发展与金融，2007（1）．

［16］段伟常，胡挺．供应链金融在现代农业中的应用原理研究［J］．金融理论与实践，2012（1）．

［17］范志升．唐山市农村合作基金会调查报告［J］．农村经营管理1993（6）．

［18］方菊香．农民专业合作社融资问题调查与思考［J］．西部金融，2013（12）．

［19］冯丽萍．农民专业合作社融资问题的实证分析——基于鄂温克旗的问卷调查［J］．北方经济，2014（8）．

［20］冯兴元．民间金融：经济增长与就业的自我稳定器［J］．中国金融，2008（7）．

［21］付冰涛．农业弱质性与农村金融体系建设［J］．中国金融，2008（4）．

［22］高强，孔祥智．农民专业合作社与村庄社区间依附逻辑与互动关系研究［J］．农业经济与管理，2015（10）．

［23］国家数据—资源与环境—地质灾害及政治（2016）［DB/OL］．国家统计局，http：//data．stats．gov．cn/easyquery．htm？cn＝C01&zb＝A0C0D&sj＝2016．

［24］国鲁来．德国合作社的基本理念与原则［J］．中国农民合作社，2010（5）．

［25］国鲁来．德国合作社制度的主要特点［J］．中国农村经济，1995（6）．

［26］国鲁来. 合作社制度及专业协会实践的制度经济学分析［J］. 中国农村观察，2001（7）.

［27］H. 德姆塞茨. 所有权、控制与企业［M］. 北京：经济科学出版社，1999.

［28］韩杰，崔剑波. 筹集管理农村资金有效的组织形式——山东滕县农村合作基金会调查［J］. 经济问题探索，1988（8）.

［29］何广文. 合作社农村金融服务参与模式及其创新［J］. 中国合作经济，2012（10）.

［30］何广文. 农村金融组织体系和机制创新的探讨［J］. 中国农村信用合作，2008（1）.

［31］何广文. 农村资金互助合作机制及其绩效阐释［J］. 金融理论与实践，2007（4）.

［32］贺晨华. 浅谈农民专业合作经济组织的金融中介路径——以江苏省高淳县为例［J］. 市场周刊（理论研究），2006（4）.

［33］侯诗军. 基于产权"漂移"视角下的专业合作社可持续信用合作研究［D］. 蚌埠：安徽财经大学，2012.

［34］胡伟斌，黄祖辉，梁巧. 合作社生命周期：荷兰案例及其对中国的启示［J］. 农村经济，2015（10）.

［35］黄进. 社会资本：经济学与社会学的对话［J］. 天府新论，2005（1）.

［36］黄晓红. 农户声誉对农村借贷市场中逆向选择的约束研究［J］. 华东经济管理，2008（1）.

［37］黄祖辉，邵科. 合作社的本质规定性及其漂移［J］. 浙江大学学报（人文社会科学版），2009（11）.

［38］霍春龙，邬碧雪. 治理取向还是管理取向？——中国公共政策绩效研究的进路与趋势［J］. 上海行政学院学报，2015（7）.

［39］霍尔巴赫. 自然政治论［M］. 北京：商务印书馆，1994.

［40］姜柏林. 农村资金互助社融资难题待解［J］. 银行家，2008（5）.

［41］姜斐然. 内生型农村资金互助模式探究——基于山东省蒙阴县农民专业合作社的实证分析［J］. 西南民族大学学报（人文社会科学版），2012

（7）.

[42] 蒋加强．农村合作基金会清理整顿后的反思 [J]．农村经济，2000（1）.

[43] 蒋玉珉．毛泽东合作制思想再认识 [J]．马克思主义研究，2009（8）.

[44] 蒋玉珉．依托型农村专业合作社制度创新分析 [J]．中国农村经济，2004（11）.

[45] 考埃特，等．演进着的信用风险管理 [M]．北京：机械工业出版社，2001.

[46] 孔祥智，陈丹梅．政府支持与农民专业合作社的发展 [J]．教学与研究，2007（1）.

[47] 李海平．农民专业合作社内部信用合作及外部融资问题及启示——基于北京部分合作社的问卷调查 [J]．行政管理改革，2011（9）.

[48] 李剑阁．加快完善农业投融资体制 [J]．农村工作通讯，2004（1）.

[49] 李静．关于农村合作基金会的研究综述 [J]．中国农村观察，2002（11）.

[50] 李静．中国农村金融组织的行为与制度环境——以农村合作基金会为例 [D]．北京：中国社科院研究生院，2002（4）.

[51] 李立之．农民专业合作社信用评价体系探索与路径选择 [J]．征信，2012（2）.

[52] 李芒环．我国新型农村合作金融组织的发展障碍与实现路径 [J]．农业经济，2016（1）.

[53] 李玉文．农民专业合作社联合组织形式的比较与选择 [J]．社会科学家，2011（9）.

[54] 梁庆军．我国农村资金互助社发展问题研究 [D]．石家庄：河北大学，2011.

[55] 廖媛红．农村资金互助社的社会资本作用机理研究 [J]．农村金融研究，2012（5）.

[56] 林峰，王建中．良坑村合作基金调查报告 [J]．福建金融，1988（3）.

[57] 林坚，黄胜忠. 成员异质性与农民专业合作社的所有权分析 [J]. 农业经济问题，2007（10）.

[58] 林毅夫，孙希芳. 信息、非正规金融与中小企业融资 [J]. 经济研究，2005（7）.

[59] 林毅夫，徐立新. 金融结构与经济发展相关性的最新研究进展 [J]. 金融监管研究，2012（3）.

[60] 林毅夫. 经济发展中的最优金融结构理论初探 [J]. 经济研究，2009（8）.

[61] 林滢，任大鹏. 农民专业合作社联合社法律制度探析 [J]. 农村经营管理，2010（5）.

[62] 林滢，任大鹏. 我国农民专业合作社社区化现象探析 [J]. 农村经济，2009（10）.

[63] 刘伟林，等. 农民专业合作社信用体系建设研究 [J]. 征信，2011（6）.

[64] 刘志鹏. 公共政策过程中的信息不对称及其治理 [J]. 国家行政学院学报，2010（3）.

[65] 陆磊，丁俊峰. 中国农村合作金融转型的理论分析 [J]. 金融研究，2006（6）.

[66] 陆学艺. "三农"新论——当前中国农业、农村、农民问题研究 [J]. 南方农业，2014（10）.

[67] 罗结. 中西方合作金融发展模式比较及启示 [D]. 成都：西南财经大学，2004.

[68] 罗纳德·I. 麦金农. 麦金农经济学文集 [M]. 北京：中国金融出版社，2006.

[69] 罗莹. 创新担保模式发展合作社 [J]. 中国农民合作社，2013（12）.

[70] 马丁丑，杨林娟. 欠发达地区农民专业合作社融资现状及问题分析——基于对甘肃省示范性农民专业合作社的抽样调查 [J]. 农村金融研究，2011（2）.

[71] 马九杰. 台湾合作金融制度构建对供销合作金融顶层设计的借鉴 [J]. 中国合作经济，2016（10）.

［72］马丽，叶军．日本农协的组织管理模式及变革［J］．中国商论，2015（8）．

［73］马晓楠．中国农村合作金融的异化与回归研究——基于三维金融架构的视角［D］．沈阳：辽宁大学，2014．

［74］倪细云．基于生命周期视角的农民专业合作社发展策略选择［J］．管理现代化，2013（2）．

［75］牛立腾，周振，孔祥智．再联合让合作社权益与效益双体现——关于山东省潍坊市志合奶牛专业合作社联合社发展分析［J］．中国农民合作社，2014（10）．

［76］牛立腾，周振．农民专业合作社联合社的运行机制与实践效果——以武汉市荆地养蜂专业合作社联合社为例［J］．人民论坛，2014（17）．

［77］欧阳仁根．试论我国合作经济法律体系的构建［J］．中国农村观察，2003（3）．

［78］潘劲．国外农村合作社的发展［J］．中国供销合作经济，2000（3）．

［79］潘淑娟，李思多．利益相关者视角下农村金融机构绩效评估体系构建［J］．经济理论与经济管理，2010（8）．

［80］潘淑娟，王刚贞．农民专业合作社资金互助的现状及运行机制——基于调查案例视角．［J］．中国农村金融，2012（7）．

［81］潘淑娟，王刚贞．中国大陆农村金融市场的抑制与破解［J］．安徽师范大学学报（人文社会科学版），2010（5）．

［82］潘淑娟．联合促发展合作兴三农——农村经济与金融调研报告［M］．合肥：安徽大学出版社，2012．

［83］潘淑娟．农村合作金融重构路径分析——基于内外部治理关系解构视角［J］．学术界，2007（5）．

［84］潘婷．基于社员正规融资的农民合作社增信研究［D］．北京：中国农业大学，2016．

［85］逢玉静，任大鹏．欧美农业合作社的演进及其对我国农业合作社发展的启示［J］．经济问题．2005（12）．

［86］青木昌彦．对内部人控制的控制：转轨经济中公司治理的若干问题［J］．改革，1994（6）．

[87] 青木昌彦．为什么多样性制度继续在演进？[J]．社会经济体制比较，2001（6）.

[88] 任红霞．治理视角下的农民专业合作社创新研究 [J]．农业经济，2017（12）.

[89] 戎承法，楼栋．专业合作基础上发展资金互助的效果及其影响因素分析 [J]．农业经济问题，2011（10）.

[90] Simon H．管理决策新科学 [M]．北京：中国社会科学出版社，1982.

[91] 邵挺．美国联邦土地银行的演变及启示 [J]．中国发展观察，2015（9）.

[92] 史双洋，蔡丽丽，夏少敏．我国合作金融立法探究 [J]．长沙民政职业技术学院学报，2013（3）.

[93] 谈儒勇．适度规模：信用合作的关键 [J]．农村经营管理，2009（10）.

[94] 唐翌．社会网络特性对社会资本价值实现的影响 [J]．经济科学，2003（3）.

[95] 汪小亚，帅旭．农民专业合作社信用合作的模式及现实选择 [J]．中国农村金融，2012（7）.

[96] 王刚贞．我国农村资金互助社的监管效率分析 [J]．华东经济管理，2015（6）.

[97] 王立，等．公共政策过程中的利益考量——基于利益相关者理论的分析 [J]．管理学刊，2012（8）.

[98] 王曙光，王东宾．农民资金互助：运行机制、产业基础与政府作用 [J]．农村经营管理，2010（8）.

[99] 王曙光．村庄信任、关系共同体与农村民间金融演进——兼评胡必亮等著《农村金融与村庄发展》[J]．中国农村观察，2007（7）.

[100] 王曙光．民族地区金融反贫困中的资本整合、文化融合与体制磨合：新疆案例 [J]．农村经济，2009（11）.

[101] 王曙光．农民合作社的全要素合作、政府支持与可持续发展 [J]．农村经济，2008（11）.

［102］王曙光．微型金融发展与深度贫困地区减贫机制创新［J］．人民论坛·学术前沿，2018（8）．

［103］王威，庞贞燕，张艳峰，党兰侠．河南农村合作基金会调查记［J］．中国统计，1996（5）．

［104］王文保．破解农户贷款难的新模式——随州农行助农民设立农户贷款互助担保合作社的实证研究［J］．湖北农村金融研究，2009（12）．

［105］王文莉，罗剑朝，刘兴旺．农村合作基金会规范发展探索［J］．西北农业大学学报，1999（2）．

［106］王文献，董思杰．农民专业合作社融资难问题的形成及原因分析［J］．农村经济，2008（12）．

［107］王文献．我国新型农民专业合作社融资问题研究［D］．成都：西南财经大学，2007．

［108］王勋．金融抑制与发展中国家对外直接投资［J］．国际经济评论2013（1）．

［109］王云魁，辛瑞．理论变迁与国际农发基金中国农村金融项目转贷模式演进研究［J］．农村金融研究，2010（9）．

［110］王震江．中国农村新型合作社发展中的政府作用［D］．北京：清华大学，2004．

［111］王正谱，包丁．广东、广西两省农村合作基金会情况调查报告［J］．农村合作经济经营管理，1995（6）．

［112］威廉·汤普逊．最能促进人类幸福的财富分配与案例研究［M］．北京：商务印书馆，1997．

［113］魏翔．甘肃省农民专业合作社融资问题研究［D］．兰州：甘肃农业大学，2012．

［114］温铁军．农村合作基金会的兴衰史（1988～1999）［J］．中国老区建设，2009（9）．

［115］温信祥．日本农村信用担保体系及启示［J］．中国金融，2013（1）．

［116］文娟．法国农村合作金融的发展及其对中国的借鉴意义［D］．广州：暨南大学，2010．

［117］沃伦·李，徐唐龄．美国的农业信贷系统［J］．农村金融研究，

1987（5）.

［118］吴强. 农民专业合作社内部治理结构问题及对策——基于双重委托—代理模型［J］. 农村经济与科技，2017（10）.

［119］吴岩. 集强合作社：余缺调剂实现资金融通［J］. 中国农民合作社，2016（11）.

［120］夏英，宋彦峰，濮梦琪. 以农民专业合作社为基础的资金互助制度分析［J］. 农业经济问题，2010（4）.

［121］爱德华·肖. 经济发展中的金融深化［M］. 上海：生活·读书·新知三联书店，1988.

［122］徐高，林毅夫. 资本积累与最优银行规模［J］. 经济学（季刊），2008（2）.

［123］徐国洪，王正谱. 江苏省农村合作基金会发展情况调查报告［J］. 农村合作经济经营管理，1995（12）.

［124］徐俊. 各国农村合作金融体制比较研究［D］. 沈阳：辽宁大学，2015.

［125］徐薇，修浩. 中国式制度背景下企业社会资本投资影响因素研究综述［J］. 中外企业家，2017（1）.

［126］徐旭初. 财政为什么要支持合作社发展［J］. 中国农民合作社，2014（11）.

［127］徐旭初. 合作社的本质规定性及其他［J］. 农村经济，2003（8）.

［128］徐旭初. 农民专业合作：基于组织能力的产权安排——对浙江省农民专业合作社产权安排的一种解释［J］. 浙江学刊，2006（5）.

［129］徐旭初. 农民专业合作经济组织的制度分析——以浙江省为例［D］. 浙江大学，2005.

［130］徐旭初. 农民专业合作社开展信用合作正当时［J］. 农村工作通讯，2011（9）.

［131］徐旭初. 如何看待没有"惠顾"的惠顾问题［J］. 中国农民合作社，2018（8）.

［132］许国平. 合作社信用咋评级［J］. 中国农村金融，2013（6）.

［133］薛桂霞，孙炜琳. 对农民专业合作社开展信用合作的思考［J］.

农业经济问题，2013（4）.

[134] 雅荣，本杰明，皮普雷克. 农村金融问题、设计和最佳做法 [R].
华盛顿：世界银行. 2002.

[135] 闫凯东，姚海军. 建立农民专业合作社信用评价体系的实践与思
考 [N]. 金融时报，2013 - 07 - 04（12）.

[136] 闫石. 农民专业合作社联合社发展研究 [D]. 北京：中国政法大
学，2010.

[137] 杨农，匡桦. 隐性约束、有限理性与非正规金融的扩张边界 [J].
国际金融研究，2013（6）.

[138] 杨群义. 关于联合社几个问题的探讨 [J]. 中国农民合作社，
2012（10）.

[139] 杨雪冬. 风险社会理论述评 [J]. 国家行政学院学报，2005（1）.

[140] 杨雪冬. 社会资本：对一种新解释范式的探索 [J]. 马克思主义
与现实，1999（6）.

[141] 杨喻鹏，兰庆高. 农民专业合作社融资问题研究——基于辽宁省
问卷调查 [J]. 金融经济，2012（4）.

[142] 杨喻鹏，兰庆高. 农民专业合作社融资问题研究——基于辽宁省
问卷调查 [J]. 金融经济，2012（8）.

[143] 叶敬忠，炎洁，杨洪萍. 社会学视角的农户金融需求与农村金融
供给 [J]. 中国农村经济，2004（8）.

[144] 叶素优. 农民专业合作社的信用合作：一个文献综述 [D]. 蚌
埠：安徽财经大学，2013.

[145] 游碧蓉. 基于社会资本视角的农村合作金融制度研究 [D]. 福
州：福建农林大学，2008.

[146] 余丽燕. 农民专业合作社融资研究 [D]. 杨凌：西北农林科技大
学，2011.

[147] 袁炳杰，傅忠伟. 农民专业合作社发展状况及金融支持的调查
[J]. 浙江金融，2006（3）.

[148] 苑鹏，彭莹莹. 农民专业合作社开展信用合作的现状研究 [J].
中国合作经济，2014（1）.

［149］苑鹏. 农民合作社：为谁而生、向何处去［J］. 中国农民合作社，2017（10）.

［150］苑鹏. 农民专业合作社发展的困境与思考——来自8省12县614家合作社问卷调研［J］. 中国合作经济，2018（8）.

［151］苑鹏. 农民专业合作社规范化发展一石击"四鸟"——密云县的经验［J］. 农村经营管理，2006（11）.

［152］苑鹏. 农民专业合作社联合社发展的探析——以北京市密云县奶牛合作联社为例［J］. 中国农村经济，2008（8）.

［153］张博宁. 农村资金互助社可持续发展问题研究［J］. 安徽农业科学，2017（7）.

［154］张杰，刘东. 商业信贷、融资约束与我国中小企业融资行为——基于江苏省制造业企业的问卷观测和实证分析［J］. 金融论坛，2006（10）.

［155］张龙耀. 农民专业合作社融资：理论研判和案例分析［J］. 中国农村金融，2012（18）.

［156］张眉. 中国农业发展银行支农策略研究［D］. 呼和浩特：内蒙古大学，2011.

［157］张小明. 论公共政策过程理论分析框架：西方借鉴与本土资源［J］. 北京科技大学学报（社会科学版），2013（8）.

［158］张晓山. 当前中国农村经济社会发展需要关注的几个问题［J］. 中国老区建设，2010（5）.

［159］张晓山. 一种独特的企业制度：蒙德拉贡合作社纪实［J］. 经济学动态，1995（9）.

［160］章合杰，叶雯，熊德平. 当前发展农村金融的总体思路［J］. 中国发展，2014（5）.

［161］章泽群，李慕黎，林丽敏. 论我国农业保险法律制度的完善［J］. 法制博览，2017（7）.

［162］赵丙奇. 声誉、非正式金融与农户融资［J］. 社会科学战线，2008（12）.

［163］赵超. 政府有限监管对ZL资金互助合作社成长影响的分析［D］. 沈阳：沈阳农业大学，2016（6）.

［164］赵俊英．金融支持农业产业化经营的实证研究［J］．商业时代，2010（10）．

［165］赵泉民，李怡．关系网络与中国乡村社会的合作经济——基于社会资本视角［J］．农业经济问题，2007（8）．

［166］赵铁桥，王维友，郭娜英，杨春悦．全面贯彻落实中央精神　促进农民合作社发展迈上新台阶［J］．中国农民合作社，2014（3）．

［167］赵铁桥．《农民专业合作社法》的形成与实践［J］．经济研究参考，2008（6）．

［168］赵铁桥．农民合作社信用合作的理论与实践问题［J］．农村经营管理，2015（5）．

［169］中国人民银行代表团．论合作金融的混合治理结构——从法国农业信贷银行的制度变迁看中国农村信用社体制改革［J］．金融研究，2002（7）．

［170］中国人民银行合作金融机构监管司赴德国考察团．德国合作金融的特点与启示［J］．中国金融，2000（2）．

［171］周小川．宏观审慎政策框架的形成背景、内在逻辑、相关理论解释和主要内容［J］．西部金融，2011（3）．

［172］周衍平，等．对德国农业协会的系统考察［J］．中国农村经济，2007（8）．

［173］周振，孔祥智．组织化潜在利润、谈判成本与农民专业合作社的联合——两种类型联合社的制度生成路径研究［J］．江淮论坛，2014（6）．

［174］朱伟革．德国农业合作社的成功之道［J］．上海农村经济，2007（10）．

［175］Arrow K J. Social Choice and Individual Values［M］. New York：Wiley，1963.

［176］Benjamin M，Piprek G，Jacob Y. Rural Finance：Issues，Design，and Best Products［M］. World Bank，1999.

［177］Blair M. Ownership and Control：Rethinking Corperate Governance for the 21 Century［M］. Washington：The Brookings Institution，1995.

［178］Bodie Z，Merton R C，Cleeton D L. Financial Economics［M］. 北京：中国人民大学出版社，2009.

［179］ Bourdieu P. Social Space and Symbolic Power ［J］. Sociological Theory, 1987 (7).

［180］ Caillaud B, Guesnerie R, Ray P, Tirole J. Goverment Intervention in Production and Incentives Theory: A Review of Recent Contributions ［J］. The Rand Journal of Economics, 1988.

［181］ Chaddad F R, Cook M L. Understanding New Cooperative Models: An Ownership-control Rights Typology ［J］. Forthcoming in the Review of Agricultural Economics, 2003.

［182］ Christen R P, Pearce D. Managing Risks and Designing Products for Agricultural Microfinance: Features of an Emerging Model ［R］. CGAP Occasional Paper, 2005.

［183］ Coase R H. The Problem of Social Cost ［J］. Journal of Law and Economics, 1960.

［184］ Coleman J S. Social Capital in the Creation of Human Capital ［J］. American Journal of Sociology, 1988 (94).

［185］ Cook M L. The Future of U. S. Agriculture Cooperatives: A Neo-Institutional Approach ［J］. American Journal of Agriculture Economics, 1995 (77).

［186］ Dong X, Dow G K. Does Free Exit Reduce Shirkiy in Production Teams? ［J］. Journal of Comparative, 1993.

［187］ Emelianoff I V. Economic Theory of Cooperation ［M］. Ann Aobor Edward Brothers, 1942.

［188］ Enke S. Consumr Cooperative and Economic Efficiency ［J］. American Economic Review, 1945 (35).

［189］ Gale J D. Agricultural Adjust in China: Problems and Prospects ［J］. Population and Development Review, 2000.

［190］ Gale J. Theory and Practice of Soviet Collective Agriculture ［M］. San Francisco: ICS Press, 1975.

［191］ Goldsmith R W. Financial Structure and Development ［M］. Yale University Press. 1969.

［192］ Groves F. What is Cooperation ［R］. UCC Occasional Paper, 1985.

［193］ Hayek F. The use of knowledge in society ［J］. American Economic Review, 1945 (35).

［194］ Hendrikse G W J, Veerman C P. Maketing Cooperatives: An Incomplete Contracting Perspective ［J］. Journal of Agricutlural Economice, 2001 (52).

［195］ Levay C. Agricultural Cooperative Theory: A Review ［J］. Journal of Agricutlural Economice, 1983 (34).

［196］ North. Institutional Change and Economic Performance ［M］. Cambridge University Press, 1990.

·［197］ Sexton R J. Cooperatives and Forces Shaping Agricultural Marketing ［J］. American Journal of Agricultural Economics, 1986, 68 (5).

［198］ Shleifer A, Vishny R. A Survey of Corporate Governance ［R］. Cambridge MA: National Bureau of Economic Research, 1996.

［199］ Stiglitz J. Monopoly, NonLinear Pricing and Imperfect Information: The Insurance Market ［J］. Review of Economic Studies, 1977 (44).

［200］ Uphoff N. Understanding Social Capital: Learning form the Analysis and Exerience of Participation ［EB/OL］. ［2007 - 12 - 13］, http: //www. exclusion. net/images/pdf/778_ratur_uphoff. pdf.

［201］ Valenzuela L. The Commercialziation of Microfinance: Balancing Business and Development ［M］. Bloomfield Conn: Kumarian Press, 2001.

［202］ White V, Cmapino A. "Transformation: Journey from NGO to Regulated MFI" in The Commercialization of Microfinance: Balancing Business and Development ［M］. Bloomfield Conn: Kumarian Press, 2001.

［203］ Williamson O E. The Theory of the Firm as Governance Structure: From Choice to Contract ［J］. The Journal of Economic Perspective, 2002.

［204］ Woolcock M, Naranyan D. Social Capital: Implications for Development Theory, Research and Policy ［J］. The World Bank Research Observer, 2000.

［205］ Zeuli K A, Cropp R. Cooperatives: Principles and Practices in the 21st Century ［M］. Wisconsin: Manager, Cooperative Extension Publishing, 2004.

［206］ Zusman P, Rausser C. Interorganizational Influence and Optimality of Collective Action ［J］. Journal of Economics Behavior and Organization, 1994 (24).

附　　录

附录一①　调研设计和数据说明

一、调研设计

本次调研是 2014 年 6~9 月对全国五个省份（安徽、山东、浙江、黑龙江、四川）进行的实地调研，在选择调研样本时，本研究主要基于 4 点考虑而进行的抽样：

（1）我国合作经济发展水平存在地域差异，本研究决定以合作经济发展较为发达的省份作为考察对象。只有合作经济"原始功能"（提高农业生产组织化程度）发展较好的地区，才能够谈及合作经济"衍生功能"（内部信用合作）发挥。

（2）对合作经济发展较为发达的省份按人均收入进行排序，同时考虑研究的实际，按经济收入水平高、中、低三个等级最终确定调研省份。经济发展决定金融发展，金融发展也反过来制约经济发展，对不同经济发展水平省份的考察，有助于全面考察我国农民合作社的总体概况。

（3）鉴于同一省份也存在经济发展水平的差异，以人均收入为基准，对每个样本省份随机抽取两座城市（其中，山东省实际只调查了一个市），每个市随机抽取 9~18 家合作社，每家合作社均完成 1 份合作社问卷和 1 份理事长问卷，共获得 123 家合作社问卷和理事长问卷。

（4）金融环境与政策也对社员融资产生重要影响。笔者与每一样本调研城市的主要农村金融机构和政府进行了座谈，获取当地金融发展的相关状况。

样本情况见附表 1-1。

在此需要说明的是，由于本研究是在相关政府部门牵头下完成的，可能出于"展示"的动机，在初步调研统计中发现，发展较为"优秀"的样本合作社所占比例较高，如以示范社为衡量标准，123 家合作社样本中有 73 家合作社被评定为各级示范社称号，占比将近达到 60%。本研究认为，这种选样虽然在一定程度上形成对合作社分析状况高于部分现实的情况，但是通过对"优秀"合作社样本的考察，可以拥有更多的"素材"研究合作社信用合作的准入条件设置，为农民合作社信用合作评级提供可借鉴的参考；同时，

---

① 潘婷. 基于社员正规融资的农民合作社增信研究［D］. 中国农业大学，2016.

由于各省份间存在差异，不同省份间"优秀"合作社的样本集合，依然不失为全国范围内处于不同发展阶段的合作社的随机抽取，是具有可比性的。

附表 1 - 1　　　　　　　　　　**调研样本基本情况统计**

省份	市	合作社数量（家）
浙江	湖州	12
	台州	11
安徽	淮北	11
	宿州	14
山东	临沂	18
四川	成都	15
	乐山	17
黑龙江	哈尔滨	9
	牡丹江	16
合计		123

二、数据收集

研究采取入社调查＋座谈方式展开调研工作以掌握相关数据，对当地金融机构和政府相关部门举行座谈以了解有关信息。调研的流程如下：

（1）到达样本所在地区，课题组先与当地农村经济管理站及政府相关人员进行座谈，了解当地的农业发展状况，包括主导农业产业的发展、农民合作社的总体运营、监管及支持的相关政策等，以期对当地农民合作社的发展及所在经济环境大致了解。

（2）对抽样合作社进行实地调研，主要与合作社理事长进行沟通，完成合作社问卷和理事长问卷。其中，合作社问卷对合作社的产权结构、组织结构、运营及治理机制等信息进行收集，理事长问卷对理事长个人的经济水平、社会关系网络、融资状况，以及对合作社经营的理解进行信息收集。

附录二　农民合作社样本的统计描述

对农民合作社样本的统计描述是农民合作社信用合作评级的基础。通过整理实地调研的资料数据，有助于了解各地农民合作社的发展背景、发展模式、发展水平等，有利于梳理影响农民合作社开展信用合作的相关因素，是农民合作社信用合作评级的前提。

一、地区性因素的统计描述

区域宏观经济与金融的发展状况对地区市场经济的各个参与主体的行为都将产生一定的影响。五省份的经济发展状况如下（详见附表 2 - 1）。

附表 2 - 1　　　　　　　样本省份地区 2013 年经济金融指标统计

项目	浙江省	安徽省	山东省	四川省	黑龙江省
农村居民人均纯收入（元）	16106	8098	10620	8803	9634.1
农业 GDP（亿元）	1784.62	2348.09	4742.63	3425.61	2516.79
涉农贷款余额（亿元）	10700	6297.67	19191.3	10716.69	3909.3
农村地区金融深化度	6.00	2.68	4.05	3.13	1.55

注：农村金融深化度 $= \dfrac{2013\ 年末各省涉农贷款余额}{2013\ 年各省农业\ GDP}$。

资料来源：中国人民银行网站（http://www.pbc.gov.cn）中各省区域金融运行报告，以及各省 2013 年国民经济和社会发展统计公报。

1. 人均收入水平差异

反映经济发展水平的指标很多，由于本研究是对农民合作社主体的考察，选取农村居民人均纯收入为代表性反映指标。从收入水平的绝对数额来看，浙江省为 16106 元、安徽省为 8098 元、山东省为 10620 元、四川省为 8803 元、黑龙江省为 9634.1 元，五省的农村居民的人均纯收入呈现阶梯形差异，浙江省 > 山东省 > 黑龙江省 > 四川省 > 安徽省。

2. 农业产业规模不同

本研究选取 2013 年各省农业 GDP 产值反映农村产业规模的差异。从农业 GDP 的产值来看，浙江省为 1784.62 亿元、安徽省为 2348.09 亿元、山东省为 4742.63 亿元、四川省为 3425.61 亿元、黑龙江省为 2516.79 亿元。各省的农业产业规模差异较大，主要与各省的产业结构特征有关，山东省、四川省、安徽省是以农业经济产业为主的省份，浙江省是以非农经济产业为主的省份，黑龙江省是农业产业和非农业产业并存主导的省份。各省的农业产业规模排名为山东省 > 四川省 > 黑龙江省 > 安徽省 > 浙江省。

3. 金融支农的力度不同

各省金融对农村经济发展的支持力度存在差异，这在一定程度上反映了农村地区整体的融资可得性。这里选取各省全辖金融机构涉农贷款余额为反映指标，就这一指标数值来看，浙江省为 10700 亿元、安徽省为 6297.67 亿元、山东省为 19191.3 亿元、四川省为 10716.69 亿元、黑龙江省为 3909.3 亿元，山东省 > 四川省 > 浙江省 > 安徽省 > 黑龙江省。结合农业产业规模指标来看，浙江省的农业产业规模最小，但支农力度较大的，因而，可能浙江省农村地区经济主体获得融资相对更加容易一些。但浙江省农民的融资可得性如何需要进一步的分析。

4. 农村地区金融深化度不同

各省份在农村居民收入水平、农业产业规模、金融支农的力度各指标的相对排名是不同的，仅以绝对指标值并不能够辨析农民正规融资可得性的地区差异。因此，需要设计一个新的反映指标。农村地区金融深化度在一定程度上反映了农村地区获得金融支持的程度，此处作为反映一般意义上农民正规融资获得情况差异的代表性指标。从这一指标值来看，浙江省为6.00、安徽省为2.68、山东省为4.05、四川省为3.13、黑龙江省为1.55，浙江省>山东省>四川省>安徽省>黑龙江省。

需要说明的是，对于样本农民合作社及农民所处地域的考察更合适的指标是县域的各类经济指标，但是由于在调研中，笔者未获得完整的县域数据指标，此处则以省域数据指标代替。不足之处有待日后完善。

5. 浙江省样本合作社的发展规模普遍较小

不同省份农民合作社的发展模式和状况也存在一定的差异，笔者对各省份农民合作社总体发展状况进行分析，浙江省和四川省的样本合作社的差异较为明显：

本研究以平均注册资金、平均社员数量、平均固定资产规模为样本农民合作社规模的指标，统计数据见附表2-2。五省样本合作社的平均注册资金规模为277.70万元，平均社员人数为200人，平均固定资产投资规模488.58万元。从个样本省份的分布差异来看，浙江省农民合作社的平均注册资金为125.05万元、平均社员人数为133.46人、平均固定资产规模为202.63万元，均是五省样本合作社中规模最小的。而山东省样本合作社的平均注册资金最大，为396.70万元；安徽省样本合作社的平均社员数量最多，为283.83人；黑龙江省的平均固定资产规模最大，为594.38万元。

附表2-2　　　　　　　　　五省样本合作社基本发展状况

样本	平均注册资金（万元）	平均社员数量（人）	平均固定资产规模（万元）
总体	277.70	200	488.58
浙江省	125.05	133	202.63
安徽省	355.33	284	585.33
山东省	396.70	200	487.69
四川省	236.27	160	572.88
黑龙江省	275.17	225	594.38

引起本研究关注的是，浙江省作为合作经济发展全国领先的省份，其样本合作社的规模却是五省份中最小的。其原因何在？通过对问卷调查员进行的访谈感受进行了总结，在与浙江省农民合作合作社社员，特别是核心社员的访谈中感受，其发展意识较为强烈，许多有实力的农民更愿意自己组建合作社、而不是参与合作社。本研究认为这是造成其合作社发展规模普遍较小的主要原因。而其他省份的许多农民更愿意依附合作社来改善生产状况，表示参与合作社的主要目的是获取进入市场的渠道，实现帕累托改进，因而非帕累托最优。

二、合作社自身发展性因素的统计描述

1. 合作社的运行特征

（1）合作社发展不平均，发展规模差异较大。

注册资金、固定资产和社员人数是反映样本合作社运作规模的一系列指标。从指标的平均值来看，样本合作社的平均注册资金规模为 290.80 万元（高于全国农民合作社的平均值①）、平均固定资产规模 458.96 万元、平均社员人数为 197 人。详见附表 2 - 3。

附表 2 - 3　　　　　　　　　　样本合作社基本信息统计

统计项		数值
注册资金（万元）	平均值	290.80
	最小值	0
	最大值	3000
社员人数（人）	平均值	197
	最小值	5
	最大值	2000
固定资产规模（万元）	平均值	458.96
	最小值	0
	最大值	4000
运营时间（%）	1 年以下	58.89
	1~5 年	27.78
	5 年以上	13.33

---

① 根据全国工商行政管理总局网站（http：//www.saic.gov.cn）公布的《2014 年度全国市场主体发展、工商行政管理市场监管和消费维权有关情况》中的数据，全国农民合作社共 128.88 万户，出资总额 2.73 万亿元。由此计算而得全国农民合作社的平均注资规模为 211.82 万元。

续表

统计项		数值
注资方式（%）	现金	78.35
	土地	42.27
	农机具	7.22
	其他	16.49
收入水平（%）	［0，100 元］	37.8
	（100 元，500 元］	22.0
	（500 元，1000 元］	15.9
	（1000 元，∞）	24.4

注：注册资金和注资方式以合作社在工商管理局登记的数字为准，而社员人数、固定资产规模、运营时间的数值为截至 2013 年末的数据，收入水平是指合作社 2013 年度数据。

从指标的最大值、最小值来看，注册资金规模、人数规模、固定资产规模均存在较大的差距，这在一定程度上反映了农民合作社发展水平的参差不齐。对于尚处在初级发展阶段的我国农民合作社来说，这种现象的存在具有一定的合理性。

（2）大多数样本合作社运营时间不长。

合作社运营时间能够在一定程度上反映出合作社经营的稳定性、社会影响的力度。从调研的样本来看，只有 13.33% 的农民合作社运作时间超过 5 年，而运作时间在 1 年以下的占比达 58.89%。较短的运营时间无法反映合作社发展的可持续水平。

课题组在调研中发现，运营时间较短的农民合作社并不一定不稳定，也不必然说明其在当地的社会影响较小。许多农民合作社在运营之前，理事长或核心成员大多已经营合作社相同的农业产业多年，其销售渠道、社会影响都有一定的积累。但合作社是由农民组建的经济组织，合作社运营时间短，对合作社内部的组织结构是否合理、成员合作是否稳定会产生一定的影响。

（3）合作社规模不大。

利润水平是一个较为敏感的话题，笔者在调研中难以获得全部样本农民合作社利润的准确数据。合作社的营业收入包含了合作社的运作成本和利润，本书以其作为其盈利水平的替代性指标。从统计数据来看，将近 60% 的合作社营业收入在 500 万元以下，500 万元以上营业收入的样本合作社数量占比为 40.3%。这表明超过一半的样本农民合作社的产业规模是属于小微企业范畴的，合作社的发展需要进一步提高。

2. 合作社产权特征

（1）股权集中度较高。

通过统计样本合作社前十大股东的股份占合作社全部股份的比重表示。统计数据表明，84.1%数量的样本合作社前十大股东的股份占比超过总股份的75%以上，其余15.9%数量的样本合作社前十大股东的股份占比小于75%，表明大多数样本合作社的前十大股东掌握了合作社的大部分股权，股权集中程度较高。详见附表2-4。

附表2-4　　　　　　　　　　　　**样本合作社股权分布特征**　　　　　　　　单位：%

统计项		数值
合作社前十大股东股份占比的分布	［0，25%］	3.2
	（25%，50%］	7.9
	（50%，75%］	4.8
	（75%，100%］	84.1
合作社第一大股东股份占比的分布	［0，25%］	27.5
	（25%，50%］	24.6
	（50%，75%］	15.9
	（75%，100%］	31.9
理事长股份占比	平均值	47.89
	最小值	0
	最大值	100
核心社员占理事会成员比例	［0，50%］	13.9
	（50%，75%］	5.6
	（75%，100%］	80.6

注：合作社前十大股东股份占比的分布是指前十大股东股份占比在某区间的合作社占样本合作社的比重；合作社第一大股东股份占比的分布是指第一大股东股份占比在某区间的合作社占样本合作社的比重。核心社员主要是指合作社的发起人、理事长、理事会/监事会成员、前十大股东。

（2）股东之间股权差异度较高。

股权集中度反映的是股东与非股东的差异，但仅以此反映合作社社员身份差异是不够的，大股东与小股东也是社员身份差异的另一重要反映，本书以第一大股东股份占比在某区间的合作社占样本合作社的比重表示。统计数据表明，31.9%的样本合作社中，第一大股东股份占合作社全部股份比例的75%以上；15.9%的样本合作社中，第一大股东股份占合作社全部股份比例的50%～75%之间；24.6%的样本合作社中，第一大股东股份占合作社全部股份比例的25%～50%之间；27.5%的样本合作社中，第一大股东股份占合作社全部股份比例的25%以内。结合前十大股东总股份占比，可以推知，即使是前十大股东之间，其股权的差异也是较大的。

（3）理事会构成体现股权差异。

理事会是合作社日常经营管理的决策机构，也是生产的管理执行机构。80.6%的样本合作社核心社员占据理事会成员比例在75%以上，5.6%的样本合作社核心社员占据理事会成员比例在50%～75%之间，13.9%的样本合作社核心社员占据理事会成员比例在50%以下。这表明在股权是资产化产权结构表现的前提下，合作社剩余控制权成为股权差异的特征体现之一。

三、合作社与社员利益联结因素的统计描述

1. 产品销售是合作社与社员最主要的利益联结

在合作社调研问卷中，课题组设计了农民合作社为社员提供的服务选项，主要包括：为社员提供信息技术支持服务、统一购买生产资料服务、产品加工/贮藏服务、产品运输服务、产品销售服务等。其中，信息技术支持服务是一种较为松散的利益联结方式，统一购买生产资料是合作社生产过程的利益联结方式，产品销售服务是合作社为社员提供对接市场的服务，产品加工/贮藏、产品运输是合作社在生产过程之后、对接市场之前提供的服务。每一样本合作社提供服务的种类是不同的。

根据调研的整理数据来看，合作社为社员提供最多的服务的产品销售服务，一定程度上也反映了这也可能是社员加入合作社，最为看重的服务，即获得市场进入的改进。

2. 能人/大户领办是组建合作社的最主要模式

课题组将合作社组建方式分为农民自发组建、能人/大户领办、企业领办、村委会领办、政府部门牵头组建等五种主要方式。不同的组建方式，合作社的运行模式、社会资源获取等是存在差异的。

附表2－5的统计数据表明，样本中没有存在农民自发组建的合作社，能人/大户领办的样本合作社数量占比为59.79%，以村委会为依托组建的样本合作社数量占比为14.43%，由政府相关部门牵头组建的样本合作社数量占比为6.18%。这表明，农村能人/大户是对合作社发展贡献最大的一股力量，是推动农民合作社发展的重要因素，同时这也说明个人因素是合作社的主导力量。

附表 2 −5　　　　　　　样本合作社与社员的利益联结反映　　　　单位：%

统计项		数值
提供的服务	技术信息服务	67.01
	提供生产资料	58.76
	产品加工/贮藏	28.87
	产品运输	24.74
	产品销售	73.20
组建方式	农民自发	0
	能人/大户领办	59.79
	企业	20.62
	村委会	14.43
	政府部门	6.18
利益分配方式	按股份分配为主	61.20
	按交易量分配为主	21.41

3. 按股份分配是合作社利益分配的主要方式

样本合作社的利益分配方式主要包括按股份分配为主（包括仅按股份分配的方式）、按交易量分配为主（包括仅按交易量分配的方式）两大类分配方式。其中，按股份分配为主方式的样本合作社数量占比为 61.20%，按交易量分配为主方式的样本合作社数量占比为 21.41%；此外，剩余 17.39% 的样本合作社没有分配过利益。这与合作社倾向于资本化的产权结构相对应，也是产权结构资本化的必然结果。

四、合作社声誉因素的统计描述

理事长是合作社的灵魂人物，对合作社的发展甚至发挥决定性作用，同时也是合作社对外进行各类经济活动的代表人物之一。因此，理事长的状况是与本研究密切相关的内容之一，本书只探讨与合作社发展相关的理事长个人信息。本书选取理事长的学历和社会身份作为反映指标①。此外，合作社的社会影响是本书研究的重要内容。

1. 大多数理事长具有专业的学历背景

课题组对样本合作社理事长的学历进行统计，在高中以上的占比为 74.74%，其中大

---

①　理事长状况对合作社产生影响的指标很多，由于调研数据的可获性，本书仅以这两个指标作为代表，存在的不足，有待日后完善。

专及大专以上学历的理事长占比为 35.79%。这表明大多数合作社理事长具有专业的学历背景。详见附表 2-6。

附表 2-6　　　　　　样本合作社社会影响与理事长特征　　　　　　单位：%

统计项		数值
理事长学历	小学及以下	4.21
	初中	21.05
	高中/中专	38.95
	大专及以上	35.79
理事长身份	技术人员	37.11
	基层组织干部	21.65
	政治荣誉	46.39
	无	12.37
是否示范社	示范社	68.82
	非示范社	31.18
政府扶持	受到扶持	70.97
	没有受过扶持	29.03

注：政治荣誉包含的内容是指党员、劳模、人大代表、政协委员等。

2. 大多数理事长具有一定的社会身份

本书将理事长的社会身份分为技术人员、基层组织干部、党员、劳模、人大代表、政协委员等，其中，党员、劳模、人大代表、政协委员被视为理事长拥有的政治荣誉。技术人员身份更多代表具有市场和技术方面的社会资本；基层组织干部身份更多代表政治联系的社会资本；而政治荣誉即是理事长凭借政治联系获取社会资源的能力。本书认为这是理事长社会资本的一个重要指标反映，每一样本合作社的理事长可能具有多重的社会身份。统计数据表明，仅有 12.37% 的样本合作社理事长没有社会身份。

3. 大多数合作社具有一定的社会影响

社会影响是无形、难以直接获取的，能够反映合作社社会影响的指标也较多，各省之间也存在统计口径的难题。因此，本研究仅以合作社是否受到过政府扶持、是否获得过"示范社"称号作为反映合作社社会影响的替代性指标。

统计数据表明，68.82% 的样本合作社具有示范社称号，70.97% 的合作社受到过政府相关部门的各种扶持，这些都是合作社与政府相关部门的政治联系，是合作社社会影响某种程度上的体现。

五、样本合作社发展状况小结

通过以上对样本合作社发展状况的统计描述，可以得到以下结论：

1. 合作社发展地域间差异较大

首先是经济发展水平的差异。从人均收入水平来看，浙江省和山东省的农民是经济收入较为富有的省份。安徽、山东、四川、黑龙江同为农业大省，但农业产业规模上也存在差异，山东省和四川省的农业产业规模更大一些。涉农贷款在一定程度上能够反映出金融对县域经济发展的支持状况，从样本统计来看，作为农业大省的山东省和四川省对县域经济的支持水平较高，值得注意的是浙江省作为样本省份中农业产业规模最小的省份，对县域经济的发展支持力度也较高。结合农业 GDP 和涉农贷款余额指标，各省农村地区金融深化度存在较大差异，农业产业规模最小的浙江省农村地区金融深化度最高，农业产业规模较大的山东省和四川省农村地区金融深化度也较高，而同为农业大省的安徽省与黑龙江省农村地区金融深化度较低。

其次是地域间农民合作社的发展状况也有较大的差异。作为合作经济发展水平较为领先的浙江省，样本农民合作社的平均发展规模（注册资金、社员数量、固定资产规模）较其他省份小。四川省样本合作社多以土地入股、生产销售统一管理的合作方式使大多数社员没有生产性的融资需求。

2. 合作社间与合作社内部的异质性均较为显著

首先从合作社运行状况平均水平来看，样本合作社的运营时间都不长，大都在 5 年以下；以现金注资的组建方式为主，其次是土地注资方式，合作社年营业收入大多在 500 万元以下，属于小微企业规模运作。最后从运行的差异性来看，样本合作社在注册资金、社员规模、固定资产规模方面的差异性较为显著。

样本合作社成员结构异质性较为显著，首先表现为合作社的产权集中度较高，绝大多数的产权由少数股东掌握；其次是股东的股份差异也较大，即使是少数掌握股份的股东，其拥有的股份差异也较大；此外合作社的运作大都由合作社的发起人或股东管理。

3. 合作社与社员的利益联结较为松散

能人/大户领办是样本合作社组建的最主要模式，产品销售是合作社与社员间最主要的合作方式，这表明合作社与社员间的利益联结大多以销售过程的利益联结为主，而样本合作社以按股份分配收益的利益分配方式表明其与社员更多是一种销售买断型的合作，利益联结较为松散。合作社的主要收益主要由少数入股的社员分享，普通社员主要获取了进入市场的权利和销售渠道，并没有享受到农业生产组织化程度提高带来的市场竞争力增强、规模经济的收益。

4. 声誉对合作社的发展影响较为重要

调研数据表明，大多数样本合作社的理事长拥有相对普通社员较高的学历背景，且具有各类享有一定社会认可的身份，如技术人员、基层组织干部、党员、劳模、人大代表、政协委员等，根据我们在调查访谈中的了解，理事长的能力和声誉对作为小微型企业的农民合作社的发展发挥了较为重要的作用。同时，根据对调研资料的分析，能够获得政府相关部门扶持和评优的合作社大都较为注重经济效益的实现，以及对当地的社会口碑。

附录三　合作社信用合作评级指标体系构建

在前文分析的基础上，本书按组织特征、利益联结与社会影响力三类指标构成合作社信用合作评级指标体系。

（1）组织特征。包括合作社成立时间、社员人数、固定资产规模、营业收入四个观察变量。合作社成立时间越长，表明合作社的经营越稳定，可持续性发展度越强，并且只有经营稳定良好的合作社才能够存续较长时间，其社会影响力可能越大。社员人数表明了当地农民对合作社的参与度，只有能够给农民带来良好经济效益的合作社才能具有较强的带动能力，其社会影响力越大。固定资产规模能够在一定程度上反映合作社的生产规模，对于同一类别的合作社来说，固定资产规模越大表明了其具有更强的生产能力，同时固定资产规模大的合作社更有可能给予社员因担保抵押不足而无法获得正规融资的支持。营业收入是合作社经济效益的重要参考指标，营业收入高的合作社一般来说，经济效益越大。

（2）利益联结。主要是指合作社与社员的利益联结紧密度。本书选取合作社是否进行二次返利、是否给予社员金融支持、社员共同销售产品的比例来反映。二次返利是合作社重要的利益分配制度之一，是合作社"合作"本质的要义所在，其反映了合作社社员共同分享收益的程度，能够较强地反映合作社与社员利益联结的紧密度。给予社员金融支持是指任何可以减少社员资金需求的行为，在本次调研中发现，合作社对社员的金融支持主要包括赊销原料、预付款、资金支持、内部资金互助等，这些行为反映了合作社与社员之间的信任程度和经济利益的联结。共同销售产品的比例是社员共同分享经济收益的重要指标，在调研中，课题组通过对农民的采访发现，约 48.7% 的受访者表示加入合作社的一个重要的"好处"就是合作社可以帮助其销售产品，解决了产品销售难的问题。合作社共同销售产品的比例越大，表明合作社与社员利益联结越紧密。

（3）社会影响力。包括合作社是否受扶持、是否示范社、理事长个人声誉和文化水平、合作社/理事长是否获得过融资，以及地区农村金融深度六个观察变量。合作社受到政府及相关部门扶持和示范社评定都是根据一些具有认可度的指标筛选出的，反映了正规部门的认可，是其社会影响力的重要反映。理事长是合作社的核心，尤其对于我国合作社来说，其大多数由农村精英和能人领办，理事长对合作社的存续、发展影响力较大，甚至主导合作社的发展。理事长个人素质体现在其见识、经营管理水平、与各类部门打交道的能力、对各类信息接收灵敏度等。一般来说，个人素质高的合作社理事长在人脉经营、能力上都有较强的体现。而由于个人素质是一个较宽泛模糊的概念，实践中缺乏可测量性，鉴于此，课题组最终选定以理事长的文化水平和所获的荣誉称号作为其个人素质的反映①。合作社自身/理事长个人获得过正规贷款的合作社，更加熟悉开展信用合作的操作要点，因而能够更好地运作信用合作的经营。地区农村金融深度在一定程度上反映了农村地区获得金融支持的程度，金融深度越深的地区，社员可能对信用合作的接受程度越高，参与性越强。

附录四　信用合作评级估值的方法介绍

一、结构方程模型二阶因子分析简述

结构方程模型（structural equation modeling）是一种多变量统计方法，被广泛应用于探讨问卷调查或实验性数据研究中，其使用通常须有科学的理论或可靠的经验法则支持为基础，在此前提下，才能构建假设模型。它主要通过实证的数据来确认潜在变量（latent vriable）间的假设关系，以及潜在变量与观察变量的一致性程度。结构方程模型将因素分析和路径分析进行整合，包含测量模型（measurement model）与结构模型（structural model）两个次模型。其中，测量模型主要是反映潜在变量被对应观察变量的测量；结构模型描述的是潜在变量之间的关系。

相较于传统的统计分析方法，结构方程模型具有以下优点：第一，为无法直接观测的潜在变量提供可被观测和处理的方法，同时允许将误差纳入模型中；第二，允许测项之间的误差间具有共变关系，即误差来源是相似的，更加符合行为及社会科学领域的现实；第三，打破传统因素分析中一个测项只能分配给一个共同因素，并只有一个因素负荷量，共同因素之间必须有完全相关或完全不相关的严格限制。因而，结构方程模型的应用更加灵活。

验证性因子分析是在理论引导的基础上，验证假设的理论模型与数据的拟合程度，在结构方程模型中，对应于其中的测量模型。二阶验证性因子分析是一阶验证性因子分

---

① 个人素质并不等同于个人文化水平与个人荣誉之和，但是由于其他的反映个人素质的要素难以测定，本研究仅以此做近似代替。

析的特例，是在分析模型中发现原先的一阶因子模型中潜在变量间存有中高度的关联程度，且一阶验证性因子分析模型与样本数据可以适配的前提下，进一步测量一阶因子潜在变量的更高一阶的变量，换句话说，即某一高阶结构可以解释所有的一阶因子潜在变量。

二、信用合作评级的二阶因子分析步骤

采用二阶因子分析方法对农民合作社信用合作评级进行量化估值，主要分为以下四个步骤：

（1）量化指标。结构方程模型分析因素的确定须以理论或以往的研究成果为依据，包括选定反映因素的指标和对选定指标的量化。

（2）样本规模适量确定。结构方程模型的样本数据要符合多变量正态性的假定，适用于大样本的统计分析。但关于样本多少最为适当，学者们存有不同的意见。本特勒和周（Bentler & Chou，1987）认为在样本符合正态分布的情形下，每个观察变量 5 个样本就足够了；黄芳铭（2004）则指出每个观察变量最好有 10 个样本以上。因此，一般认为研究样本在每个观察变量为 5～10 个样本均认为合适。本书最终选定的观测变量共有 13 个，样本农民合作社数量为 123 家，满足结构方程模型的样本数量需求。

（3）样本科学性检验。结构方程模型通过对样本指标数据的描述性统计分析和可靠性检验，判定其是否适合验证性因子分析。其中，描述性统计分析的主要目的在于判定观测变量是否出现严重非正态而不适合采用最大似然法拟合结构方程。一般来说，描述性统计分析的主要内容包括观测变量的最小值、最大值、均值、标准差、峰度和偏度。可靠性检验主要是在实证分析前，对调查问卷的信度进行检验，主要在于判定问卷题项是否具有良好而稳定的信度，但对问卷数据的处理将会影响可靠性。可靠性检验的指标较多，本书主要利用 SPSS 20.0 软件直接计算出的克龙巴赫 a 系数（Cronbach's alpha）来检验样本的可靠性，样本可靠性的判断依据是：数值在 0.7 以上表示样本的信度较高；数值在 0.35～0.7 之间表示样本信度中等；数值小于 0.35 表示样本低信度较低。一般来说，社会科学领域的研究样本，其克龙巴赫 a 系数值大于 0.5，就可视为问卷调查信度是可接受的（马龙龙，2010）。

（4）检验观测变量值是否适合二阶因子模型分析。在进行二阶验证性因子分析时，首先需对一阶验证性因子进行相关分析，以便判断一阶因子是否提取二阶验证性因子的条件。而为了能够对一阶验证性因子进行相关分析，须先拟合一阶验证性因子分析模型，若其模型整体适配良好，且一阶因子间存在中高度的相关，则表明可以进一步提取二阶因子。本部分首先构建农民合作社信用合作评级的验证性因子模型，对模型进行适配性检验，且对二级指标进行两两之间的协方差检验，判定二级指标之间是否存在中高度相关。

（5）二阶验证性因子模型的拟合。当满足上述步骤后，在一阶验证性因子模型的基础上，构建二阶验证性因子理论模型，并对其进行拟合，通过模型整体适配性检验和参数估计值统计显著性检验进行模型评价。结构方程模型整体适配度检验的指标较多（此处列举本书实证所采用的指标，见附表4-1），但并不表明一个模型必须满足所有的检验指标，并且即使满足了所有的检验指标，也并不一定表明模型是最理想的。适配度指标只是反映一种分析技术上的程度，而非理论上的证据，结构方程模型的检验应以理论为依据。在 AMOS 输出的结果中，以临界比值（critical ratio，$C.R.$）代表 t 值，若 $C.R.$ 值的显著性水平 P 值为 0.05 时，$C.R.$ 的绝对值如果大于 1.96，可以拒绝虚无假设（参数估计值等于 0），表明参数估计值显著。

附表4-1   **结构方程模型适配度的部分评价指标及标准**

统计检验量	适配的标准或临界值
χ^2/df	小于 2
RMSEA 值	小于 0.05，适配良好；小于 0.08，适配合理
AGFI 值	大于 0.9 以上
NFI 值	大于 0.9 以上
RFI 值	大于 0.9 以上
IFI 值	大于 0.9 以上
CFI 值	大于 0.9 以上

（6）二阶因子估值。根据拟合的模型参数估计值结果，将数据代入到结构方程中，计算得出估值。

三、实证软件的介绍

本研究实证软件主要包括 SPSS 软件和 AMOS 软件。其中，AMOS 是矩结构分析（analysis of moment structure）的英文简写，该软件的最大特点是使用图形式界面，通过绘制 SEM 图形构建实证模型，并进行模型适配性与参考修正指标的结果，选择最佳的模型构建形式。需要指出的是，本书所有的模型构建结果均是根据参照模型适配性与参考修正指标结果显示，经过多次修正而选择的最终结果。

附录五　农民合作社样本可靠性检验

运用 SPSS 软件，采用克龙巴赫 a 系数（Cronbach's alpha）对潜变量（信用合作评级、组织特征、利益联结、社会影响力）进行信度检验，其中信用合作评级信度和组织特征的信度接近 0.6，信度是可接受的，表明从总体上来说，该影响力指标体系是可靠的。但是利益联结、社会影响力的信度均未达 0.6。详见附表 5 - 1。

附表 5 - 1　　　　　　　信用合作评级指标样本的信度系数

	信用合作评级	组织特征	利益联结	社会影响力
克龙巴赫 a 系数	0.656	0.598	0.254	0.381

　　组织特征、利益联结、社会影响力的信度未达到常规可靠性检验值（一般为 0.6），笔者认为原因有两点：

　　（1）调查样本为非随机性选择影响了具体结果。由于本研究是由政府相关部门牵头而进行，经过与他们的沟通，大多数合作社是经过初步"筛选"，再由课题组进行实地调研的。"筛选"的原则是或合作社理事长具有较强表达和沟通能力，或合作社业绩优秀。但是，这些合作社，不一定是成立时间较长、经营稳定、利益机制健全完善的合作社。

　　（2）有些观察指标难以精准测量。如二次返利是合作社与社员利益联结紧密度的重要衡量指标，但是由于许多样本合作社对核心成员和普通成员的二次返利比例是不同的，或是二次返利的标准是不同的，仅能以"是"或"否"二次返利来表示利益联结。又如，合作社对社员的金融支持，不仅不同样本合作社对社员金融支持的方式和程度是不同，即使是同一家样本合作社，其对不同社员金融支持的方式和程度也是不同的，也无法得出具体的支持力度，也仅能以"是"或"否"对社员金融支持来表示利益联结。这就使得样本数据无法深度精准衡量合作社与社员利益联结紧密的程度。其他的观察指标也存在类似的问题。基于以上原因，本书认为，这种信度检验的结果是必然的，其并不必然得出本研究失去了科学研究价值的结论。

附录六　验证性因子分析

　　验证应因子分析是量化信用合作评级估值的基础，其主要目的是为了探讨农民合作社信用合作评级指标体系中的各分指标是否具有更高阶的共同因素存在。只有分指标之间存在更高阶的共同因素，才能够表明构建的信用合作评级指标是适合的。

一、理论模型

　　在进行二阶因子分析之前，首先要构建验证性因子分析模型（见附图 6 - 1）来对结构方程中的各个测量指标进行验证，以此来说明是否可以建立一个二阶因子模型对信用合作评级进行估值。

二、整体适配性

对验证性因子模型进行整体适配性检验，将 AMOS17.0 输出的部分文字报表列表（见附表 6 – 1）。其中，RMSEA 为 0.075 < 0.08，CFI、AGFI 值均大于 0.90；NFI、RFI、IFI 值均大于 0.90；1 < χ^2/df 值 = 1.531 < 3，表明模型的整体适配度较好。

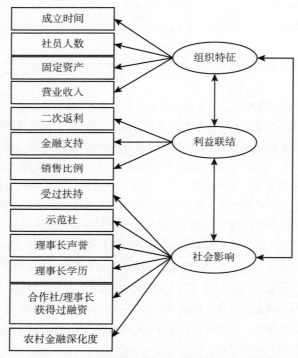

附图 6 – 1　信用合作评级验证性因子分析的理论模型

附表 6 – 1　　　　　　　信用合作评级验证性因子分析的适配度

评价项目	实际 SEM 拟合值	结果
RMSEA 值是否小于 0.08	0.075	是
CFI 值是否大于 0.9	0.986	是
AGFI 值是否大于 0.9	0.999	是
NFI 值是否大于 0.9	0.962	是

续表

评价项目	实际 SEM 拟合值	结果
RFI 值是否大于 0.9	0.933	是
IFI 值是否大于 0.9	0.986	是
χ^2/df 是否小于 2	1.531	是

三、因素相关性检验

对验证性因子模型中的三个潜在变量，即组织特征、利益联结、社会影响进行两两之间的协方差检验，结果均达到 0.05 的显著水平，相关系数分别为 0.937、0.701、0.938，存在中高度相关（见附表 6-2），表明这三个因素间可能有另一个高阶的共同因素存在。

附表 6-2　　　　信用合作评级验证性因子分析的相关系数检验结果

评价项目	相关系数估计值	$C. R.$ 值	P 值	标准化相关系数
组织特征↔利益联结	0.239	4.652	0.000	0.937
社会影响↔利益联结	0.044	2.657	0.008	0.701
组织特征↔社会影响	0.310	3.476	0.000	0.938

四、路径系数检验

对验证性因子模型进行拟合的主要目的在于检验参数估计值的显著性，以判定验证性因子分析拟合是否合理，决定是否适合构建二阶因子模型。

附表 6-3 的数据表明模型拟合 $C. R.$ 值对应的 P 值均在合理范围，路径系数通过显著性检验，模型拟合较好。

附表 6-3　　　　信用合作评级验证性因子分析的拟合结果

路径	系数估计值	$C. R.$ 值	P 值
成立时间←组织特征	0.328	4.444	0.000
社员人数←组织特征	0.716	6.617	0.000
固定资产←组织特征	0.626	6.351	0.000
营业收入←组织特征	1.000	—	—
二次返利←利益联结	0.552	2.936	0.003
金融支持←利益联结	1.000	—	—
销售比例←利益联结	2.744	3.829	0.000

路径	系数估计值	C.R. 值	P 值
受过扶持←社会影响	0.840	3.722	0.000
示范社←社会影响	4.282	3.408	0.000
理事长声誉←社会影响	1.511	2.555	0.011
理事长学历←社会影响	1.000	—	—
合作社/理事长获得过融资←社会影响力	0.517	2.933	0.003
农村金融深化度←社会影响力	−0.782	−1.731	0.083

五、验证性因子分析的结论

以上的分析表明：

（1）模型整体适配度较好。

（2）组织特征、利益联结、社会影响之间存在中高度相关。

（3）所有路径系数通过显著性检验。

因此，验证性因子分析得出的结论是：可以进行二阶因子建模。

附录七 样本农民合作社信用合作评级估值结果

合作社编号	信用合作评级估值	合作社编号	信用合作评级估值
1	12.6629	14	7.1125
2	16.0952	15	10.5036
3	9.884	16	11.3428
4	13.0372	17	7.4534
5	13.3224	18	5.6655
6	7.3958	19	5.3556
7	4.9072	20	4.485
8	5.2203	21	14.476
9	2.8801	22	9.1411
10	3.0195	23	9.1283
11	4.9522	24	14.7302
12	3.7429	25	5.8751
13	8.9044	26	9.8607

合作社编号	信用合作评级估值	合作社编号	信用合作评级估值
27	6.992	55	11.941
28	7.4072	56	8.4852
29	14.3797	57	9.2157
30	13.0348	58	14.5358
31	14.4505	59	7.0115
32	8.5624	60	7.2165
33	9.1788	61	6.3525
34	12.0189	62	13.7356
35	4.1022	63	12.8662
36	7.5135	64	14.5634
37	5.4877	65	14.819
38	4.2327	66	7.5045
39	8.8414	67	13.5129
40	15.0812	68	5.5499
41	11.6093	69	3.6681
42	9.8494	70	7.1457
43	15.9388	71	14.6215
44	16.6556	72	7.0645
45	8.8365	73	14.1729
46	7.5455	74	13.4656
47	6.772	75	17.1529
48	11.9534	76	5.8519
49	9.4757	77	13.9424
50	11.1539	78	14.9302
51	12.4412	79	14.7102
52	10.2516	80	15.9783
53	10.8929	81	14.3063
54	10.2721	82	8.182

续表

合作社编号	信用合作评级估值	合作社编号	信用合作评级估值
83	14.37	104	5.8246
84	5.1239	105	6.3799
85	8.8517	106	7.6469
86	11.5602	107	6.6828
87	5.8122	108	6.5771
88	5.0799	109	9.5155
89	18.5927	110	9.5942
90	15.2173	111	9.7738
91	10.073	112	5.483
92	13.1567	113	6.2749
93	5.4358	114	15.7139
94	7.1712	115	8.6691
95	8.5813	116	9.5661
96	14.2135	117	9.7033
97	12.9423	118	3.9712
98	17.5364	119	8.1732
99	11.8878	120	5.9621
100	7.3559	121	10.6064
101	11.8945	122	8.3248
102	15.35	123	7.9347
103	7.2588		

附录八　合作社调查问卷

被调查人姓名：_____被调查人联系电话：_____

调查员姓名：_____调查员联系电话：_____

调查日期：2014 年_____月_____日

合作社所在地址：_____省_____市_____县_____乡/镇

合作社名称：_____到县城的距离：_____（公里）

A. 女理事长/女副理事长个人资料

题项	选项
A01 年龄： 1. 20~30 岁（含 20 岁）；2. 30~40 岁（含 30 岁）；3. 40~50 岁（含 40 岁）； 4. 50~60 岁（含 50 岁）；5. 60 岁及以上	
A02 受教育年限： 1. 不识字或识字很少；2. 小学；3. 初中；4. 高中；5. 中专；6. 大专；7. 本科及以上	
A03 身份属于： 1. 村、组干部；2. 农业技术人员；3. 党员；4. 劳动模范；5. 人大代表、政协委员；6. 大学生村官；7. 普通农户；8. 其他（请注明）	
A04 在领办合作社之前，您主要从事什么行业？ 1. 非农生产制造加工；2. 商业及零售；3. 运输；4. 建筑；5. 采矿；6. 畜牧； 7. 外出务工；8. 农作物生产；9. 林业；10. 渔业；11. 旅游业；12. 中药材种植；13. 木材加工；14. 手工艺品制作；15. 其他	
A05 在领办合作社之前，您的工作是否与合作社有关？ 1. 曾在其他合作社务工；2. 是其他合作社普通成员；3. 是其他合作社的核心成员（包括发起人、出资前十大股东）；4. 没有关系	
A06 在合作社股份比例是：	

B. 合作社特征

题项	选项
B01 最初成立时间（年）：	
B02 在工商部门注册登记时间（年）：	
B03 注册资金（万元）：	
B04 建立方式： 1. 农民自发组建；2. 农村能人或专业大户领办；3. 企业领办；4. 农技服务部门领办；5. 由基层政府推动组建；6. 村委会领办；7. 供销社领办；8. 妇联组织领办；9. 其他	
B05 主要从事的生产经营活动是（可多选，请按重要性排序）： 1. 农业生产资料的销售；2. 农产品销售；3. 农产品加工；4. 农产品运输； 5. 农产品贮藏；6. 资金互助；7. 种植业；8. 养殖业；9. 与农业生产经营有关的技术信息等服务；10. 手工艺品制作；11. 其他（请注明）	

题项	选项
B06 注资方式包括： 1. 现金；2. 土地；3. 农机具设备；4. 其他（请注明）	
B07 发起人数： 　　其中，女性发起人数：	
B08 2013 年底固定资产规模（万元）：	
B09 农户参加合作社条件（可多选，请按重要性排序）： 1. 无条件；2. 种养的基本规模；3. 种养的基本标准；4. 缴纳股金；5. 有一定技能；6. 性别要求；7. 家庭收入要求；8. 其他（注明）	
B10 成员人数： 　　其中，种植或养殖户数： 　　企业或团体成员数：	
B11 合作社服务的非社员农户数：	
B12 在合作社社员中，女性社员的人数是：	
B13 现有社员类型： 1. 普通种养户；2. 手工艺人；3. 生产大户；4. 运销大户；5. 供销社；6. 农村基层组织；7. 农业企业；8. 其他（请注明）	
B14 是否有注册产品商标？ 0. 没有；1. 有	
B15 示范社类型： 1. 县级示范社；2. 地市级示范社；3. 省级示范社；4. 国家级示范社；5. 不是示范社	
D16 合作社对社员退社有什么规定？ 1. 只要提出申请就可以退社； 2. 必须有充分的理由才可以退社； 3. 股东社员必须有充分的理由才可以退社； 4. 专业大会必须有充分的理由才可以退社	
B17 自成立以来，合作社是否有社员退社？ 0. 没有；1. 有	
B18 如果有社员退社，社员退社的主要原因有：（可多选，请按重要性排序） 1. 社员要参加或组建其他合作社；2. 社员决定从事其他行业；3. 盲目跟风退社；4. 社员被合作社清退；5. 社员不认同合作社的利益分配方式；6. 社员不认可合作社决策方式；7. 其他（请注明）	
B19 合作社是否受过政府扶持？ 0. 没有（请跳过 B20）；1. 有	

题项	选项
B20 若受过扶持，扶持方式是哪种？（可多选） 1. 资金支持；2. 实物支持；3. 贷款优惠；4. 帮助建立销售渠道（如农超对接等）；5. 其他支持（注明）	
B21 合作社受到政府扶持的条件有哪些？（可多选） 1. 社员性别要求；2. 经营规模；3. 带动能力；4. 盈利水平；5. 经营规范；6. 其他（请注明）	
B22 与当地农户的平均收入相比，社员人均年纯收入： 1. 高很多；2. 高一些；3. 差不多；4. 低一些；5. 低很多	
B23 合作社建立以来，获得过的最大支持来自哪里？（可多选，请按重要顺序排列） 1. 合作社成员；2. 所在村两委；3. 当地政府；4. 农业相关部门；5. 妇联；6. 工商联；7. 人民银行；8. 银监局；9. 农商行（农信社、农合行）；10. 其他金融机构；11. 其他（注明）	
B24 合作社经营中遇到的最大困难是什么？（可多选，请按重要顺序排列） 1. 缺乏资金；2. 技术支持；3. 销路不稳定或缺乏销路；4. 政府行政干预；5. 人才缺乏；6. 与社员的合作关系；7. 其他	
B25 合作社采取的盈余分配制度情况	
按股分红的盈余占比：	
按收购社员产品数量或金额分配的盈余占比：	
提取公益金或公积金的盈余占比：	
B26 从合作社成立以来，合作社的盈余分配制度是否发生过改变？ 0. 没有改变（请跳过 B27 和 B28）；1. 发生过改变	
B27 如果发生过改变，合作社之前采取的盈余分配制度情况	
按股分红的盈余占比：	
按收购社员产品数量或金额分配的盈余占比：	
提取公益金或公积金的盈余占比：	
B28 如果发生过改变，合作社改变盈余分配制度的原因是？（可多选，请按重要性排序） 1. 为促使社员把更多农产品销售给合作社；2. 吸引更多农户入社；3. 社员要求改变盈余分配制度；4. 周围合作社业务竞争激烈；5. 其他（请注明）	

C. 合作社运营情况

题项	选项
C01 近 3 年的营业总收入分别是（万元）：	
1. 2011 年：	
2. 2012 年：	
3. 2013 年：	
C02 近 3 年的净利润分别是（万元）：	
1. 2011 年：	
2. 2012 年：	
3. 2013 年：	
C03 合作社是否有稳定的销售渠道： 0. 没有（请直接回答 C09 及以后）；1. 有	
C04 如果有稳定的销售渠道，属于以下哪种类型？ 1. 有订单销售合同；2. 有固定购买商，但没有签订合同	
C05 如果有订单销售合同，合作社通过订单销售的产品产量占比是（%）：	
C06 如果有订单销售，合作社和主要的订单企业已经合作了多少年？	
C07 如果有订单销售，合作社销售给主要订单企业的产品占合作社总产品的比例是（%）：	
C08 如果有稳定销售渠道，除产品收购外，收购商是否会为合作社或合作社社员提供其他服务？ 0. 不会；1. 会	
C08-1 如果会，收购商会为合作社或合作社社员提供以下哪些服务？ 1. 贷款担保；2. 向银行推荐；3. 原资料赊购；4. 原材料销售；5. 预付货款； 6. 直接出借资金；7. 其他（请注明）	
C08-2 如果提供原材料销售或赊购，合作社从订单企业处购买的原材料占合作社原材料总购买量的比例是（%）：	
C09 合作社为社员提供的服务内容有：（可多选） 1. 产品销售；2. 信息、技术服务；3. 供应原材料；4. 农产品加工、贮藏； 5. 统一产品品牌；6. 金融支持（具体方式见 C17）；7. 统一制定生产质量标准；8. 农机服务；9. 提供风险补贴；10. 其他	

根据 C09 选项，填写 C10～C18	
C10 若 C09 选 3，则社员从合作社购买的原资料占社员总购买生产资料的比例是（％）：	
C11 若 C09 选 3，则与市场价格相比，合作社提供生产资料价格 1. 更高；2. 更低；3. 一样	
C12 若 C09 选 1 或 4，则社员加工、销售给合作社的产品占社员总产出的比例是（％）：	
C13 若 C09 选 1 或 4，则合作社收购社员产品时，是如何结算的？ 1. 一手交钱，一手交货（即时结算）；2. 合作社销售产品后，再和农户结算（非即时结算）	
C14 若 C09 选 1 或 4，则合作社是否会为社员提供以下服务？ 1. 有收购保护价或最低保证价；2. 保证收购规模；3. 无以上服务	
C15 若 C09 选 1 或 4，则与市场价格相比，合作社提供农产品收购价格 1. 更高；2. 更低；3. 一样	
C16 若 C09 选 8，则与市场价格相比，合作社提供农机服务价格 1. 更高；2. 更低；3. 一样	
C17 若 C09 选 6，则金融支持的方式是？ 1. 贷款担保；2. 向银行推荐；3. 原材料赊购；4. 预付货款；5. 直接出借资金；6. 资金互助；7. 其他（请注明）	
C18 若 C09 选 6，则合作社提供贷款担保的农户数量：	
向银行推荐的农户数量：	
提供原材料赊购的农户数量：	
支付预付货款的农户数量：	
直接出借资金的农户数量：	
参与资金互助的农户数量：	
提供其他金融支持的农户数量：	

D. 合作社组织结构和治理机制

题项	选项
D01 合作社内部设置了哪些管理机构？（可多选） 1. 社员大会；2. 社员代表大会；3. 理事会；4. 监事会；5. 生产技术部门； 6. 销售部门；7. 财务部门；8. 其他	
D02 理事会成员数： 　　其中，女性人数：	
D03 在理事会中，核心成员（包括发起人、出资前十大股东）的人数：	
D04 2013 年社员（代表）大会召开次数：	
D05 社员（代表）大会的决策原则是什么？（可多选） 1. 一人一票；2. 一股一票；3. 按出资额设立附加表决权；4. 按交易量设立附加表决权；5. 社员大会不决策	
D06 合作社的理事会、监事会成员如何产生？ 1. 主要由理事长决定；2. 主要由股东决定；3. 主要由社员选举	
D07 合作社如何决定盈余分配方案（单选） 1. 主要由理事长决定；2. 主要由理事会决定；3. 主要由社员（代表）大会决定	
D08 合作社的监事会是否经常向理事会提出自己的监督意见？ 1. 经常；2. 较多；3. 一般；4. 较少；5. 很少；6. 未设监事会	
D09 前十大股东出资比例（%）： 　　其中，女性股份的占比：	
D10 第一大股东股份比例（%）：	
D11 第一大股东是否是女性？ 0. 否；1. 是	
D12 第一大股东在合作社是哪种身份？ 1. 普通社员；2. 理事长；3. 理事；4. 监事长；5. 监事；6. 营销人员	
D13 最小的股东出资比例（%）：	
D14 2013 年财务公开次数：	
D15 合作社是否为社员设立独立账户？ 0. 否；1. 是	
D16 合作社已经在成员个人账户中记录了哪些内容？ 1. 出资额；2. 量化公积金份额；3. 与合作社的交易量（额）；4. 其他（请注明）	

题项	选项
D17 外部监督情况（比如接受农业行政主管部门规制情况）： 0. 没有；1. 一年 1~3 次；2. 一个季度 1~3 次；3. 一个月 1~3 次；4. 一星期 1 次及以上	
D18 合作社是否成立了妇女组织？（若选 1~5，请回答 D19） 1. 成立妇代会；2. 成立妇女小组；3. 成立妇女之家；4. 成立工会女职工委员会；5. 成立了其他形式妇女组织；6. 未成立任何形式的妇女组织，但可以考虑筹备成立；7. 不打算成立妇女组织	
D19 妇女组织在合作社中发挥了哪些作用？ 1. 组织妇女开展宣传教育活动；2 传播新知识、培训新技能；3. 维护女社员的权益；4 女性社员之间相互帮助；5. 推荐妇女人才	

E. 合作社资金需求及意愿情况

题项	选项
E01 合作社有资金需求时，首选的借款渠道是？（单选） 1. 农商行（或农合行、农信社）；2. 农业银行；3. 邮政储蓄银行；4. 农发行；5. 其他商业银行；6. 私人放贷者；7. 贷款公司；8. 村镇银行；9. 社员；10. 其他合作社；11. 任何一家银行；12. 原材料供应商或产品收购商提供的赊销、借款；13. 其他（请注明）	
E02 选择上述借款渠道的理由是： 1. 担保方式灵活；2. 借款额度灵活；3. 贷款期限灵活；4. 还款方式灵活；5. 借款手续简单；6. 利息低；7. 利息以外的融资成本低；8. 申请时间短；9. 有关系或熟人；10、银行、信用社距离远，不方便；11. 在银行、信用社贷不到款；12. 向正规金融机构的借款不够用；13. 其他	
E03 合作社现在有多少万元的负债（含正规借贷和非正规借贷）？（若没有，请填0）	
合作社从正规金融机构贷款的问题	
E04 合作社在银行是否设有独立账户？ 0. 没有；1. 有	
E05 合作社是否产生过不良贷款？ 0. 没有（请直接回答 E06 及以后）；1. 有	
E05-1 如果有过不良贷款，产生不良贷款的原因是？ 1. 行业不景气，产品卖不出去；2. 合作企业违约，导致资金流断裂；3. 投资项目失败；4. 合作社挪用了贷款；5. 合作社有意外支出；6. 其他人和合作社都没还；7. 忘记要还；8. 其他	

题项	选项
E06-1 自合作社第一次获得银行贷款以来，至今已经有几年了？	
E06-2 自合作社理事长第一次获得银行贷款以来，至今已经有几年了？	
E07 最近 3 年，是否以合作社名义从银行、农商行（农信社）等正规金融机构申请过贷款？ 0. 没有申请过（请回答 E08 和 E12 及以后）；1. 申请过（请跳过 E08）	
E08 如果没有申请过，不申请贷款的原因是？ 1. 自有资金已能满足需要；2. 没有好项目，不需要贷款；3. 反正借也借不到；4. 之前的申请被拒绝过；5. 其他渠道可以满足；6. 没有借钱习惯；7. 其他（请注明）	
E09 若申请过，贷款申请得到批准了吗？ 0. 没有批准（请回答 E11 及以后）；1. 批准过	
E10 若批准，得到全部申请数额了吗？ 0. 没有，得到部分；1. 得到全部	
E11 若没有批准，没有被批准的原因是： 1. 无抵押或担保而没贷到；2. 没有人缘关系贷不到；3. 有老贷款没有归还，不给贷；4. 银行不给合作社单独贷款；5. 其他（请注明）	
E12 您认为从银行、农信社等正规金融机构得到贷款最重要的决定因素是什么？（可多选，请按重要性排序） 1. 合作社的还款能力；2. 合作社法人信用；3. 本村或组的干部担保；4. 有抵押担保；5. 找到有经济能力的人担保；6. 在农商行（农合行、农信社）有可靠的关系；7. 是乡村干部或工薪人士；8. 不了解；9. 其他（请注明）	
E13 2011~2013 年来自银行、农信社等正规金融机构的贷款总额（若没有，请填 0）（万元）：	
合作社向非正规金融机构借款的问题	
E14 最近三年，合作社是否向银行等正规金融机构以外其他渠道借过款？ 1. 向其他合作社；2. 向社员；3. 向私人放贷者借过；4. 原材料供应商或产品收购商提供的赊销、借款；5. 借过但没有借到；6. 没有向其他人借过款（请直接回答 E17 及以后）	
E15 除利息之外，有没有请客、送礼等其他借款成本？ 0. 没有；1. 有	
E16 2011~2013 年三年来自非正规金融机构的贷款总额（万元）：	

题项	选项			
	第1笔	第2笔	第3笔	第4笔

2011～2013 年借入单笔资金情况
（请按时间从近到远顺序填写，若没有，可直接回答 E29）

题项	第1笔	第2笔	第3笔	第4笔
E17 从哪里借的（来源）？ 1. 农业银行；2. 农商行（农合行、农信社）；3. 邮政储蓄银行；4. 其他农民合作社；5. 村镇银行；6. 贷款公司；7. 乡村干部；8. 其他商业银行；9. 私人放贷者（包括合会等）；10. 原材料供应商或产品收购商提供的赊销、借款；11. 社员；12. 其他（请注明）				
E18 哪年哪月借的？（至少具体到月）				
E19 从提出申请到拿到钱花了多长时间？（天）				
E20 借了多少资金？（万元）				
E21 合作社是否得到您所需的所有数额？ 0. 否，得到部分；1. 是				
E22 借款期限是多长？（月）				
E23 借款年利率是多少？（%）				
E24 为获得这笔贷款，是否有额外花费（如请客吃饭、送礼等）或为贷款人做些其他事情？ 0. 否；1. 是				
E25 借款用途： 1. 购买生产资料；2. 收购农产品；3. 品牌建设；4. 扩张建设生产、加工基地；5. 购买、更新生产设备；6. 建造经营办公场所；7. 其他（注明）				
E26 借款是否需要抵押？ 0. 不需要；1. 需要				
E27 是否需要担保人？ 0. 不需要；1. 需要				
E27－1 如需要担保人，担保人是谁？ 1. 原材料供应商或产品收购商；2. 其他合作社；3. 合作社社员；4. 担保公司；5. 其他				
E28 还款方式是： 1. 一次性偿还；2. 分期偿还；3. 在约定期限内，何时有钱何时还				

续表

题项	选项			
	第1笔	第2笔	第3笔	第4笔
现有资金缺口情况				
E29 根据现有生产经营的资金需求，在现有担保、抵押条件下，如果允许借款，合作社还想借多少万元？（若没有，请填0）				
E30 如果还有资金需求（即 E29 不为0），则资金的主要用途是？ 1. 购买生产资料；2. 收购农产品；3. 品牌建设；4. 扩张建设生产、加工基地； 5. 购买、更新生产设备；6. 建造经营办公场所；7. 其他（请注明）				